滄海叢刊

開放的多元社會

楊國樞 著

1985

東大圖書公司印行

行政院新聞局登記證局版臺業字第〇一九七號

中華民國七十一年三月初版
中華民國七十四年二月再版

© 開放的多元社會

基本定價叁元肆角肆分

著作者 楊國樞
發行人 莊剛彰
出版者 東大圖書股份有限公司
總經銷 三民書局股份有限公司
印刷所 東大圖書股份有限公司
臺北市重慶南路一段六十一號二樓
郵撥：〇一〇七一七五—〇號

開放的多元社會
編號 E 54037
東大圖書公司

自序

從民國五十六年開始，臺灣地區的非農業人口卽已超過農業人口。此後十多年來，非農業人口所佔的比率節節上升，到了最近兩三年，已高達百分之七十多。也就是說，在現代化的過程中，臺灣社會已經進入了初期的工業社會。我們的社會發展至今，政治已漸民主化，經濟已漸均富化，社會已漸分殊化，文化已漸精緻化，思想已漸活潑化，可說具備了現代多元開放社會的雛型。這種社會在本質上根本不同於傳統的農業社會。

自有史以來，這種社會還是第一次出現在中國的土地上。對於我們中國人而言，這種社會是陌生的，是新奇的。甚至，此時此地的大多數臺灣民衆，還未能體認這種社會變遷的意義，也不了解新社會的特徵，更不知道新生活的取向。在這些方面缺乏體認與了解，會使社會與個人在適應上遭遇到很多不必要的困難。筆者注意及此，所以在過去幾年來，於教學及研究之餘，或在報章雜誌撰寫論說文字，或在座談演講發表個人意見，總是著重現代社會與生活的闡述，以期增進國人對現代事物與行爲的了解。有關這一方面的通俗文章，有些已經收集在「中國人的現代化」（衆成出版社）與「現代社會的心理適應」（巨流出版社）兩書之中，現在這本「開放的多元社會」，則是包含了最近兩年多來的有關文章。

當年（民國六十年至六十二年）作者擔任「大學雜誌」總編輯的階段，我們卽已開始使用「多元社會」與「均富社會」等名詞，時隔十年，現在則已成爲輿論界的常用概念，甚至一般販夫走卒，也能朗朗上口。近年以來，此間的經濟學家已對「均富」的觀念多所闡發，但對「多元社會」的概念，却至今缺乏有系統的討論。有鑑及此，筆者特在民國六十九年建議中國論壇社，以「多元社會與多元價值」爲主題，舉辦了一次科際合作性的座談會。主辦者邀請了哲學、社會學及心理學三方面的學者，共同探討「多元社會」的有關問題。會中筆者對「多元社會」的特徵提出了系統性的說明，同時也對這種社會的功能及有關問題，從事多方面的分析。本書所收「多元社會與多元價值」一文，卽是由筆者在座談會中的先後發言集綴而成。後來，又將發言要點加以補充，寫成「開放的多元社會」一文，以專論的形式在聯合報發表。以上兩文是直接分析多元社會本身的特徵與功能，時至今日，仍屬少見。

開放的多元社會，實卽平常所說的現代化社會。書中所收的其他文章中，有數篇是與現代化、現代行爲及現代市民性格有關，可說直接有助於多元社會的了解。在開放的多元社會中，應有如何的觀念、性格及行爲，才能順利適應現代生活？「培養現代的觀念與行爲」與「現代社會中的市民性格」兩文，對這個問題提供了部份的答案。特別有興趣的讀者，可以參考拙著「現代社會的心理適應」一書。現代多元社會的重要問題之一是民族主義，書中有兩篇文章從事了有關的討論，卽「現代化與民族主義」及「從心理學看民族主義」。

臺灣地區正從傳統的農業社會轉變成現代的多元社會。在此過程中，我們會遭遇到各種大大小小的問題，大自中國統一的遠景與臺灣發展的模式，中如民主憲政的運作與政治革新的促進，小至青年問題的輔導與人際關係的蛻變，甚而至於個人工作的選擇、教師地位的轉變及迷信行爲的作用。這些形形色色的問題，有的與國家社會的進步有關，有的與個人生活的適應有關。不管所屬的層次如何，這些問題都是很重要的，因爲都與社會的現代化與個人的現代化有密不可分的關係。對於這些人人都會碰到的問題，本書皆有不同的文章加以討論，以供努力適應多元社會的現代中國人參考。

在繼續邁向中國的多元社會的路途上，我們每一位此時此地的中國人，都是一個身歷其境的先驅者。在社會的每一個角落裏，在生活的每一個細節上，我們都會遇到前所未有的情況，都需要從事創造性的適應。在嘗試與創新的過程中，我們每一個人因應與調適的成敗，不僅關係個人生活的幸福，而且決定社會發展的前途。筆者誠懇地希望，本書的各篇文章能在觀念與做法上有所啓發，以對此時此地的中國同胞有所助益，使大家在開放多元社會的生活適應上順利而愉快。

楊國樞

序於臺大心理學研究所

民國七十一年一月二十日

開放的多元社會 目次

多元社會與多元價值

在我們這裏，多元社會與多元價值，已經逐漸成為事實，它們已存在於那裏，不管你喜不喜歡。這關乎整個社會發展的現況，也是未來前途中無可避免的基本問題，當然值得我們深入的探討。大家平時寫文章的時候，很自然的就把「多元社會」與「多元價值」這些名詞用了上去，總是想當然耳，不去多加解釋；但是，不同的人看起來，常有不同的看法，難免造成某些誤解。所以，今天我準備多用一點時間，就「多元社會」與「多元價值」的問題，根據自己在學術研究上的了解，以及時常思考所得的看法，用比較系統性的方式，分為以下幾方面來談。

多元社會的內涵

第一點先談：甚麼是多元社會與多元價值？

要談多元價值，必須先由多元社會說起，實際上多元價值只是多元社會的一面，可以放在多元社會的架構內做整體性的了解。首先，我得對多元社會作個解釋。不然，也可能會引起誤解。「多元社會」一詞，在英語的詞彙中，至少就有兩個說法，它們的定義有別，用處也不一樣，其中一個是 plural society，一個是 pluralistic society。

Plural society 一詞，主要是文化人類學家用的。早在一九三〇年代，人類學家佛尼瓦（B. S. Furnivall）在印尼做研究時，第一次使用了 plural society 一詞，來說明當時印尼的社會。在這種社會中，同時有兩個或兩個以上的種族，各自有其隔離的地域與文化，各自的政治系統也互不相混，甚至不打交道，各營各的社會、文化及經濟生活，各自進行自己的發展。

我所說的多元社會，當然不是這樣的一種社會，而是另一英文名詞 pluralistic society所指的社會。這種社會與派帕爾（Karl Popper）所講的「開放社會」雖非完全一樣，但已相當接近。我要肯定的說，我所講的多元社會的內涵，至少包括以下五個特點：

一、職業的自發化與多元化

特別要強調的是，自發化與多元化是分不開的，並不是可以由某一個人來讓大家多元化，也不可能由某一個團體可以讓大家多元化。用人爲的方法去勉強追求多元化是不行的，多元化要靠社會的自然發展。社會生活的複雜程度增加了，便自然產生新而不同的職業需要。基於這種需要，便慢慢自動自發的演化出很多職業。在現代專業分工的原則下，舊的職業越來越細，越來越多，而新的職業則應運而生，層出不窮。自發化必然是多元化的前提，非自發化的多元化是無法發揮其正常功能的。職業的自發化與多元化，是我所講的多元社會或開放社會的主要特點之一。在這一方面，多元的開放社會與單元的封閉社會，各有其不同的特質。

在封閉的社會裏，一個人的身份、地位及職業，往往是一代一代傳下來的，甚至是世襲的。不管你個人的動機、能力及性格如何，一生下來社會就已決定了你生活的階層或階級，從此便會一生都停留在那裏，既不能上，也不能下。在這樣的一個社會裏，個人的身份是社會賦予的，而不是自己掙來的。

在開放的社會裏，個人的社會身份與地位，是靠你自己的能力、努力及成就（也就是你個人的工作表現）所獲得的。不管你的祖先是幹什麼的，出身是什麼階層，你只要有某種程度的表現，便可以獲得某種程度的社會地位。由於這個原因，所以會導致快速的社會流動（social mobility）。你是什麼職業，屬於那一個階層，不是呆板固定的；你不僅可以與上一代所屬的階層不同（垂直的流動），而且在你的一生中，也可以轉換職業或階層好多次（水平的流動）。升升降降，時起時落，是常有的事。

總之，個人職業自發性的高度分殊化，社會階層自發性的高度流動化，便是我所講的多元社會的第一個特徵——職業的自發化與多元化。

二、社團的自發化與多元化

在一個非多元化的社會裏，權力往往是集中於一個團體，這個團體或者是一個極權或集權的政府，或者是一個支配性的社會階級，或者是一個皇帝及其周圍一小圈子的人。在一個多元的社會裏面，便不是這個樣子，比國家小的社會團體越來越多，紛紛產生。在社會的不同角落，有着不同的人，他們各有不同的生活利益，也有不同的生活需求。基於各個團體的不同利益與需要，便自動自發的產生了各種不同的社團，這些社團一方面數量越來越多，一方面在性質上的差異也越來越大，也就是越來越分殊化。這些社團各自集結了社會上的很多人，慢慢獲得了某種程度的社會影響力，甚至某種程度的政治影響力。也就是說，在一個多元的社會中，在國家之下自發的形成了很多大大小小的社團，而這些社團又各有其社會代表性，因爲它們是基於大家的需要而形成的。同時，在社團裏工作的領導人，往往具有他自己的專業智能，不是上級團體所派的；通常，誰能最有效的從事專業性活動，而能爲這個社團謀得最大的福利，便自然爲大家推舉出來領導社團。這些自發性的社團的特質之一，就是它們很敏感，很能反映社員的需要，這樣便可以彌補政府對個人功能之不足。由於政府太大，有時不够敏感，無法迅速針對個人需要而有所反應。惟有基於個人個別需要，自發形成的種種社團，才是多元社會的表徵之一。

三、文化的自發化與多元化

我們無法否認一個事實，即在多元的社會裏，大家的同質性越來越小，而異質性則越來越大；而在一個傳統的社會裏，大家以農牧漁獵爲本，彼此生活方式類同，生活圈子很小，而且多是靜態的，人與人之間的相似性就會很大。但是，隨着社會的演變，不同的人各自從事不同的行業，住在不同的地方，接觸環境不一樣了，社會生活也不一樣了，慢慢在生活的各方面都形成了不同的特點；也就是說，社會中形成了許多不同的「次級文化」（subculture）。

在同一個多元的社會之內，有各種不同的次級文化存在是一個事實。這些不同文化在法律之內都應受到保護，受到尊重，以獲得自然的進一步發展，以表現它們的特點與功能。不管一個次級文化是基於宗教的不同，或基於種族的不同，或基於行業的不同，都應該一視同仁。像我們中國人當中，漢、滿、蒙、回、藏，生活習慣都不一樣，宗教信仰也不相同，有的吃猪肉，有的吃牛肉，這都是文化的特點，大家就要加以尊重，只要是不犯法，就應該受到保護，以使不同的良好次級文化獲得發展的機會。由於開放社會中接觸頻繁，所以有些次級文化會逐漸改變或消失，新的次級文化也會不斷形成。次級文化的形成與存在，並不妨礙主流文化的形成與存在。

四、思想的自發化與多元化

在一個眞正的多元社會中，會有種種不同的想法與看法出現，有種種的意識型態出現。只要這些意識型態不違背國家的憲法，及其他基於社會正義與社會安全所制定的法律，卽應享有保障，受到尊重，使不同的思想免受干擾，而獲得自由的發展或淘汰。

但是，有些人却對多元思想有所疑懼，直覺的反應說：「那還得了，共產主義也是一種意識型態，難道也可以容忍嗎？」我想，這是多餘的顧慮，因爲一個國家假如認爲共產主義是不好的，或者認爲共產黨的行爲是邪惡的，就應訂立法律加以限制，便不包括在我們的討論範圍之內。或者也有人說，有些思想或意識型態，其本身雖然不是共產主義，但却可能有利於共產主義的發展，像過去有人誤解存在主義一類的思想。或者有一種含混的感覺，認爲有了某些觀念與思想後，會使整個的社會鬆懈，使大家的說法紛紜，自然就會導致某種不良的後果。這種顧慮或感覺，僅只是顧慮或感覺而已，其間的邏輯步驟並不清楚，也看不出來其中的必然性，只是直覺到不對勁。坦白的說，過去就曾有人給存在主義蓋帽子，爲行爲主義蓋帽子，甚至把行爲科學與行爲主義混爲一談，一起蓋帽子。有些人認爲這些思想都不太好，却又講不出一個爲什麼不好的所以然。這些誤會在邏輯上既講不過去，就以往的經驗現象，也找不出一個類似的不好的例子。就世界事實來講，存在主義、行爲主義、行爲科學等最發達的社會或國家，常是共產主義最吃癟的社會或國家；而共產主義最盛行的社會或國家，則是上述思想最不能存在的社會或國家。這種世界現象至爲明顯，可是偏偏有些人無視於事實，造成了許多不必要的困擾。

個人也很贊成大家能對學術有興趣，可以公開的討論，來批評存在主義，批評行爲主義，批評行爲科學。學術與思想的進步常是建立在公開的討論上，嚴格的分析與批評絕對是應該的。但是，所有的討論，所有的批評，必須要在學術的範圍以內，必須是理性而善意的，千萬不可假借政治性的手段與力量，來對學術思想有所左右，使其無法得到正常的發展。後一類的做法，便不是多元社會應有的現象，否則思想的自發化與多元化就要被扼殺了。

文化的創新與發展要靠活潑蓬勃的思想學術做基礎。否則，扼殺了基礎，也枯萎了花朵。因此，思想的自發化與多元化，在法律的範圍之內應該受到適當的保護。當一種新思想正在萌芽的時候，尤其需要大家多愛護，多培養，多提倡，方有見其成長的一天。

五、價值的自發化與多元化

什麼是「價值」？在人文學科與社會科學中，有關價值問題的討論，不知凡幾。但是，用比較具體的講法，價值是指個人對某種對象偏好的程度。經過比較性的判斷選擇以後，如果一個對象是我比較喜歡的，那麼對我而言它的價值就比較高；如果是比較不喜歡的，價值就比較低。

價值一元化是傳統社會的特徵之一。簡單的說，在傳統的社會中，價值的分配呈集中現象，常是某一類事項價值極高，其他的事項則價值很低，甚至沒有價值。例如，以職業來講，在「萬般皆下品，唯有讀書高」的時代裏，只有「士」最有價值，「農」還有價值，其它行業的價值就很低了。像這種情形就是一元化，價值只集中在少數的一批人身上，或某一行業之上，其它的人或行業就得不到足够的價值。

什麼是價值多元化呢？具體的講，價值的多元化可以表現在前面所講的幾大方面：

㈠價值的多元化可以表現在職業的多元化上。不光是讀書人是有價值的，種田的、做工的、經商的、當兵的、唱歌的，也都各有相當高的價值。換句話說，社會價值的分配與獲得途徑很多，這條路可以通往價值，那條路也可以通往價值，條條大路通羅馬——通往價值的羅馬。而不是只有某一個行業有價值，做其它的行業便一輩子也沒有價值。

職業方面的價值多元化，是指社會價值的分配在不同職業間產生擴散的現象。

㈡價值的多元化也可以表現在社團的多元化上。你所屬的那個團體有價值，我所屬的這個團體也有價值。你不能說：這些人眞無聊，爲什麼要搞個釣魚協會？你也不能說：這些人遊手好閒，玩物喪志，實在要不得。釣魚協會的社員覺得，自己的社團是很有價值的。在法律的範圍以內，不論事大事小，只要有一羣人有與趣去組織一個社團，則不僅其成員認爲它有價值，別人也應該肯定它存在的價值。

社團方面的價值多元化，是指社會價值的分配在不同的社團間產生擴散的現象。

㈢價值的多元化也可以表現在文化的多元化上。一個鄉下人唱鄉下的民謠，就有鄉村文化的價值；同樣的，住在城市的人，從事都市的文化活動，也有都市文化的價值。不管是那一種藝術，那一種音樂，那一種文學，那一種宗教，只要當事人經由選擇而加以喜歡或信奉，便應該承認它對當事人是有價值的，就要尊重當事人的價值判斷。

文化方面的價值多元化，是指社會價值的分配在不同的次級文化間產生擴散的現象。

㈣價值的多元化也可以表現在思想的多元化上。每一個人的思想都有其相對的價值。在日常生活中是如此，在學術研究上也是如此。在一個多元的社會中，大家都要尊重別人思想上或研究上的執着，別人覺得自己的想法有價值，對社會或自己有意義就够了，不必硬要去否定掉。對於社會上不同的政治觀點與學術思想，自己儘可以不喜歡也不贊同，但却仍應容忍並尊重其存在價值。

思想方面的價值多元化，是指社會價值的分配在不同的思想間產生擴散的現象。

㈤價值的多元化也可以表現在性別與年齡等方面。我們不能說：男的有價值，女的沒有價值。我們也不能說：老年人有價值，年輕人就沒有價值。

性別與年齡方面的價值多元化，是指社會價值的分配在不同性別、不同年齡間產生擴散的現象。

如此，在職業、社團、文化、思想、性別、年齡等等各方面，價值的分配若是都能廣爲擴散，便自然是一種價值多元化的境地。

以上，我所談的多元社會，是指在職業、社團、文化、思想及價值五方面，都能具有自發性與多元性。具有這些特點的程度越大，這個社會就越多元化，也就是越開放化。這是我要講的第一點——什麼是多元社會？

多元社會的好處

第二點要談：多元社會的好處是什麼？

我們所以要追求一個多元或開放的社會，是因爲它具有許多好處。我想分就消極與積極兩方面來談。就消極方面來看，一個多元社會有很多的好處。簡單的說：

㈠在政治上，它可以防止權威主義：政治上的權威主義，强調權力的集中，而權力一旦集中到某一程度，便可能發生濫用權力的情形，沒有基於社會正義的法治運作，卽使擁有國家憲法與一般法律，也祇是形同具文而不依法行使，甚至具有相當程度的任意性。像這樣的權威主義，在多元社會裏就不容易行得通。

㈡在社會上，它可以防止階級主義：在封閉的單元化社會裏，某些階層或類別的人老是佔便宜，別的階層或類別的人却老是吃虧，他們的身份地位是從祖先一代一代的傳下來，是無法或不容易改變的，往往是一生被自己的階層或類別卡死了。在多元社會裏，這種情形便可以防止。

㈢在文化上，可以防止僵滯現象：在單元化的社會中，文化方面主要是限制在某一個範圍裏，無法有很廣的文化活動；除了特定的文化型態之外，其他的都要受到排斥，這樣慢慢下去，社會的文化型態便越來越僵硬，越來越不容易發展，當然更談不到創新。多元社會便可以防止這樣的情形。

㈣在思想上，可以防止武斷主義：武斷主義者總認爲自己的思想是最好的，其它的思想全屬旁門左道，都應該加以驅除。這種不能讓人心悅誠服的霸王作風，在多元社會裏是行不通的。

至於積極方面，多元社會至少能夠發揮以下四種好的效果：

㈠多元社會可使每個人都能發揮自己的潛能與活力。在多元的社會中，你對這樣的職業可以試試，對那樣的職業也可選擇；當你發現在這一方面缺乏專長時，可以另換一個職業，一直換到你的能力有較佳發揮的工作爲止。如此，就容易使每一個人都有表現，有成就。一個人的工作，如能出自個人的自動自發，他就樂意全心全力去做，不是聽命於人家而去怎麼做，不是由人家劃個道叫你如何去走。在這樣的良好環境中，個人的活力自易發揮，個人的潛能自易實現。

㈡在多元化之下，整個社會的潛力與活力較易提高，因爲它有很多的團體，有很多社會性活動。這些社會活動是從自發的個人努力集合起來的，結果將會使公司的績效提高，使社團的績效提高，使政府的績效提高，最後自然導致整個社會潛力與活力的高度發揮。

㈢在多元的開放社會裏，社會利益的分配比較公開而均等，每一個人都有機會獲得相當程度的照顧，而不至於讓社會利益集中在一部份人的身上，其他的人則完全落空。否則，社會裏面有一部份人總覺得不公平，沒有得到合理的待遇，沒有受到應得的照顧，甚至覺得受了壓制。在一個多元社會裏，這種情形較少，一旦有了社會利益分配上的不平現象，也較易獲得改正。

㈣社會利益之公開而均等的分配，能促進社會內部的眞正團結。眞正的團結並不是藉外在的力量使大家團結，或是藉着由上罩下的力量維持一種外表的團結，而是基於社會成員的共識公認，經由社團與個人的自動自發，透個利益的公平分配與利益的均衡調和，形成一種動力性的團結。這種團結是自然而穩定的，而不是僵化而脆弱的。

多元社會應有的行為規範

第三點是談：多元社會應有那些行爲規範？

在任何一個社會裏，大家都是希望能够生活得美好，生活得和諧。在一個多元社會中，大家要想生活順遂而適應良好，在觀念與行爲上便應符合以下幾項規範。我認爲這些規範是多元社會裏的人們應有的起碼行爲原則。

㈠容忍與尊敬異己：不要只對自己這個性別、年齡、社團、階層、種族、黨派或宗教的人好，而對其他性別、年齡、社團、階層、種族、黨派或宗教的人不好。對於異己不要看不順眼，排斥人家，敵視人家，甚至攻擊人家，似乎非把人家消滅不可。這是一種封閉的心態，不是一個生活在多元社會中的人應有的行爲；也就是說，這種心胸狹窄的人，即使是生活在現代的多元社會裏，却仍然擺脫不了單元社會的性格型態。

㈡容忍與尊重異見：不管是「自己人」或是「外人」，彼此之間都有意見不同的可能。別人意見跟你不一樣，不一定你自己的意見就一定完全對，別人的意見就一定完全錯。世上的事往往是理未易明。而且，應將意見與感情分開，別人與我意見不同，並不表示別人是在「使壞」，有意跟你過不去。容忍與尊重別人不同的想法是最聰明的辦法。這次你尊重別人的意見，下次他也會尊重你的意見。

㈢取決多數，尊重少數：在民主法治的開放社會裏，很多事情是取決於多數，但同時却應尊重少數。在依循多數人的意見之餘，對於少數人的利益，也應該另加考慮。並不是說，爲了尊重多數，少數人可以置之不理。多數者是人，少數者也是人。這一次你是多數中的一員，下次說不定你變成少數中的一員，當你身在多數時能考慮到少數，下次別人是多數時也會考慮到你。這樣，彼此都佔便宜，誰也不吃虧。你今天開車遵守交通規則，是給別人方便，別人開車遵守交通規則，也就給了你方便。這裏面便有一種社會利益交換享有的觀念。

㈣合理競爭，自然淘汰：在現代社會的法律保護之下，對於不同的思想，不同的社團，不同的職業，不必要用外力去干擾，只要讓大家自己去合理的競爭，去適度的發揮就行了。如果一種思想是不好的，便自然會受到社會的淘汰。如果一個人的想法沒有什麼道理，講也白講，叫也沒人聽，就讓他去叫好了，社會上沒有人去接受，不是就自然淘汰了嗎？我們又何必去杞人憂天呢？

第四點是談：臺灣社會發展的方向是什麼？

目前臺灣的社會現況，用前面所談的多元社會五大特點來看，起碼可以說，它已經朝向多元社會的方向快速發展。例如，職業已經逐漸的多元化了，社團已經逐漸的多元化了，文化已經逐漸多元化了，思想已經逐漸多元化了，價值也已逐漸多元化了。

我們今天在這裏討論多元社會的問題，主要是偏重在觀念澄清的層次，事實上我們的社會早已在多元化了。這是任何自由民主的現代化社會的蛻變潮流，這個社會變遷的大趨勢，不管我們是不是稱之爲多元化，也不管在觀念上我們能不能接受多元化，它事實上已經在那裏了，你終究也擋不住它，也改變不了它。

今天，在這裏開這個座談會，主要的收穫之一是使我們在觀念上認淸「我們的社會已經多元化」這個事實，不要無謂的去作抵擋時代巨流的螳螂，讓大家的觀念能夠跟現實配合。

社會自由主義

第五點想談的是：社會自由主義是什麼？我是一個自由主義者，說得更淸楚一點，是一個社會自由主義者。我對多元社會與多元價值的種種看法，都是從這一基本的立場出發。我個人多年來思想的主要出發點，就是社會自由主義（social liberalism）。我所謂的社會自由主義，有些地方不同於古典的自由主義。後者把個人放在一個眞空裏來看，把個人想像成脫離了社會的孤立體，認爲個人價值與自我實現可以脫離社會而存在，而獲致。我個人覺得這是不太可能的，現代心理學的研究清楚顯示：基本上，「人」是一種社會性的動物，個人身心的正常發展有其必需的社會條件，人有很多動機、情緒及潛能，也都是社會性的。動物心理學與生物學中的動物行爲學（ethology）的研究甚至發現，人以下的高等動物如靈長類都是相當社會性的動物。總之，在對「人性」的了解上，古典的自由主義中的「個人」只是一種抽象化了的概念，並不是實際存在的活鮮眞人。活鮮的眞人必然是具有社會性的。

基於這些認識，我覺得個人與社會是不可分的，只有在社會的人際生活中，個人的需要才能獲得滿足，個人的潛能才可有所發揮。個人的若干基本追求，僅靠個人自身的力量是達不到的，須靠團體、社會或國家的力量才會成功。因此，作爲一個自由主義者，我雖然强調個人的價值與尊嚴，但是我個人並不認爲個人的價值是百分之百絕對的，是可以對立於社會而談的，或是可以否定團體或國家爲條件的。個人與社會不是對立的，也是不可分的。個人美好而有尊嚴的生活，必須要靠良好的社會條件。問題是什麼樣的社會才最能提供這種良好的社會條件。世界先進國家的經驗告訴我們，這個問題的答案應該是「多元社會」。只有在開放的多元社會中，我們每個人才能獲得較好的生活，較大的發展，較佳的表現。

從社會自由主義的觀點來看，個人與國家的關係也是密不可分的。我們絕不能盲目否定國家對個人的功能，誤認國家只是剝削個人、壓迫個人的工具，只能帶給個人種種的不便。我個人認爲，這要看這個國家的型態。如果這個國家所建立的是一種健全的多元社會，便會是有利於個人生活與自我實現的國家。這樣的國家是以大衆的利益爲依歸，幫助大家做事，解決大衆困難，爲大家提供種種機會，使每一個人都能相當程度的發揮自己的長處。因此，以多元社會爲基礎的國家，對個人必然是有積極功用的。從社會自由主義的立場來說，我要强調的是個人與國家有着密切的互利關係。

多元社會也能形成共識

接着，我想談談另一個重要的有關問題：在多元社會裏是否可以形成「共識」。像剛才一位先生所提到的「光復大陸、統一中國」，便涉及到共識的問題。在這一方面，能不能形成共識，或者大家是不是都能接受，都是相關的問題。現在我們就可以看出來，這的確是已經發生了問題。在高雄暴力事件審判的時候，就有受審判的人公開提出這個問題。

我個人的看法是，多元的開放社會無疑是可以形成共識的，只是正像鄔昆如教授所講的，所形成的共識往往是在一個比較高的層次，如整個社會與國家的安定與生存的問題。但是，怎樣使之生存？怎樣使之安定？對手段的看法就不一樣了，有的人覺得我們一定要反攻，我們一定要統一，才可以求得生存；有的人則不這麼說，類似臺獨的思想就竟然認爲臺灣獨立才可以保障安全。不管是否行得通，但確是有人這樣想。因此，關於達到社會生存的手段，大家便不容易有共識了。

關於社會的發展也是如此，對發展的目標，如民主法治、自由經濟等，大家都有相近的意見，至於對於宗教自由、教育機會均等，也都有大約一致的看法。這一點告訴我們，在一個多元社會中，並不見得就不能形成「共識」。不過，這種共識往往是關於一個終極的目標，至於如何去達到目標，意見便會不一樣了。

有不一樣的意見，有的人認爲是一個壞處。當然，在某種情形下，由現實政治的觀點來考慮，這一方面缺乏共識好像會有某些問題，但是從另一方面來看，也可以說它是一種好處，因爲各種可能使用的手段或方法，社會裏都會有人想出來，也都可以提出來比較，經過公開的討論，不怕不識貨，只怕貨比貨，便可以找出最好的有利方法來。如果只有一個方法能提出來，別的都無法提出來，好壞只有一個，就沒有比較選擇的餘地了。最重要的還是有沒有容許有不同想法的人，讓他的意見有機會表達出來，然後讓大家充分的去了解每一個做法的好處與壞處，然後才能基於知識或常識作理性的分析與判斷。在此我要特別強調，在多元社會中也可以形成「共識」，但是它的層次或許不如平常所想像的層次那麼低。

相對主義與自然淘汰

關於高承恕博士所提出的「相對主義」的問題，在多元社會中各有各的意見，各人的意見都應該受到尊重，因此你說這樣做也好，他說那樣做也好，便會變成一種道德上的相對觀（moral relativism），甚至可能導致虛無主義。我覺得，對於多元社會中的少數個人而言，這是可能的，因爲這少數人可能有特殊的個人性格，或有過特殊的不幸經驗。但就大多數的社會大衆來講，多元社會裏即使可能有道德相對主義的觀念，這種觀念也是會有某種程度的健康作用的。道德所服務的主體是人，它是相對於時空與人羣的，祇要在特定時空對某些人是有用的道德，自然會受到保留，不合時宜或不再有用的道德，也就自然淘汰。

關於這方面，我還有個不成熟的看法。在某些事物範圍之內，大家可能有相對的看法，你要這樣做，他要那樣做，好像都可以；因爲這件事反正無關緊要，既不犯法，也未有違社會習俗。但是，超過了某一範圍，大家還是會自發的認爲有個共同的規範，有個共同的判斷。以殺人爲例，誰也不會覺得是對的，是好的。這便可以看出來，還是有一個共同的範圍存在，超出了這個範圍，在重要的事項上，道德的相對觀也是不成立的。

道德相對觀的傾向，可能會破壞某一些僵固的或低層次的道德項目，很多基本的或高層次的道德觀念，牽涉到大家的共同福利，大家還是會有一個共同看法。

另一方面，從實際上來比較分析，在多元化程度較高的社會裏，在開始多元化的時候，傳統的單元化道德規範中有些會逐漸鬆散，很多道德行爲在以前是沒有問題的，現在都出了問題，但是繼續發展到某一階段後，情形便穩定了下來。這時可以看出，這個社會還是有很多共同遵守的東西在那裏，其中有些是新形成的。這往往表現在兩方面，一是法律，一是習俗。就法律來說，傳統單元社會與現代多元社會就不一樣，傳統社會中習俗的約制力强，多元社會則主要是靠詳盡的法律，也就是說，大家所必須遵守的範圍，都具體的放進法律裏去了。無論是在政治行爲上，經濟行爲上，或社會行爲上，都有一定的法律加以規範。不過，即使在現代社會中，習俗仍然會發揮它的作用，其效力自比在傳統的社會時差得多。所以，我倒不耽心「相對主義」在多元社會中會形成嚴重的虛無主義，基本的社會共識（尤其是道德共識）總是不會喪失的。道德與人生有着密切的利害關係，人都會爲自己與他人打算，大家一定會維護適當程度的道德觀念與道德原則，不可能到最後什麼道德都不要了。在現代的多元社會中，道德規範往往是更具體化、詳盡化了，那就是法律。

在任何社會中，都有極少數人有着虛無主義的傾向，這也是無須否認的。但這往往只是屬於個人心理適應上的問題，如個人的憤世嫉俗。即使在傳統社會中，這種人也並不是沒有的。但是，他們終究是極少數，在現代法律的約制下，也不可能形成多大的社會損害。

多元社會有賴理性與溝通

再者，高博士强調，從單元社會進入多元社會，或是要建立一個健全合理的開放社會，理性與溝通都是極爲重要的。我認爲確實是如此，從這裏我們進一步想到，有兩個東西值得我們特別注意。

一是大衆傳播。在現代的開放社會中，沒有另一種方式可以使社會大衆互相溝通，只有大衆傳播可以使不同階層的人的意見得到表達。平常，要想使兩個不同階層的人直接接觸是很難做到的，我也不知道你那個階層的人有些什麼想法，你也不知道我這個階層的人有些什麼想法，只要大衆傳播良好而健全，它可以深入到每一個角落裏，讓每一類人的意見都可以表現出來，由此可以得到相互的溝通與了解。要想有效的達成溝通的目的，大衆傳播必須讓言之成理的各種意見，都能適度的表現出來，不是說加以某種程度的控制，只有適合當時政治氣候的言論才予以傳播，其它的言論都出不來。換句話說，必須使代表社會上各種團體，各種利益，各種觀點的意見，都能有機會讓社會知道。在一個多元社會裏，大衆傳播功能的正常化，是有效的大衆溝通所必需的，也是形成共識所必需的。

二是民意調查。健全的民意調查，在多元的社會裏也是很重要的。我想，在我們的社會裏，若干共識可能是有了，但不知道是那些。在有些事項上，我們以為已有共識，但事實却又未必然。透過健全的民意調查，就可得知在那些事項上已有共識，在那些事項上並無共識。也就是說，透過健全的民意調查，可以知道現在有那幾種意見正在那兒勢均力敵的發展，沒有一個多數優勢的出現，何者已經有了多數意見的出現。現在我們國內的民意調查並不健全，很坦白的講，有些機構所做的調查，似是先有了結論，使人無法知道社會上的實際情況究竟如何。

通常談溝通可以分為兩種，一種是個人與個人間的溝通（interpersonal communication），一種是社會團體間的溝通（intergroup communication）。高承恕先生所强調的是屬於私人間的溝通，我比較强調的是社會裏面不同的團體，不同的階層，不同的次級文化之間的溝通。在一個多元的社會裏，團體間的溝通自然是比較提高了，在私人的溝通方面，我想情形並不太完全一樣。在現代社會中，某些特定對象之間的溝通會增多。例如，當兩個人對對方都有興趣時，自發的溝通必然很多，互相沒有興趣的人，溝通就會很少；或是對現在一起工作的伙伴溝通很多，對別的人就溝通很少。社會越開放，社團之間的溝通便會越多。在這方面，大衆傳播功能的正常發揮，提供了很好的溝通媒介。

多元社會的缺點

接着，我想談談多元社會或開放社會的缺點。簡單的分爲兩方面來講：

第一，多元社會最大的缺點之一，是很多人有不安全感。這種社會不免會使人互相競爭。個人的表現或成就全要靠自己的努力與能力，你做得好不好，完全得由個人負責，無法把這個責任推出去。在以前的社會裏，一個人表現不好，可以歸咎於命運，說命該如此，或者歸咎於社會制度或階級把你卡住了，自己不能做主。現在，你搞不好，只能怪自己不行。多元的社會競爭越來越激烈，到了某一個程度，大家心理上也都增加了不安全的負擔，掉在下面的人固然覺得不安全，升到上層的人也不會完全覺得安全，因爲隨時怕會掉下來。在社會競爭的階梯上，大家都會緊張，這便使很多人覺得既孤獨，又缺乏安全感。這是現代社會生活中應該設法彌補或改正的地方。

第二，多元社會另一個缺點是很多人有不確定感。多元社會使人眼花撩亂，各種各樣的想法、主義、主張，紛然雜陳，可能的選擇性很多，往往使我們每一個人都不太容易有自己的主見。今天覺得這個好，明天又覺得那個好，後天又有別的不同看法。這就產生了「變形人」的心態。美國的心理歷史學家李佛敦（R. Lifton），寫了一本很有意思的書，叫做 Protean Man。

我們可以把它譯爲「變形人」。作者曾描述過一個廿多歲的日本青年，初由農村來到東京，開始熱衷於社會主義，過了一個時期，他又轉變爲極右派份子，積極參與反美活動。後來態度一變，由反美而親美，進而到美國去留學。留美期中思想又發生突變，乃返回日本，進入一家大公司，乖乖的幹個小職員，於是他又認同於現實的資本主義社會。就是這樣一個廿多歲的年輕人，在思想行爲上變來變去，變了好多次。書中還描述了其他的「變形人」，顯示了現代人多變的特質。當然，這些個案都是一些極端的特例，但是也可藉以看出，在現代社會中，大家都或多或少的經驗到類似的問題。特別是年輕人，在他的一生當中，將來不知可能要變多少次，而且是互相矛盾的變，甚至由一個極端變到另一個極端。這的確是多元社會所帶來的問題。各種吸引力又多又大，自然會造成選擇上的紊亂，進而形成一種不確定感。這也是多元社會中應該改進的地方。

一個巨大的矛盾

我想目前臺灣最大的問題，是我們正在一個巨大的矛盾之中。一方面是正處於內部分裂狀態下，在安全上有很大的顧慮；另一方面又要與國際間其它進步社會競爭，追求不斷的發展。今天，我們談多元社會的發展，事實上是偏重於後面的方向。但是，我們的處境是雙管式的，就這樣被卡住了。所以，在我們的社會裏，總是免不了好多的顧慮，每一件事情都有兩方面不同的意見，一個意見是要求進步得快一點，另一個意見則基於安全的考慮，認爲一切應慢慢來。目前，無論談什麼發展，大致都是這個樣子。有人總是拿安全的理由，作爲對某些人與事加以限制的藉口。我個人覺得，在政治方面，基於現實環境與安全的考慮，自不能與其它統一昇平的國家相比，可以放開腳步全速的往前跑。但是，在非政治的方向，尤其是在社會文化的層次，不必老是礙手礙腳，像剛才談到的「竇娥寃」一劇應否演出，中國傳統文化那些應該保留，那些不該保留，「狄斯可」應不應該跳，寫字應從左或從右，學生的頭髮該留多長等等，這一類的事似乎大可不必去過問。中國文化中現在還有用的部份，丟也丟不掉，自會保留下來，大家到今天不是照樣用筷子吃中國菜嗎？如果已經沒有用處的話，卽使借政府的力量去强制保留，過一陣子還是沒有辦法保留。非政治層次的事情，不必要去加以無謂的限制，否則反而會弄出問題來，而且也會把因此而生的誤會轉嫁成政治性的誤解。我們是不是可以大方一點，除了政治上有關整體的安全所必須考慮的以外，對社會文化方面的事可以放寬一些？

剛才有人說，當年政府在大陸是被知識份子搞垮的。我個人的看法是，以往大陸的情形與現在臺灣的情形很不一樣。居然有人說，大陸上的失敗是由於知識份子，或者自由民主人士，以及一些作家寫了一些文章所發生的影響。對於這種說法，我始終打了一個問號。如果當時在政治上的作爲，也能像臺灣今天一樣，解決了民生問題，提高了行政效率，改進了政治風氣，要說有人寫幾篇文章，講幾句話，就把一個政權搞垮了，這是令人十分難以置信的事。

再說，知識份子一詞包括很廣，當年大陸上在政府裏做事的很多人也都是知識份子，很多為國民政府講話的人，也都是知識份子。大陸的國民政府既是知識份子弄垮的，那麼中共就應該特別喜歡知識份子。但是，大家都知道，中共就最討厭知識份子，中共對知識份子的迫害，是盡人皆知的事。當年在大陸上的失敗，是否應由知識份子負責，現在恐怕一時也講不清，將來的歷史學家自有公斷。我只是覺得，中國的知識份子眞是可憐，總是左右不是人，常常成為無助的替罪羔羊，但是我們知識份子應該自己互相愛惜，不能自我作賤。

當年在大陸上，中國共產黨是直接訴諸政治與軍事手段的。如果當年大陸的經濟與政治沒有問題，少數幾個知識份子傳播馬列主義，也不致於把整個局面弄垮。英、法、意大利及日本等國，都有共產黨公然宣傳馬列主義，多年來也未見把他們的政府弄垮。

今天，我們談文化開放，只是希望先在小節上多放寬一些，也並不是要求一下子全面的開放，也沒有人主張或贊成開放到容許左傾思想。能逐漸放寬就好了，特別是在文化學術的層次上。以我在前面舉的一些例子來說，如跳「狄斯可」舞，演「竇娥寃」劇之類的事，與共產主義思想也毫無關聯。有人也許認為會影響善良的社會風氣，這也是個見仁見智的問題。最重要的一點必須指出，我們今天所處的社會，已跟大陸時期的社會不一樣了，由於政府過去在各方面建設的成就，即使把當年大陸上寫批評文章的那些人找來再寫，也不見得會有人看他們的或聽他們的，定然是起不了任何作用，甚至還會有人罵他們神經病。這是此一時也，彼一時也。我們當然同意要多注意安全，要多多謹愼，但在那些不關緊要的，跟國家大計沒有直接關係的事項上，不妨多開放一點，而不必多去管它。而且，今天我們政府在社會安全方面的措施，是相當周密的，一旦發生一點小問題，馬上就可予以防止，不致造成什麼不利於社會的氣候。

三民主義大有包容性

在這裏，我也想提一下：「政治參與」的開放，也是多元社會裏很主要的一個層面。就目前臺灣的情形來說，參與的開放還有很多值得改進的地方。例如，不少學會一、二十年不改選，有些人做理事長，幾乎是終身職，非等他過了世，就別想換人，這便形成了參與管道的阻塞，及學會功能的退化。在政府機關裏，政治上的延攬人才，做法上給人的印象也不够開濶。今後在用人方面，希望能做到惟才惟德是用，對於省籍、黨派及家庭背景等因素的考慮，應該排除在外。從今以後，若能在政治參與及人事任用兩方面更加開放化與多元化，必將大大有助於政治的進步、社會的和諧及人民的團結。

最後，有些人可能對多元社會與多元價値會有所誤解。我想就此提出一些說明。

第一，有的人怕多元社會與多元價値會引起「思想」的混亂，而我們今日是處在一個不宜有思想混亂的階段，大家都要能够服膺三民主義，實踐三民主義。我覺得這種疑慮是不必要的，由於三民主義的架構、精神及內涵，早已放進中華民國憲法裏去了，而我們的各種法律又都是根據憲法所制訂的，大家怎麼可能不服膺、不實行三民主義？就這一意義而言，三民主義已經不是專屬國民黨的了，而是共屬於中華民國的全體國民；也就是說，我們未必每一個人都是國民黨員，但却每一個人都是 國父的三民主義的信徒。

爲了今天的座談會，這兩天我又翻了一次「國父全書」，我看到裏面的許多說法，也正是大家剛才所講的多元社會與多元價值的基本精神。我覺得 國父寫三民主義，可以說是爲了建立一個開放的多元社會，他講的一些基本原理，任何欣賞多元社會的人，都是會贊成的。一個衷心主張多元社會與多元價值的人，一定會贊成三民主義；而一個眞正信仰三民主義的人，也必然會贊成多元社會與多元價值。提倡多元價值，不僅不會混亂三民主義，反而會强化三民主義的理想，加速邁向三民主義的開放社會。因此，身爲三民主義的信徒而排斥多元社會與多元價值，是一件不可思議的事。

第二，有的人擔心多元社會與多元價值會引起價值的混亂。有些莫名其妙的人甚至會說：「有了多元價值，那還得了，甚麼事都可以幹，甚至妓女都是有價值的了，妓女朝三暮四也可能是最能實踐多元價值的了！」這種說法可說毫無討論問題的誠意。多元價值所涵蓋的價值範圍，不但涉及基於衆意的法律，而且最後還要訴諸多元社會中大衆的是非、好壞、善惡的觀念。法律規定與道德規範自然會將顯然不對、不好、不善的事物，排出多元價值的範圍以外。

第三，有人可能擔心多元社會與多元價值會變成無法無天。這更是不可能的事。在多元的社會中，法律的價值與權威反而特別受到尊重，強調在基於社會正義所制定的法律之內，各方面的多元特徵應該受到保障，而得以自由的發揮，坦誠的合作，合理的競爭。在一個多元的開放社會中，非正式的習俗越來越式微，而正式的法律則越來越重要，人們的複雜社會生活都是要靠詳細的法律來約制的。

第四，也有的人會擔心多元社會不能形成「共識」。這種憂慮也是多餘的。事實上，在英國、美國、法國、日本等比較多元化、開放化的社會中，民意測驗常顯示在大多數重要事項上，同一個社會的民衆都有相當清楚的共識（百分之七十五以上的人同意）。多元社會的共識之所以能夠形成，主要是因爲三個因素：⑴在不同的次級文化之下，有更基本的主流文化；⑵在個別的利益之上，有共同的整體利益；⑶多元社會的民衆比較理性，較能同時了解共同的事理，易於有「人同此心，心同此理」的表現，從而形成公是公非的共識。（本文係本人在中國論壇社主辦之「多元社會與多元價值」座談會的部份發言記錄）

（原載「中國論壇」，民國六十九年，第十卷，第六期，七至三十二頁）

開放的多元社會

從臺灣地區過去進步發展的軌跡來看，未來的十年將是我們建立多元開放社會的大好時期。

中華民國的政府與人民，經由三十多年的努力，已在斯土建立了中國歷史上最安和樂利的社會。回顧這段不算太長的歷史，從社會變遷的觀點，大致可以分爲三個階段。在最早的不到十年的時間，所注重的是整軍經武，安定基地，以爲隨時反攻之計，所以社會變遷甚小。此後的十幾年中，因反攻深受客觀因素的限制，轉而求取長治久安，乃加强經濟建設，提高教育水準，逐漸帶動社會變遷，爲進一步的快速發展，奠定了良好基礎。最近十年是加速發展的階段，變遷的浪頭已從經濟與教育，進而擴展到政治、文化、社會結構及價值觀念，造成社會整體的全面蛻化。

我們的社會發展至今，政治已漸民主化，經濟已漸均富化，社會已漸分殊化，文化已漸精緻化，思想已漸活潑化，可說已具現代多元開放社會的雛型。顯而易見，我們的現代化歷程，已經進入良性循環的境界，只要因勢利導，品質高超的多元開放社會，應是指日可待。

需要何種多元開放社會

大勢所趨，我們未來十年所追求的既是多元而開放的社會，在此進入七十年代的開始，對這種社會的基本特徵加以探討，應該是一件很有意義的事。

根據社會及行爲科學的分析研究，眞正的多元開放社會，至少具有以下幾個特點：

第一，職業的自發化與多元化：相對於封閉的傳統社會，開放的多元社會的職業類別是高度分殊歧異的。這種職業的多元化，不是勉强追求而得的，而是要靠社會的自然發展。社會生活的進步或複雜程度增加了，便會自動自發的衍化出很多新而不同的職業。職業自發化的另一意義，是職業身份取決於個人的能力、努力及成就，而不是世襲的，也不是受限於階級、宗教、種族或性別。

第二，社團的自發化與多元化：在多元開放社會中，民衆的生活需求高度分殊化，生活利益也高度分殊化。國家的單位太大，對不同個人的特殊需要，難免不够敏感，利益互異的人羣，乃不得不自行結社，以自謀福利，結果形成很多自動自發的社團。各類形形色色的社會團體，彌補了國家與個人間的斷層，成爲多元社會中維護社會秩序與團結的黏合劑。

第三，思想的自發化與多元化：在開放的多元社會中，會有各種大不相同的思想觀念或意識型態出現。只要是不違背國家的憲法，及其他基於社會正義與安全所制定的法律，這些不同的思想都會受到保障與尊重，以便能自然的發展或淘汰。

第四，價值的自發化與多元化：在封閉的傳統社會中，價值的給予是規定的，價值的分配是集中的。在開放的多元社會中，價值的賦予則是自發的，價值的分配則是擴散的；價值既不集中於少數人，也不專注於少數物，更不侷限於少數事。在不違背公正法律與社會道德的範圍內，不同的職業各有其價值，不同的社團各有其價值，不同的思想各有其價值，不同的生活方式也各有其價值。

第五，參與的公開化與普及化：參與的開放是現代多元社會的重要特徵，這不但表現在政治層面，而且也擴及到經濟、社會及文化層面。在這種社會裏，政治參與、經濟參與、社會參與及文化參與，已經成爲大衆的基本權利與義務，受到法律的適當保障。

第六，資訊的公開化與普及化：在開放的多元社會中，人民擁有「知的權利」。除了法律所規定的機密（如國防機密）外，對於公衆事務，政府或所屬社團應適時公佈有關資料，以使大衆瞭解眞象。知識的傳授與消息的傳播，會儘量求其快速與普及。

以上是多元開放社會所具有的共同特徵。我們未來十年所將建立的多元開放社會，也應具有這些特徵。

何所求於多元開放社會

我們為什麼要建立多元開放社會？答案是這種社會具有很多顯而易見的好處。這可分消極與積極兩方面來談。在消極方面，重要的好處有：

在政治上，可防止權威主義。權威主義强調權力集中，但權力一旦集中以後，便容易發生濫權的情形。在多元開放社會中，政治資源比較分散，權威主義不易得勢。

在經濟上，可防止壟斷現象。開放的多元社會，擁有各種經濟的、職業的社會團體，它們為了自己成員的利益，會互相監督，以免有經濟上的獨佔情況。在這種社會中，人民對自已的經濟權益十分敏感，常會透過立法來防止壟斷的現象。

在社會上，可防止階級主義。多元開放社會强調個人在多元發展中的平等性，封閉的一元化社會的階級壁壘既可消除，以宗教、種族、黨派或性別為基礎的歧視，也可避免。

在文化上，可防止僵滯現象。在一元化的社會中，都有所謂「主導文化」，其他的文化型態因為受到排斥，在發展上常會陷入僵滯不前的境地。在多元化的社會中，各種「次級文化」齊頭並進，互相競爭，各求發展，自無這種文化僵滯現象。

在思想上，可防止武斷主義。在一元化的社會中，思想要定於一尊，也就是只能有一種「正統思想」，其他思想都是旁門左道，應加驅除。在多元化的社會中，反而珍視多元思想，寶愛多元思想，任意排斥的武斷主義，自然是行不通的。

至於積極方面，重要的好處則有：

在多元開放社會裏，個人可免於來自外界的不合理限制，擁有衆多的職業選擇與生活方向，因而易於發揮自己的活力，實現自己的潛能。

在多元開放社會裏，個人與團體的關係多是意願性的，個人的積極參與及努力發揮，常可增强團體的活力，釋放團體的潛能，使社會國家與各種社團，都能欣欣向榮。

在多元開放社會裏，每一方面的事物都是多元化的，而且可作公開的比較與批評。因而，在公衆事務上，容易避免與改正錯誤，而做正確的抉擇。也就是說，多元開放社會具有高度的自我校正的能力。

在多元開放社會裏，社會利益的分配較能公開、公正、公平。大多數人都能獲得適當的待遇，受到應有的尊重，而無屈辱不平之感。透過權利義務的合理分配與均衡調節，乃可締造眞正團結和諧的社會。

如何建立多元開放社會

在消極與積極兩方面，多元開放社會既有很多顯而易見的好處，自當順應三十年來發展的軌跡，使我們的社會朝着這個方向加速邁進。爲了順利達成理想，在未來的十年中，我們不僅要在經濟建設、政治革新及教育發展等方面繼續努力，而且也應對下列幾點特加注意。

首先，多元開放社會必須建立在理性的基礎上，而理性的培養與加强，則有賴於教育內涵與方式的改進。只有理性的教育才能培養出理性的個人，而只有不教條化、不武斷化、不情緒化、不呆板化的教育，才是理性的教育。在未來的十年中，我們的教育應儘量朝着理性化的方向改進，以使新的一代更能尊重異己，更能容忍異見，更能體認「道並行而不相悖」的道理。

其次，多元開放社會的建立，有賴於自由表達的氣氛。只有在這樣的環境中，創造的自發性與多元性才得發揮。整體安全的考慮與措施是必要的，但過多的政治與文化禁忌，對社會的進一步發展則將不利。在未來的十年中，不必要的禁忌應儘量減少，以期造成「開大門、走大路」的新氣象。

再次，多元開放社會的發展與統合，要靠有效的溝通。社會中的衆多行業、團體及思想，如無有效的溝通，則將只有分殊而無統合。社會性及團體性的有效溝通，有賴於超然、公正及客觀的大衆傳播。電視與報紙等傳播媒介，如罔顧社會公義與責任，成爲某一個人或某一團體的政治工具，卽難反映社會眞象，也難溝通社會意見。在未來的十年中，應儘量擴大新聞獨立與自由，使大衆傳播功能更正常化，以發揮「異中求同」的效用。

更次，多元開放社會的形成過程中，會逐漸發生利益多元化的現象。社會大衆分殊的利益，有賴於分殊的團體來代表，來爭取，來協調。在法理情的原則下，人們有自動組成利益團體的權利，既存的社團也要受到保護，能够發展。經濟的、宗教的、教育的、學術的及娛樂的社團如此，政治性的社團尤應如此，因爲政治權力的分配，往往影響其他方面的利益。從這個觀點來看，在建立多元開放社會的過程中，政黨的多元化實在是理所當然，勢所必至。在未來的十年中，應制定並頒佈「政黨法」，使我們的政黨政治早日正常化，以徹底解決多元社會中政治參與的多元分配問題。

對當代的中國而言，未來的十年是一個關鍵期，臺灣海峽兩邊都在銳意謀求積極發展。中共因受限於極權本質及各種缺點，其未來十年的進步，自不能與中華民國相比。但對我們而言，未來的十年却也是一個發展上的瓶頸期。我們若能以既有的努力與成就爲基礎，袪除束手縛脚的疑懼與積習，使民衆的活力與能力更加發揮，則社會的蛻變必將更有創造性。如此水到渠成，發展的瓶頸一旦突破，多元開放社會便自然形成。民主的、法治的、福利的多元開放社會建立有成之日，便是「臺灣模式」實驗成功之時。到了那一境界，以之自求多福，以之統一中國，都將無往而不利。

(原載「聯合報」，民國七十年一月八日，第二版)

培養現代的觀念與行爲

很多人以爲文化只是包含諸如文學、藝術及音樂的一些比較崇高的人類成就，特別是指個人思想透過創造的行爲表現所獲得的結果。其實，這僅是指狹義的文化，不管是文學、藝術、音樂、建築或器物，都是人的思想與行爲的產物，這固然是文化的一部分，但在這些文化產物背後的思想觀念，則更爲基本，更爲重要。也就是說，表現一個社會文化的特點，不光是指那些作爲行爲後果的文化產品與物質成就。研究文化學的人，看法跟一般人不太一樣。他們所指的文化，在很多情況下，特別强調文化器物創作背後的思想、觀念及行爲。我們今天討論的第五個子題，就是想要落實在這個層次來談。假如我們要想建立高超精緻的文化，在思想行爲層次，我想可由兩方面來談。

現代中國人應有何種觀念與行為

做一個現代的中國人，以及在可預見的將來的中國人，應該具有或形成那些重要的思想觀念，才可以適應現代中國社會的生活？才能如魚得水般的順利？個人生活有了很好的適應，社會才會達到全盤的和諧而整合的狀態。根據我們過去所作的研究與觀察，由社會整體與個人生活的改進來講，做為一個現代中國人，應該具有下列的思想、觀念及行為特點。

(一)守法守則的行為：坦白的講，在我們中國人過去的社會生活裏，一般人並不具有守法守則的適當觀念與行為。大多數人都很迷信人事關係、個人影響、感情因素及社會地位等，常喜法外施恩，托人關說。有些人總覺得自己比別人有辦法，可以享受法則之外的特殊待遇與寬容。這些現象便是李亦園教授在前面提到的「特殊主義」。在我們的社會裏，法與則是有的，但往往對待不同的人，作用並不相同，執行法律規則的時候因人而異，常要看與司法人員間的關係、個人因素及社會背景而定。所以說，特殊主義的意思，並不是法律規則之前一視同仁，人人平等，而是因人、因時、因情況而異。這是很不符合現代社會生活需要的一種觀念。現代社會的生活，由於人數非常多，事情又非常複雜，當一項法律或規則制定下來以後，應該是人人遵守，絕無例外，法律規則之前，人人平等，個個一樣，不能因為某人的身份高低，性別不同，關係不一樣，或其它因素如黨派、種族、宗教信仰等，而使法律與規則的執行受到影響。現代中國人應把過去的特殊主義的心態與行爲徹底去掉，眞正形成一種守法守則的普遍主義與普遍態度。一方面，執行法律的人要堅守法律的規定，不因人而有所不同；另一方面，一般人也應該主動遵守法規，不存另走捷徑的企望，或另想特別辦法，以逃避法規的制裁。法律與規則就像兩個球隊賽球時採用的規則，如果兩個球隊大家都不遵守的話，球就無法打得好，可能產生野蠻行爲，甚至球賽都無法進行下去。因此，在現代社會生活中，普遍的守法守則的觀念非常重要。

(二)**設身處地的能力**：所謂設身處地的能力，就是心理學家所說的「同理心」(empathy)，它與同情心不一樣。同情心是指：當我看到一個人做出某一種行爲或表現某一種情緒時，我也跟他做同一或類似的行爲或情緒，但是我却不一定了解他爲什麼會有這種行爲或情緒。同理心不一樣，同理心是說，我不一定跟你做同樣的行爲或情緒，但是我却知道你爲什麼會有這種行爲，會有這種情緒。同理心即是我們中國人所講的設身處地，也就是我能够站在別人的立場，去了解他的情況，他的感受，他的情緒，他的行爲，而不是不管碰到任何人，都只站在自己的立場，以不變應萬變地去看一切，這樣必然會產生很大的錯誤。今日的現代化社會變化很快，在日常生活中接觸的人非常之多，又沒有法子像古代一樣能讓我們花很多時間，慢慢地去相處，慢慢地去了解。我們現在都須在很短的接觸中就要了解對方。不管是爲了工作上的需要，或是社交上的需要，都得這樣做。所以，設身處地的能力或同理心的能力越强，越容易適應現代社會的環境。

（三）理性分析的習慣：由於現代社會事務複雜，碰到的情況千變萬化，不像在傳統社會裏面，所碰的人、事、物都相當固定，範圍也相當狹窄。一個人由小到大，社會很容易幫助他形成一套現成而固定的反應，平時只要運用這些固定的反應，碰到什麼樣的刺激，在什麼樣的情況下，就怎麼去做；也就是說，在傳統社會中，只要養成一種習慣而固定的行爲模式就够了。現代人再這樣做就不行了。在現代社會中，我們碰到的人與事很多，又很複雜，社會無法樣樣都給你現成的訓練，養成現成的行爲，而往往是要你自己運用頭腦，很冷靜地作理性的分析與判斷，然後再根據事理發爲行爲，這樣才能適應複雜多變的社會生活。進一步要特別指出，在現代社會裏做一個現代中國人，無論做那一件事情，都應該有自己的看法，形成自己的意見，因爲不可能樣樣都靠別人代你做決定，也不可能樣樣都靠別人告訴你應該怎麼去做。別人的想法，別人的意見，對別人可能有用，對你就不一定有用。所以，我們必須要靠自己，對於遠遠近近、大大小小的事務，形成自己的意見。

在我們的現代生活中，養成理性分析的習慣是很重要的，我們再也不能有依賴迷信的行爲。我們對於種種人類的與自然的現象，一定要根據過去在學校及其他方面所獲得的知識，做理性的分析與判斷，然後再決定一件事該做或不該做。假如能以理性爲出發點去看事情，我想很多不理性的行爲，便不會發生了。我們知道，在我們現在的社會中，仍然有各種各樣的迷信心理與行爲，有扶乩的，有吞食香灰符咒治病的，也有各種奇奇怪怪的盲信行爲。不僅年紀大的人迷信這些東西，甚至有很多年輕人也有這種迷信行為；不但是沒有受過多少教育的人有這種迷信行為，甚至於受過很高教育的知識青年，也有這種迷信行為。我覺得這都是由於沒有足够的理性分析判斷的習慣與能力，這都不是好現象。我們應培養一種理性研判的新習慣，使其成為現代中國人的特點之一。

（四）尊重他人的胸襟：我們知道現代社會是一個開放的社會，在開放的社會裏面，大家過去的背景不相同，接觸的環境不一樣，所受的教育也不一樣，各人對同樣的事情，會有各種不同的意見、看法及想法。沒有一個人可以用武力、權力或其它方式强迫別人改變意見，去遷就你的意見；只有透過一種合理的方式，你才可以改變別人的意見，那就是透過說服的過程，叫人家覺得你的意見比他的好，然後才能够接受。但是，這種方式並不是很容易的，在很多情況之下，我們碰到很多人，他們的意見跟我們不相同，也無法說服他們，這時便只好承認「這便是我們的社會生活環境」。假如我們能培養出來一種尊重別人的胸襟，就不會覺得我們的生活很苦，就不會常常有情緒反應。否則，每當你碰到別人與你的意見不一樣時，總覺得自已對，別人不對，老覺得你的意見是正統的，別人的意見都是旁門左道，於是你的情緒就會常有反應，常不高興，常常激動，這樣你的生活就不易適應了。

處身於現代的社會生活裏，我們應該儘量容忍別人的意見，承認不同的事物各有其存在的價值與意義。在這個原則之下，才能建立一個異中求同的現代社會，也就是古人所講的，「和」不見得一定要「同」。我們要建立一個「和而不同」的社會，只要是能夠產生一種和諧的關係就好了。總之，尊重他人的胸襟與習慣，也是我們現代中國人所應該培養的一種思想及行爲模式。

(五)自我改進的努力：我們現在的社會變化很快，不光是知識的成長很快，社會的整個環境變得也很快。工作的環境，生活的環境，甚至娛樂的環境，都經常在快速地變。雖然是同一個行業，但所做的事情，所需的技能，都是日新月異。我們絕不能以不變應萬變，要常常設法作自我改進的努力，多多去追求新的技能，新的觀念。在我們的社會裏，可以看到愈來愈多的在職訓練，也有很多的講習會或演講會。很多場合都在以不同的方式提供自我改進的機會，這是因爲我們過去所學到的觀念、知識及技能，隨時有「失效」的可能，不可能像古代一樣，只要習得一技之長，就可以應用一輩子，現在則必須經常配合實際的需要，不斷做自我改進的努力，才能跟得上工作與生活的進展，才能適應於現代的社會。所以，我覺得做爲一個現代的中國人，必須具有不斷學習以自我改進的精神。

(六)操之在我的態度：在傳統社會裏面，總是有衆多社會的、政治的、宗教的及物理環境的因素，是個人力量所不能克服、改變或對抗的。因此，在傳統的社會中，往往使人養成一種遷就環境與現實的隨遇而安的態度。此時，一個人適應生活的主要方式，是改變自己去遷就環境。然而，在現代的社會裏，這樣的觀念就太消極了一點，很可能在生活上不大容易適應實際的情況。比較好的辦法是採取積極一點的態度，要確認自己的前途是靠自己的努力，將來的生活是禍是福，是好是壞，全看自己努力的程度；也就是說，個人將來的前途是把握在自己的手裏，是跟自己的行爲與努力有密切的關係。這種「操之在我」的觀念，我們學心理學的人稱之爲「內控態度」——覺得個人未來的禍福與前途，主要是控制於內在的個人因素（如能力與努力）。傳統社會的人，則是偏向於「外控態度」，認爲個人未來的禍福與前途，主要是控制於外在的因素（如環境、命運、運氣及鬼神）。這種態度上的不同，對個人行爲與生活的影響很大。作爲一個現代的中國人，培養操之在我的內控態度，也是值得我們努力的一個方向。

（七）溝通參與的意願：在我們現在這樣的一個時代裏，一個人是沒有辦法關起門來過活的。把自己孤立起來，不跟人家打交道，不跟外人接觸或發生關係，是極不可能的。在工作場所、休閒活動及家庭生活中，每個人都要經常跟很多不同的人接觸，要跟人家建立種種不同的關係。由於彼此接觸的時間往往很短，所以必須要有一種隨時主動跟別人溝通的意願與嘗試，很樂意準確地把自己的想法或意見表達出來，告訴人家；同時，也給對方機會清楚地表達出他的想法或意見，這樣彼此就會很快獲得了解，然後才能基於了解去加以判斷，以進而從事適當的行爲。

在現代的社會裏，我們隨時要參加很多大大小小的團體，政治的、宗教的、社交的、專業的都有，假如你不肯主動去溝通與參與，慢慢便會陷於孤立。孤立之後，便會有失落的感覺。由於你沒有主動而適當地積極參與，所以很多大好的機會也就失去了；也就是說，你的很多進一步發展的可能性也就沒有了。就社會關係的層面來講，溝通參與的意願與習慣，也是做一個現代中國人應該培養的一種心理與行爲模式。

（八）自處愼獨的功夫：我們知道，在現代社會的演變下，人們一方面彼此接觸很多，另一方面却又必然趨向「個人主義」。這裏所說的個人主義，並不是指自私自利的意思，而是說重視個人的價值、個人的尊嚴，同時也重視別人的價值、別人的尊嚴。換句話說，在個體與團體兼顧的情況下，而能重視個人的價值與尊嚴。團體之所以重要，是因爲它可幫助其中大多數個人的生活適應與安全保障。因此，團體的主要功能與價值，是爲了衆多的個體。在現代的社會中，這種個人取向是一個必然的發展方向。結果往往產生了一種情況：你固然尊重別人的價值與尊嚴，避免無謂的干擾別人，同時別人也尊重你的價值與尊嚴，也不敢主動的隨便來干擾你。在此情況下，往往產生一種現象：有的人自身條件比較優越，別人雖很尊重他們，但仍想找機會來跟他們接近，因此他們比較不會感到孤獨；但也有些人，由於個人條件不佳，主動跟他們接近的人很少，有的時候便會感到很孤獨。

處身在現代社會裏，如果你不邀請別人來拜訪你，別人就不敢來「打擾」你，你一個人呆在家中久了，就會覺得孤寂。尤其是在都市裏單身一個人住，很可能在白天工作完了以後，晚上回到「家裏」就僅有一個人，人家也不輕易來打擾，因爲尊重你的隱私生活。像這樣，你既不敢邀請別人，別人也不敢或缺乏興趣來打擾你，你一個人在家裏就變成了孤魂野鬼，寂寞就與你結下不解之緣。所以，我深深地感覺到，對一個現代中國人而言，自處愼獨的功夫是非常重要的。

「愼獨」本來是我國傳統文化中很强調的一點。至少在中國士紳階層的讀書人當中，在講到個人修養的時候，愼獨的功夫是非常重要的項目。就培養現代中國人的心理與行爲模式而言，我們不但不應放棄這種功夫，更要發揚光大；不僅要加以保留，更要進一步促進。要學習如何跟自己相處而不覺得厭煩，不感覺寂寞；如何在自己一個人獨處時能够自我排遣，能够不去做不好的事情；如何避免因怕自己跟自己相處，而盲目地投入羣衆，去尋求熱鬧的刺激。

要想善於自處，能够自處，善於愼獨，能够愼獨，最重要的當然是了解自己、接受自己、欣賞自己。一個人如果對自己都不能了解，不能接受，不能欣賞，當然就沒有辦法跟自己和諸相處。這正如跟別人相處一樣，如果你面對一個特定的個人，而不能了解他，不能接受他，不能欣賞他，那你也就沒有辦法跟他和諧相處。因此，我們談到自處愼獨的功夫，最重要的莫過於自我了解、自我接受、自我欣賞這一心路歷程的完成。

我覺得，前面第七點所講的溝通參與的意願，與這裏所說的自處愼獨的功夫配合起來，就是一種中西合璧的理想適應方式了。當一個人與別人接觸的時候，他能够積極地與人溝通與相處，並努力參與團體中的活動；當沒有別人在旁時，他又能一個人安適和諧地跟自己相處。這樣的一個人，才是一位進可以「攻」、退可以「守」的現代中國人，他既可以過活躍的社會生活，又可以過平靜的個人生活。

以上八點的提出，是根據過去的實際研究，根據對現代生活的分析，根據對當前社會環境的觀察，以及根據對傳統社會與行為的了解。我覺得如果多數的現代的中國人都能具有剛才所講的八項特質，就等於在思想、觀念及行為的層次，形成了一套新的中國文化。

如何培養現代中國人的觀念與行為

上面談到做一個現代中國人所應具有的八項思想觀念與行為模式。當然，並非祇有這八個特質，只是個人覺得這八項最為重要而已。現在，我想進一步談談如何培育這些觀念與行為，使它們在日常生活中能充分表現出來。我想分為三點來講：

(一)要想培養這些現代中國人應有的特質，一定要從很幼小的時候開始。換句話說，在家庭裏面，從很小的時候，父母就要注意教導，然後進入學校，再由老師繼續培養。不祇如此，每一個人都是活到老學到老，雖然幼時行為改變的可能性較大，但是一個人直到老年，都會有或多或少的改變，所以從學校出來到了社會，在此後漫長的時間內，照樣可以經由社會教育繼續培養這些特質。

(二)無論是人生的那一個階段，在培養這些現代思想、觀念及行為的時候，務必要觀念的培養與行為的形成兼顧並重。無論在家庭也好，學校也好，不是光灌輸子弟或學生一個人應該具有上面所講的那些現代人的特質，而是要想辦法使它們能夠在行為上表現出來。我過去常常指出一點：很多學校中教導學生，總是把很多行爲訓練的事項當作知識來教來考。只把它們寫在課本裏面，教訓學生甚麼行爲是好的，甚麼行爲是不好的。但是，却沒有去訓練學生在行爲上做到這些要求。我們常把行爲養成這件事，視爲知識的養成，未能充份强調行爲層次的完成。

(三) 不管在家庭裡也好，學校中也好，在社會內也好，光是口頭說明這些特質的重要性是不够的。更重要的是父母與老師要能在自己的行爲上表現出這些現代人的特質，讓子弟或學生看到了自然就學會。這便是平常所說的「身教」。身教是以受教者對施教者的認同作用爲基礎，使前者不知不覺中習得了後者的特徵。父母與師長不只從事言教的工作，更重要的是要從事身教的工作。如果父母只在口頭上講守法守則很好，但是自己一旦碰到什麼事情就想辦法託人情、走門路，而且還不加避諱地讓家裏的孩子知道，以後孩子自會覺得，那些好聽的話不過是說說而已，不必當眞去做。學校也是一樣，如果在課堂上教的是做事要守法守則，處事要有理性，爲人要設身處地，但老師在行爲上實際表現出來的却是相反的情形，那麼學生如何能學到守法守則的行爲？如何能養成設身處地的能力？如何能建立理性分析的習慣？目前的學校，太重視有形的正式教育活動，往往疏忽了老師與學生間「非正式」的接觸活動。在課堂中接受系統性教育之外，學生常會從老師的非正式的或非教學性的活動中學到很多事情：學到他們對人對事的態度，學到他們辦事過程中不知不覺表現出來的方式。根據過去的研究，這一途徑對小孩子現代觀念行爲的影響，不亞於課本裏教的，不亞於老師有系統的訓示。所以，做老師的在這一方面應該特別注意。

工廠裏也是一樣。已有的研究發現，工人的現代性的觀念行爲，不光是從有關的訓練講習、工作指導及語文說明中得來，工廠裏處理事務的方式，管理或對待工人所採取的態度，乃至人與人之間交往的情況，也都有很大的影響。假如你這家工廠裏面，對人事的處理不合理性，甚至蠻不講理，你怎麼期望工人們能獲得理性的態度？養成理性的習慣？假如你的工廠裏面，總是偷偷的不守法，不按規章做事，工人們怎麼能學到守法守則的觀念？養成守法守則的行爲？

在機關裏道理也是一樣的。假如你做上司的不願與部屬好好溝通，怎能期望他們去跟別人好好溝通？假如你做上司的認爲無論何事不必照章辦理，章法之外另有「協調」的辦法，總是用一些迂迴而間接的（甚至說不出口的）方法來辦事，怎能幫助你這個單位的工作人員養成守法守則的觀念與行爲？因此，卽使在一個工作機構裏，身敎也是非常重要的。

以上僅是幾項原則的說明，要想進一步討論「如何培養現代中國人的觀念與行爲」的問題，則須分就前面所講的每一項現代人的特質，加以具體的分析研討，然後才能提出可行的辦法。

幾點補充說明

最後，還有幾點必須略作澄清，以免發生誤會：

一、前面所講的現代中國人在觀念行爲層次上所應具有的八項特質，雖然是根據過去的思考、觀察及研究而來，但也只能代表我個人的意見。別人也許可以提出更多的項目，但我認爲這八項是比較重要的。

二、當我說前面所講的八項是現代中國人在觀念與行爲層次應該培養的特質時，並不意謂傳統中國人的觀念行爲都是不好的，而現代中國人的觀念行爲都是好的。我想任何一種觀念或行爲，它的好壞都不是絕對的，而是相對於特定的時間與空間。我們只能說，根據研究、觀察及思考，在現代的時空之下的工業社會型態中，前面所講的幾項觀念與行爲似乎最有利於我們現代中國人在個人與團體生活中的適應。同樣的道理，過去傳統社會裏的一些觀念與行爲，在那個時間空間裏，在那種農業社會中，對中國人的生活適應是有很大用處或功能的。不過，現在的情況變了，變的主要特點，是從一種農業運作的關係，變到一種工業運作的關係。在這樣的改變之下，過去傳統中國人的很多心理與行爲特點，當然用處就小了，有時甚至發生不利的影響。於是，我們必須培養一些新的特質來適應新的生活。

三、我在前面時常講到「現代」與「傳統」。這完全是爲了節省篇幅，或是爲了用字上的方便。我並不是說傳統與現代是對立的，而只是說很久很久以前的情形與現在的情形比起來可能有很大的差異。就歷史上實際的變遷歷程來看，從很久很久以前的過去到今天或未來之間，不只是一種時間的連續，而且是一種實質的連續。（本文係本人在中國論壇主辦之「如何發展高超精緻的文化」座談會的發言錄音記錄）

（原載「中國論壇」，民國六十八年，第九卷，第二期，八十一至八十五頁）

現代社會中的市民性格

剛才聽楊懋春教授講了很多鄉民性格的問題，獲益匪淺。接着，我想對「市民性格」及其塑造因素，表示一點個人的看法。當然，過去在社會學、人類學、心理學各方面，曾經有很多學者研究過現代人的性格，像英格勒斯（Alex Inkles）、卡爾(J. A. Kahl)、阿爾穆(M. Armer)、卜特玆（A. Portes）等，在不同的國家做過類似的研究，列擧出種種現代人的特點。我們在國內也做過這方面的研究。國內外的研究都發現了很多現代人共同的思想與觀念、性格與行爲。關於這些發現的結果，發表了一大堆的著作與論文。我無意把他們所發現的現代人的那些特點，一條條的講出來，因爲實在是太多了。今天，我想換一個講法，把重點放在現代都市的「市民性格」方面。過去的許多研究，也有一些是以現代市民性格爲主的。在市民性格當中，也有比較突出的地方，値得我們特別注意。剛才楊先生講了五種鄉民性格，我也想講五種市民性格，以爲對照。

一、競爭性格

我最先想到的市民性格，是「競爭性格」。這當然是與現代社會的都市生活特點有密切關係。在現代都市社會中，由於很多居民自不同的地區移居到都市裏來，這些人移離了他們原來生活的鄉村社區，以及舊有的社會關係，進入了一個新的環境，原來的社會背景與社會規範對他們的影響大爲減小。而現代都市社會有個非常重要的特點，那就是個人所具有的價值，不是根據祖傳來的社會地位，或是上代祖先的社會階層所賦予的身份價值。而是一切全靠個人的表現，個人的成就，以實際能力獲得自己的價值。換句話說，在現代都市中，每一個人都是一個單打獨鬪的單位，每個人都要使出混身解數，去追求自己的價值，以期獲得社會的認可。由於面對這種社會情況，大家就必須互相競爭。

在現代都市社會裏，在評價方面，不再以家庭爲單位，也不是以團體爲單位，而是以個人爲單位。而且，評價的系統比以前更爲細密，更爲有效。個人在任何一方面，都會受到評價系統的支配。你在學校讀書好壞，有它評價的系統；你做生意好壞，有它評價的系統；你工作上領導能力的好壞，有它評價的系統；甚至你在家裏教養子女方法的好壞，也有它評價的系統。在各方面都是如此。不像在鄉村社會裏，評價系統往往是很籠統的，或者只是强調某一方面的評價，而後概化到其它的方面；也就是說，由於你在某一方面有了特殊的成就或表現之後，你在其它方面的評價也就高了起來。現在的都市社會裏，便不是這個樣子，每一方面都各有評價的系統，數目很多，組成了一個評價網，使得在都市裏的個人，從一生下來便開始在評價網裏過活。他在生活的各個層面，都要受到評價。小孩子就要養成一種競爭的習慣，養成一種競爭的性格，如果他缺乏競爭的精神，也要訓練他去競爭，把競爭當做他生活方式的要點。因此，競爭慢慢變成個人性格的一部分，這種結果很明顯的造成以下兩種現象：

第一種現象是參加競爭的人，不管你是成功或是失敗，都是相當的緊張，相當的焦慮。 失敗的人必然是相當的焦慮，成功的人也照樣不安，因爲他們往下看到的是失敗的人，就怕自己會掉下去。所以，在整個競爭的階梯中，爬到上面的，位在中央的，落在下面的，全都處於一種緊張焦慮的競爭狀態。這就是爲什麼銷售量最多的藥物之一是鎭靜劑。臺灣目前鎭靜劑的使用量，超乎平常人的想像之外。不光是精神科的醫師開這種藥物，普通醫師也在開這種處方。很多生活不順利的人，固然需要服用鎭靜劑，很多成功的人士，因爲怕「掉下來」，怕競爭失敗，時常處於焦慮的狀態，晚上睡不好，白天心不安，也要靠鎭靜劑。所以，焦慮緊張成了都市生活的副產品。生活在農村的鄉民，便沒有這種問題，他們在田裏勞累了整天，晚上倒頭呼呼大睡，幾乎不知焦慮是何滋味。

第二個現象是社區「我羣」的觀念的淡薄。因爲人們要競爭，要以個人爲單位的單打獨鬬，因此不管是在工作場所，在社區裏面，甚至在家庭之中，都會把別人當做競爭的對象。你在工作上要表現比別人高强，你坐的車子要比別人高級，你穿的衣服要比別人漂亮，你住的房子要佈置得比別人好。甚至在家庭裏面，父母也得在子女面前競爭，父親要爭着做好爸爸，母親要爭着做好媽媽；子女也在父母面前互相競爭，比誰的功課好，誰最聽話。如此下去，碰到任何一個人都會當做競爭的對象，當然社區的團體觀念與我羣意識就不容易形成了。

二、市場性格

第二項要講的市民性格是「市場性格」。佛朗姆（E. Fromm）就曾深入談過市場性格的問題。這是現代工商都市中特別突出的一種性格特質。在一個工商業爲主的社會中，大家習於推銷商品，日久以後，便把自己也當做商品來推銷。商業化的行爲習慣，從個人之外的商品對象，慢慢轉化到自身上來，不知不覺也當做了商品，要往外推銷。「推銷自己」並非是指「拿自己賣錢」的意思，而是指經由努力自我表演而讓別人欣賞，讓別人接受，讓別人稱讚。

前面談過，生活在都市裏面，每一個人都要靠自己的表現，來提高別人對你的評價。人們與他人的接觸雖然頻繁，但是每次接觸的時間却很短暫，要在短暫的接觸之中，很快的讓人家對你有一個良好印象，給你一個較高的評價，就得要把握住時間，把你的長處與特點表現出來。這種使盡混身解數以塑造別人對自己有好印象的做法，就好像是把自己當商品展示出去，贏取人家的欣賞，贏取人家的評價，以形成一種將來可以產生預期良好後果的人際關係。所以，大家非常重視自己的外表（相當於商品的包裝），强調穿裝打扮，以及外在的擧止談吐，以吸引「顧客」，快速造成一個好的第一印象。

生活在都市裏，不管如何窮困，總要有件像樣的外出衣服，皮鞋一定要漂亮，頭髮要梳得很好看。總之，重視外表門面的打扮。大家都太忙，接觸時間短暫，沒法深究你肚子裏有多少「東西」，也只能做到以貌取人的程度。當然，爲了市場推銷的價值，僅靠外表衣服的裝飾還不够，外顯的談吐也很重要，而談吐好要靠一些零星的知識。因此，很多人求知主要是爲了裝點門面，爲了在社交場合跟人家談話，可使人覺得你常識豐富，見多識廣。有些人單純爲了便於推銷自己，便努力去死記很多零零碎碎的知識。目的只是想拿來炫示於人，讓人家覺得你有腦筋，有學問。其實這些知識的作用，與身上的衣服的作用是一樣的。無論是在外，或在內，其實都是一種裝扮，所强調的是表演的、宣傳的及廣告的效果，所推銷的便是自己。

三、遊牧性格

第三項市民性格，我稱它爲「遊牧性格」。在都市社會的生活中，主要是靠自己，而不靠傳統的社會關係。你到了那裏，都要靠你本身的表現。因此，你不須附着在一個固定的地方——附着在同一個物理的環境，附着在同一個社會的環境，因爲那對你並沒有多大的幫助。你的價值完全靠自己身上的特點，你走到那裏，全部家當便隨身到了那裏。因此，你就不在乎遷來遷去，遊來遊去。常是誰給的錢多，就可另換一個工作。事實上，影響個人評價的因素，都是集中於自身的表現，人到了那裏，一套本領隨身來去，特定的物理與社會環境並不是一定值得留戀的，於是乎便塑造了一種遊牧性格。遊牧民族是逐水草而居，現代市民則是逐工作而居。

在物理的空間環境裏，一個現代市民可以從這個都市跑到那個都市，他也可以在同一都市內，從這一個區跑到那一個區，今天住這個房子，明天另換一個公寓，幾天之後，常會讓你找不到他。他的工作經常在轉換，他的朋友也經常在轉換，他今天在此地有些朋友，過幾天換個地方工作，又另有一些新朋友，社會關係經常在轉換。

楊懋春教授講農民性格，總是特別强調農民生活與生態環境是完全結合在一起的，不能分割的。農人的一言一行，就跟其自然環境一樣的自然，一樣的可愛，可以讓你感到他在自然中脈動的和諧。都市裏的人剛好相反，他不跟任何社會的或物理的生態環境保持長久的結合，他隨時可以割斷與轉換。當然，這不是說生態環境對他毫無影響，而是說他到了一個新環境以後，不肯跟這個環境建立不易分割的長久關係。正如遊牧民族，在心理上他不肯在任何一個地方「安家落戶」。

四、多變性格

第四項市民性格是「多變性格」或「變形性格」。現代化的都市常是一個多元社會，其中不但是職業方面多元，社團方面多元，價值方面多元，而且思想方面也多元。在這樣的都市中，有各種思想在那兒出現，在那兒發展，互相地討論，互相地競爭。生活在這樣一個多元化的環境裏，一個人會同時承受到從不同方面來的影響，會接觸到各種各樣的思想觀念，在政治思想觀念上如此，在經濟思想觀念上如此，在社會思想觀念上也是如此。於是，一個人在思想觀念上就很難固定而長期不變，往往是他今天這樣想，認爲這個思想有道理，明天讀到討論另一個思想的文章，或碰到談另一種思想的人，他又覺得這個新的思想大有道理，就會丟掉以前的，再換一個。可能過了幾天，他又換了一個。換句話說，一個生活在多元化現代都市裏的人，在政治、經濟、社會、文化等方面的思想，都有轉換的較大機會，其一生之中，轉換思想的次數可能很多。其實這種轉換的情形，並不限於思想觀念方面，在行業工作方面，他也會常常轉換，在社會團體方面，他同時也可能參加好幾個，甚至在婚姻配偶方面，也會常常轉換。甚麼都在轉換，他整個的人看起來好像是一個「變形人」。

美國心理歷史學家李佛敦（R. Lifton）講到過「變形人」（protean man）的情形。他在一本書裏，舉了很多年輕人思想多變的例子。年紀至多是廿來歲，思想就已有幾度的轉變。例如，日本有些年輕人，一會兒是極左，一會兒又變爲極右（如軍國主義的思想），一會兒又傾向於資本主義思想。這種情況，看起來當然是相當的戲劇化。也許大多數人不是這個樣子，也許程度上並沒有這樣厲害。不過，城市裏面的大部分人，相當程度的思想轉變，則是經常有的。但農村裏的鄉下人，只要有一個思想灌到腦子裏去，就一輩子生了根，難得會再轉變。我所說的「變形性格」或「多變性格」，就是指都市人這種思想、態度及觀念多變的特點。

五、消費性格

最後要談的是第五個市民性格，那就是「消費性格」。這一種性格主要是由於現代都市是一個工商業生產消費的中心。工業生產講究效率，成本要降低，產量要提高。基本上，生產的目的是建立在消費的行爲上，如果東西做出來大家不消費，整個的生產系統就失去了意義，所以消費是非常重要的一個環節。於是乎，都市裏各種有形無形的商品，都要使用有形無形的廣告手段來激發消費者的慾望，然後把商品供給他去消費。不管販賣的是有形的商品（如電視機、醬油），或推銷的是無形的商品（如知識、服務），都得想盡種種辦法，花樣層出不窮的去刺激消費者的需要，增强購買者的慾望。長期處在這種刺激消費的環境中，都市人便易於形成一種「消費性格」。這種性格的特點有二：

第一個特點是認爲「慾望是有道理的」。人之有慾望，是天經地義的事。慾望的份量不要去加以限制；只要是不犯法，不用非法的方式，沒有什麼慾望是不應該的。現代市民這種對慾望的看法，就跟我們的祖先不一樣。在他們那個時代，根本上認爲慾望是不好的。儒家是講「制慾」，儒家以外的釋、道思想是要「去慾」。在强度上要越弱越好，在種類上要越少越好，最好是能淸心寡慾。不管是儒家的想法，或是佛家與道家的想法，都認爲最好不要發生慾望，有了慾望就要設法加以控制或消除。在現代的都市人，全不是這樣。對他們而言，慾望的强度與數量，都是無止境的，都是受到鼓勵的，因爲有了慾望，才能談到消費，才能刺激生產，整個的都市工商業才能賴以生存發展。

不光是說慾望的種類與强度是不必限制的，而且也經常會有人想盡花樣，設計出種種新的方式來滿足同一個慾望。換言之，變換滿足同一慾望的方式，也認爲是應該的，合理的。工商業的都市中，對於同一個慾望，單單消費某一產品，久了滿足的程度便會慢慢降低，所以常須轉換產品，才能使消費者保持滿足。這是有關消費性格的第二個特點。

在以工商業爲基礎的都市生活裏，基本上是儘量增加消費者慾望的種類與强度，越多越强越好，而且鼓勵轉換滿足同一慾望的方式。以這兩個特點爲基礎，於是乎便形成了一種消費文化，一切都是爲了消費，完全不同於鄉村之鼓勵節儉。長久生活於消費文化之中，久之便會形成一種消費性格。常見的情形是過分講究消費，只要你有錢，不管怎麼花，都是天經地義的。有錢不會消費，反會覺得丟人。你老穿一套衣服，人家便會覺得你怪怪的。好像一切都是爲了消費，錢多的人如此，錢少的人也如此。有些沒有錢的人，爲了「見賢思齊」，甚至用種種不正當的方法得到金錢，以求消費性的享受。

到此爲止，我講了市民的五種性格：(1)競爭性格，(2)市場性格，(3)遊牧性格，(4)多變性格，(5)消費性格。我這樣的講法，使用的一些字眼，可能造成一個印象，好像是這些性格不太好。其實不然，我只是對現代市民的性格作一事實的描述。有人所以會覺得這些性格不太好，可能因爲他是在從農業社會鄉民性格的觀點做評價。當然，我也可以換些好聽一點的詞句用上去，但這是無關宏旨的。至於說到鄉民性格與市民性格的好或壞，那是價値判斷的問題，大家當然可以繼續的討論。

市民性格的塑造因素

葉啓政教授說到，我們剛才談性格的時候，沒有談到塑造種種性格的因素。現在，我就想對市民性格的塑造因素，簡要的補充一下。我個人覺得，從基本的層面來看，很多社會都是由以農業爲主的生活方式，轉變到以工商業爲主的生活方式。因此，如果就這兩種社會的生活方式，找出其基本的特徵，就可能比較容易談。在此我想指出，工商業社會的下列特點，可能是塑造「市民性格」的主要因素。

第一個特點是講求工作的效率

在現代工商業社會裏，首先要講求的是工作效率，無論你是在工廠或商業機構工作的人，怎樣才能做得好，如何使成本降低，使效果增高，便成爲一個主要的目標。這個目標的達成，主要是靠個人本身的條件，如能力、知識、努力等，而跟個人之外的其他因素關係不大。由於講求效率的基本單位是個人及其特性，所以易於形成競爭性格與市場性格。

第二個特點是講求生產的效率

現代工商社會利用有效率的機器，加上有效率的個人，兩者配合在一起，可以在短時間裏面，以相當低的成本，生產大量的產品。大量產品出廠後，就得設法鼓勵社會大衆購買與消費，這自然有助於消費性格與競爭性格的增强。

第三個特點是在現代工商社會裏，人在工作職位中的可取代性增高

基本上，好像團體中每個工作的位置，在角色上都定得很清楚：擔任甚麼工作，應負甚麼責任。這樣以後，同一個職位任何人都可以來做，只要你具有該職位所需的能力。不像在傳統社會裏，大多職位都沒有設定清楚，你做這個事跟我做就不一樣；你去做這個事，有你的特殊社會關係，你可以做好，假使換了我去做，因為沒有你那樣的社會關係，在那個位置上就會坐不穩，事情也做不好。現在就不是這個樣子，工作的內容和角色的細節，有相當具體而理性化的規定，換了任何人來做，只要有相近的能力與訓練，都可能做得一樣好。「同一工作任何人都可以做」這個特點，對市民的遊牧性格最有影響。做老板的既不在乎，你走了我可以另外找一個人來取代；工作的人也不在乎，做這個工作或做那個工作，反正都是一樣，遊牧性格便容易出現。

第四個特點是在現代工商社會中，人跟工作之間不大容易建立有感情的關係

不像在單純的農村社會中，農人跟他的田地有濃厚的感情，鄉民對做農事也有很深的感情。現在的都市就不同了，很多人對自己的行業並沒有多大感情，做不好隨時可以換行業。工作也是如此，只要能夠升級或加薪，隨時可以換個新工作。一個人與他的工作之間缺乏了親密的感情。這個特性與市民的遊牧性格有很大的關係。

第五個特點是由傳統農業社會演變到現代工商社會之後，必然產生社會多元化的現象

在工商業社會中，有很多新的職業出來了，很多新的活動出現了。舊有的傳統角色已不能滿足當前的需要，因此就有許多新的角色出現。這種情形產生以後，就使社會越來越多元化，而這種情形易於形成多變性格。

這些現代工商社會的特點，也許由你們人類學家、社會學家來講更為合適。在此，我只是粗枝大葉的想到以上五點，可能它們與市民性格的形成有相當的關係。

其次，剛才楊懋春教授對他所談的鄉民性格，作了一番批判。我也想對所講過的五點市民性格做一些檢討，並加上一點價值判斷。

市民性格的評價

一、關於競爭性格

前面我也或多或少談到，這種性格的優點是使效率增高，進步加速。至於缺點方面也談了兩個：一個是普遍的焦慮易於形成，一個是社區意識不易形成。目前，已發明了一些藥物來對付焦慮，各種各樣心理治療與行爲治療的方法，也可讓人緊張的心情放鬆。這些方法在國外早已流行，現在國內也慢慢有了。

這些方法或許都是頭痛醫頭，脚痛醫脚。但像楊教授所講的，利用週末回到農村去度假，或每天下班回到鄉下去住，也不一定是治本的辦法。我個人常常想到一個根本的問題，那就是如何把整個的「評價問題」加以重新考慮。當前社會上的評價系統，眞是無孔不入，使人無所逃遁。你在學校裏會受到評價，你在家庭裏會受到評價，你在工作上更會受到評價。沒有一個地方你不會受到評價，想逃也沒有地方可逃。這種情況是非常嚴重的。怎麼樣才能有所改進？評價是不是需要如此的徹底？如此的普遍？我對這些都很懷疑，覺得實在沒有這樣的必要。因此，我便想到一個辦法，不知是否行得通，先把它提出來供大家參考。

要改善當前的評價情況，我所想到的是一種「隔離」（compartmentalization）的方法。依我的看法，在人的生活當中，有的是要講求效率與理性的，但有的則是要講求感情與情緒的。效率與理性侵入到生活的各個方面，最後便會使你變成一個「效率人」，而不是一個「感情人」。這便是一個很大的缺陷。如此，等於人生只活了一半，甚至只活了四分之一。你總不能否認，感情與情緒是人生天賦的一部分，也應該把它生活出來，人的生命才有意義。人非草木，更非機械。為了使人活得像人，我們可以將自己的生活劃分或隔離成幾個範圍，講究效率與理性的是一個範圍，講究感情與情緒的是另一個範圍。具體言之，我們可以把家庭與家庭以外這兩者間隔開來。講效率、講理性，要到家庭之外去講，在家裏則以感情與情緒為主。但家庭之外又可以再分為兩部份，一部份是與工作有關的，可以儘量講求效率與理性。一部份是與工作無關的，如交友與休閒活動，應重情感上的交流，就不必太講求效率。就這三大範圍而論，評價活動應以工作範圍為限。

其次，我主張把評價的系統粗疏化，而不是越來越細密化。拿學校的成績來說罷，不必從零分到一百分那麼細密，搞得學生天天為了一分、二分，在那裏拚命競賽，甚至到了零點幾還要比。這個樣子實在意義不大。倒不如概略的改為及格或不及格，甚至連這種評價都可取消，而採取「熟練學習」（mastery learning）的方法，讓每個學生都一直學到能達到一定的熟練標準。例如，在心理學中有一種方法，叫做「編序教學」（programmed teaching），其特點是沒有分數，沒有及格或不及格，每個人都要一直學到全部都會。但是，每一個人學會所需的時間却不一樣。學習者自己可以根據自己的能力，自己的條件，決定學得快一點或慢一點，不過都要學到預定的熟練標準。也可以說，每個人都能得到「一百分」。像這樣一種改進的方法，才是使人免受評價折磨的好辦法。

二、關於市場性格

它的好處是在短暫情況下，馬上就可以產生增進人際關係的效率。有的人把它運用得很高明，在現代都市生活中表現得似乎很出色。但問題是每當夜深人靜，到了「後臺」不再表演的時候，便會覺得很苦，好像腦子裏空空的，沒有一個中心思想。在都市生活中，很多人就是無法獨處；一個人待在家裏，看不到人，只好看電視，或打開收音機，聽點人的聲音；或者養隻狗，養隻貓，把狗貓當人，來排遣寂寞。獨處成了現代市民生活最大的問題。怎樣才能解脫這個困境？我覺得中國以前重視「內修」的做法，這時候就很有用了。學習如何了解自己，接受自己，欣賞自己；自己總得有一套對人生的看法，對生活的想法。這樣當你一個人獨處的時候，才不至於不敢面對自己，覺得自己是空洞虛浮的，非得擠到人堆裏去過活不可。另一方面，也要養成一種習慣，當個人獨處的時候，還能夠過得很充實，不管是讀書也好，繪畫也好，自唱獨奏也好。養成了「愼獨」與「能獨」的本事，便自然會免於變成百分之百的「市場人」。如能「內修」與「外鑠」並重，內外兼修，那麼便可以上了「前臺」會表演，退到「後臺」善自處。

三、關於遊牧性格

我剛才說過，它跟整個工商社會中工作角色的設計有關。這種性格的好處是來去自如，不爲環境所制。但其缺點則是飄泊流轉，像片無根的浮萍。但我覺得，這也並不是無法改進的。記得李亦園先生在「中國論壇」（第四十七期）寫過一篇「理想之城」的文章，介紹著名建築學家蘇略利（Paolo Soleri）在美國阿雷桑那州鳳凰城附近所建的亞柯桑地城（Acrosanti）。蘇略利所展示的城市概念，我就覺得很好。如果所建立的城市或社區，範圍不大，但家庭、工廠、商店、學校、戲院、音樂廳、體育館都在裏面，有關政治的、經濟的、社會的、文化的種種活動都在裏面。它不是一個區域很大的城市，而是一個有相當自給力的「美麗小世界」（Small is Beautiful, E.F. Schmacher 語）。在這樣的「理想之城」中，個人與社會的一切需要都會得到滿足，大家都不必到其它的地方去爲生活奔波。社區不是很大，經由適當的建築設計與社交安排，大家可有較多互相認識的機會，比較能建立良好的人際關係，而養成「同城人」的情誼。因爲這個樣子，旣可發揮工商業都市的效率，又不會導致「遊牧」的行爲。

四、關於多變性格

我對於它的評價，並不見得不好。一個人一輩子只有一種思想，或一輩子只從事一種行業，似乎也沒有多大意思。一個人如有兩次思想的改變，等於多活了一次，也就是活了只有一種思想的兩倍。思想轉變的本身，可以視爲一種心智成熟的過程，其結果可使人生更分殊化，更複雜化，更豐富化。

如果認爲多變性格不好，也是有辦法可加克服的。在現代多元化社會裏，各類不同思想觀念的人，可以結合同道，組織各種社團，而爲了躲避其他的思想，自己的社團可以避免與其它社團連繫，而留在同一團體的成員，可以互相增强彼此相似的思想，互相支持彼此相同的觀念，這樣就可以使你不會再變，而能在多元的社會裏，過單元的生活。這種情形不僅可能，實際上也確有很多人正在這樣做。

五、關於消費性格

在工商業的社會中，既是講求生產效率，那麽生產了很多東西，就得刺激大衆消費。但是，過分的講求生產與消費，資源的浪費與短絀，跟着就來了。有人因此認爲，我們對於資本主義的工商業社會，應從根本上加以檢討與改變。甚至比較溫和的人也會主張，政府的干涉要多一點，對於生產活動、社會分配及大衆消費等，要作計劃性的調節與控制，不能無限制的自由競爭、自由生產、自由消費。有人認爲立法是一項大可利用的手段。例如，在生產過程中所產生的有害副產品，造成環境污染及種種公害，可用法律規定工廠要花錢增加清除污染的設備，這樣可以迫使生產的成本增加，於是整個的產品價格必須提高，購買能力就會相對的降低，自可緩和或減低消費的程度。這一類的想法與做法，可能會產生部份的效果。

市民性格的調適

我一開始就講到，市民的那些性格是由工商業社會的若干特點而來的。如今，要談改善市民的那些性格，你就無法單獨改變那一項，這是很不容易做到的。如果想要改變，我剛才講過，惟有讓整個社會變成另一個型態。有時，在型態上做局部的改變，也可以導致市民性格的重大蛻變。例如，前面我舉過「美麗小世界」那種方式，雖然仍是工商業的城市，但已把都市的範圍變小了，並經由適當的建築設計與社會設計，使整個城市的自足性、節約性及社交性加大，讓每一個人對環境的交融性與依附性增强，他不必再變來變去，或從這個都市跑到那個都市。生活在這種城市裏的人，接觸機會多，彼此容易成爲朋友，建立感情，增進羣我的觀念。大的工商特徵不易改變，小的城市環境却可創新。這樣的局部補救方式，是大有可爲的。

剛才我也談到從個人層次來補救的辦法，李亦園教授說那可能沒有什麼用處。我個人覺得，在任何一種環境裏，個人適應的方法如能加多，適應的觀念如能改進，還是很有益處的。例如，我曾談到「慎獨」，强調城市人應學習獨處，要不怕個人單獨自處，能够自我排遣，自得其樂。有了獨處的本事與適應態度，自然比較能適應都市生活。

到此為止，我們還沒有談到慾望的問題。我覺得即使現代都市中人，也應該學會一些「制慾」的方法。有了無法滿足的慾望，如能在認知上換一個看法，便自然會使人「冷」下來，而不再有强烈的慾望。擧個例來說，當一位男士看到一位小姐而有無法滿足的性慾時，如能用X光式的看法，「透視」到裏面去，那位小姐馬上就變成了一幅皮包骨的骷髏。一想到這裏，就索然寡味了。

我擧「小姐變骷髏」的例子，主要是用來說明在制慾時認知改變的有效性。如此而已，當然不一定要把這個「方法」放進學校「教材」裏去。正規地說，我們應當注意個人在現代社會中適應能力的準備問題。九年國民基礎教育的時間也不算短了，將來可能還會延長，如能把握國民教育的機會，教他們一些有效適應現代生活（特別是現代都市生活）的思想、觀念及行為（不限於制慾方面），當可使年輕人早日獲得良好的「武裝」。如此從個人教育與社會局部改變兩方面雙管齊下，應可相當程度地改善市民的性格。至於社會經濟方面大型態的整體改變，恐怕要在長期以後，等現在的工商業社會經濟型態失去其效果，才有可能了。

還有一個問題，我想表示一下意見，許多人以爲傳統社會中人際間情感較爲濃密，而現代社會則較爲冷淡。對此，我另有一點看法：人需要過感情的生活，這應該是沒有問題的。但是，並不一定要採取鄉民的方式，才能滿足我們感情的需要。我認爲在都市生活裏，照樣可以發展出來很好的感情生活。這就是楊懋春先生所說的，很多「基本的東西」仍然沒有改變，但却不一定必然保留着過去的具體方式。以倫理而論，楊先生說到鄉民是重倫理的，聽起來給人一個印象，好像現代市民不講倫理。我想楊先生的意思是說，市民也有倫理，不過它的內涵與實踐方式跟鄉民不一樣罷了。

現在有些人看問題，常囿於自我中心的限制。例如常聽人說，我們中國人有道德，外國人不講道德。又說，我們中國人重倫理，外國人不講倫理。其實，外國人也講道德與倫理，只是與我們的不同而已。也有人說，過去的人講倫理，現代的人不講倫理。實則，就絕對的內涵來說，現在人所講的倫理與過去人並不完全一樣，你要在現代人當中尋找過去人講的那一套倫理的具體內涵，有時當然就要失望了。但這並不是表示我們現代人沒有倫理，而是現代人的倫理有它另外的一套。（本文是本人參加「中國論壇」主辦之「鄉民性格與市民性格」座談會部份發言記錄）

（原載「中國論壇」，民國六十九年，第十卷，第十期，六至二十四頁）

現代化與民族主義

（一）

在我們的社會中，「現代化」是一個非常響亮的名詞，但却也是一個易於誤解的概念。有的人將現代化視爲西化，有的人將現代化當作美國化，更有的人直截了當，乾脆在現代化、西化、美國化之間劃上等號。

也有一些人認爲現代化就是工業化，就是經濟發展，或者就是生活水準的提高。所以，爲了達到現代化的目的，只要改變一下生產方式、經濟結構、社會組織等「下層結構」就够了，至於思想觀念、價值體系、政治文化等「上層結構」，則可原封不動。

另一個方向的誤解，是將現代化看作破壞傳統文化的洪水猛獸，認爲在現代化的「侵蝕」下，優良的傳統文化勢必蕩然無存。

實際上，現代化並非如此。現代化是十九世紀以來人類追求合理環境與幸福生活的變遷歷程，所代表的是一種運用智能以主動抉擇、自我改進的共同覺醒與需要。也就是說，現代化是一種以理性、效率、計劃爲常規的不斷變革的歷程，其進展是永無止境的。

從歷史來看，現化代似乎與西化有關；但演變至今，在精神與實質上，兩者已大有不同。西化是一種盲目的模仿或抄襲，只求其形式的近似，不管其功能的契合，往往生吞活剝，忽略了原有文化的整體調整。現代化則是一種實質的創新或蛻變，着重良好功能的產生，而不強求形式上肖似西方，在其轉化的過程中，較能順應原有文化的特徵。現代化是一個世界性的現象，東方的社會固在不斷的現代化，西方的社會也在繼續的現代化。對任何一個正在現代化的社會而言，有些西方的國家固可當作借鏡，有些東方的國家也可據爲參考。但因各國的傳統文化互不相同，社會與經濟條件也各有差異，所以任何兩國的現代化軌跡都不會是相同的，所達到的境界在形式上也將大有分別。現代化的目的，不在變得與西方一樣，尤不在變得與美國一樣，而是要有意識、有計劃的追求一種合理而進步的生活方式。現代化既不是西方化，也不是東方化，更不是美國化，而是人本化——也就是「把人當人」化。

現代化也不只是工業化。工業化是現代化的一種主要動力，或是現代化的一個重要層面，但却絕不是現代化的全部。說得更清楚一點，工業化只是社會現代化(societal modernization)的一面，其他方面還包括政治的民主化，社會的多元化，文化的精緻化，宗教的世俗化，教育的普及化，傳播的快速化，科技的實用化，及人口的控制化等。尤有進者，現代化所代表的是人類整個生活環境與方式的變遷，其內涵不僅是指社會層次的現代化，而且還包括了個人思想、觀念及行為的現代化。社會現代化所涉及的大都是所謂的「下層結構」；個人現代化（individual modernization）所涉及的則大都是所謂「上層結構」。現代化必須同時包含兩者，庶幾能上下融滙，體用契合，以產生統整而均衡的變遷。

現代化是破壞傳統文化的洪水猛獸嗎？這是一個情緒性的問題，需要比較理性的解釋。首先應該承認，在現代化的過程中，若干傳統項目的確會為新的事物取而代之。這是一種極為正常的現象。大多數傳統的文化元素，都是有時空性的，既不能「長生不老」，也不會置諸天下而皆準。前一個時代的很多傳統，會為後一時代的新事物所取代，形成新的傳統；新的傳統又會為再後一個時代的新事物所取代，形成更新的傳統。多數傳統只能靠其功能而存在，無法依賴外力而長久延續。在一定的時空範圍內，某一傳統如果失去了原有的功能，便會逐漸消失，人們就將創造一項新的傳統，來取代舊傳統的功能。現代化既是一種快速變遷的歷程，這種消失、創新及取代的現象，自然是很常見的。

在現代化的過程中，是不是所有的傳統都會消失或被取代？這個問題的答案是否定的。大體而言，傳統可以分為兩類，一是功能性的，一是表現性的。前者的存在與延續，靠其自身功能的發揮。後者並無特定的功能，只是表現生活上某方面的一種格調或形式，所以能在「無傷大雅」的情形下，傳之久遠，免受現代化浪潮的影響。

事實上，即使是功能性的傳統，也有很多會在現代化的歷程中繼續存在。關於這個問題，社會學家葛司費德（J. R. Gusfield）曾經作過深入的分析。從他的探討看來，功能性的傳統至少可以四種方式繼續存在於現代化的社會：

㈠傳統的社會並不一定是同質性的，往往有互相矛盾的文化元素同時並存；現代化社會的異質性大為增加，容忍性也是前所未有，在若干方面，有些傳統元素與現代元素，可以在互相矛盾中繼續共存。

㈡傳統的文化元素常會與現代的文化元素相互融合，化而為一，形成一種嶄新的文化元素。

㈢傳統的元素有時不但不致妨礙創新的變遷，有時反而會促進這種活動，自行獲得新的功能與作用。

㈣現代化的元素有時也會刺激傳統的元素，增強其活力與反應，以適存於新的環境。

這正如社會學家司密斯（A. D. Smith）所說，傳統與現代不是對立與互斥的，而是交錯與穿透的。所以，我們大可不必怕失去自己的傳統。有些不再有用的傳統，總是會消失或改變的，但也會有很多傳統繼續存在下去。懷舊誠然是一種高尚的情愫，但卻不要因而翳障了前瞻的眼光。我們應該抱着「舊的不去，新的不來」的心情，在崇敬祖先所遺留下來的偉大傳統之餘，也能努力創造現代的中國文化。我們的列宗列祖已經表現了他們的創造力，我們今後的中國人也應該表現一點自己的創造力；我們的列宗列祖已經走出來一條輝煌的文化大道，我們今後的中國人也要爲自己開創康莊而長遠的文化前程。

要想如此，我們這一代的中國人，必須誠心誠意的進行現代化的工作，處處從事適應性的改革，多多展現原創性的蛻變。

(二)

「現代化」一詞的英文字語是modernization。有位先生別出心裁，特意把它譯成「媽的奶最腥」。這位先生大概是屬於將現代化視爲西化的一派，把鼓吹現代化的人士都看做崇洋媚外的買辦之徒。這種看法所代表的心態，涉及了民族主義的情緒。具有這種心態的人，顯然是將現代化與民族主義置於對立地位。這種看法不僅與事實不符，在理論上也站不住脚，而且對我們實行現代化與民族主義，都會產生不利的影響，所以值得在此加以分析。

在討論民族主義是否對立於現代化以前，似乎應該先對民族主義有所了解。民族主義是十九世紀末葉以來最突出的人類現象之一，各行的社會科學家探討這個問題的人很多，其立論的觀點或爲歷史分析，或爲政治發展，或爲經濟發展，或爲社會學或社會心理學。不管觀點如何，大家多會同意，民族主義的主要內涵，大致不出左列幾項：

㈠民族主義的主要核心是國家的自立自强，在政治、經濟、教育、宗教等方面，既不主動的依賴他國，也不被動的受人侵犯。(更健康而積極的民族主義，還應包括不去侵犯他國，甚至要去幫助他國。)

㈡民族主義的另一重要內涵是維護自己優良的傳統，使其不致因無謂的喪失，而失去文化上的自信與自尊。

㈢民族主義也强調共同的政治、經濟及文化理想，為全國各類民衆提供相同的認同對象，產生凝聚與團結的作用。

這些意義之下的民族主義，與非西化的現代化之間，不僅並不彼此對立，而且互相有着密切的關係。首先應該指出，在西方國家中，早期現代化的動力是工業化；但在亞非國家中，早期現代化的動力却常是民族主義，中國的情形也是如此。國家的獨立自主成爲最高的目標，從而激發出全國人民奮發向上的動機，在理性的領導之下，這種解決問題以求自强的意願，自然會導向現代化的活動。在民族主義的要求下，人們會願意忍受現代化初期所帶來的不便、痛苦或損失。特別是當傳統逐漸喪失其部分作用之時，民族主義常能爲社會大衆提供尊嚴、鬪志及團結之心，而能在現代化的漫長道路上努力不懈。有些學者認爲，民族主義的這種積極的動力功能，主要是發揮在現代化的起始階段。

民族主義不僅可以成爲現代化的動力，而且也可成爲現代化的目的。國家的獨立、自主及尊嚴，是民族主義所追求的目標，而想達到這一境界，現代化似乎是最明顯的手段或途徑，因爲已獨立、能自主、有尊嚴的國家，大都是現代化程度較高的國家。在通常的情況下，現代化可以改革政治、掃除文盲、增加財富、提高文化、加强傳播、促進安定，而這些進步都有助於增强國力，以達到民族主義的目的。

民族主義與現代化的關係還不僅如此。在有些國家中，民族主義既不是現代化的動力，也不是現代化的目的，而只是現代化的一種自然的過渡現象。在這些國家中，當現代化進展到相當程度時，有很多人便會因適應不順而經驗到壓力、不滿及痛苦，因而易於形成一種反應性的民族主義，但如現代化繼續進展，這種民族主義便會逐漸消失。社會學家賴耐爾（D. Lerner）認爲，這種民族主義是當現代化所引起的痛苦超過某種閾限後，人們所做的自然反應。它似乎是一個社會進入現代化境界的一種「門票」。

此外，民族主義與現代化還有一種重要的關係，那就是：民族主義是連繫傳統與現代化歷程的媒介。如無民族主義的觀念與考慮，現代化便可能如脫韁之馬，到處橫衝直撞，就會產生很多無謂的破壞。在現代化的過程中，如能多從民族主義的觀點權衡得失，便自然會顧到國家社會的整體利害，也可使傳統文化做最有利的適應。否則，如果忘記了民族主義的原則，傳統與現代化便可能各行其是，結果勢將加速整個社會的解體。

實則，民族主義與現代化還有其他的密切關係。但僅此數項，即足以說明二者不但不是互相對立，而且是相輔相成。modernization 這個字，不應譯成「媽的奶最腥」，而應譯成「媽的奶最神」。雖僅一字之差，所代表的觀念與心態却是大異其趣。我們這個社會中，很多人之所以努力研究與鼓吹現代化，並不是因爲「媽的奶最腥」而去崇洋媚外，而是感到「媽的奶最神」，想使自己的「母國家」與「母文化」早早得救，快快强健。

現代化與民族主義一樣，都是一種自我覺醒、自我了解、自我發現、自我成長及自我實現的歷程。兩者都需要高度理性的認知活動，才能發揮最有利的效果。過份的情緒化，甚至把現代化或民族主義加以宗教化，都是極不適宜的。

現代化、民族主義、知識份子是三位一體的。提倡現代化的知識份子，絕不會否定民族主義，提倡民族主義的知識份子，也不會反對現代化。大家所强調的雖然稍有所偏，但兩方面的目標則是完全相同的——都在熱心追求國家的富强與人民的安樂。大家與其將寶貴的時間用來做無謂的爭吵，不如好好潛心研究深入的問題，共同爲推行「民族主義性的現代化」而努力。

（原載「中國論壇」，民國六十九年，第十卷，第九期，廿三至廿八頁）

從心理學看民族主義

兩百多年來，民族主義一直是極爲重要的一項政治社會現象，同時也是公衆生活中極有影響力的一項情緒因素。

民族主義是一種以國家爲歸屬對象的團體精神，也是一種將國家的概念與功能加以宗教化的意識型態。根據舒里哲（C.P. Schleicher）的分析，這種意識型態至少包括四種內涵：(1)希望建立自主的政府，並保持其自由運作，免受外力的干預；(2)相信只有經由國家的自由與努力，經濟的、社會的、文化的及政治的進步才有可能；(3)心存一種對國家的使命感，認爲應將自己國家的優點傳播到其他國家；(4)感到忠於國家比忠於個人、家庭或鄉里更爲重要，爲了國家可以犧牲其他。以這四者爲核心，民族主義足以使一個國家的多數人民都能產生休戚與共的團結意識。

從歷史的觀點看，民族主義是一種相當近代的政治社會現象。有些學者發現，早在希伯萊與希臘時代，西方卽已有民族主義的根芽。但是，要到十七世紀，眞正的民族主義才在英國發生。到了十八世紀，透過法國大革命與美國獨立運動，民族主義首次獲得強而有力的表現。此後，在十九世紀初葉，民族主義推展到中歐，在同一世紀中葉，又擴展到東歐與東南歐。再後，拉丁美洲的新興國家，也受到民族主義的洗禮。至於亞洲與非洲的古老國家，要到二十世紀初葉，才在歐化與現代化的浪潮下，開始受到民族主義的影響。本世紀中葉以後，民族主義快速膨脹，幾乎成爲世界各國人民共同具有的一種團體心理，不管這些國家的政治型態是民主的、共產的或法西斯的。我們可以說：十九世紀是民族主義的時代，而二十世紀則是「泛民族主義」(pannationalism)的時代。

民族主義雖有某些共同的特質，但因地理位置、歷史文化及社會結構的差異，各國所實際發展出來的民族主義，在形式上常有不同。因此，只有從歷史性的比較研究中，才能對民族主義的發展，獲得正確而切實的了解。同時，民族主義是一種極其複雜的政治社會現象，必須透過科際合作的探討，方可窺知各個層面的眞象。

民族主義不僅是一種政治的、社會的、文化的現象，而且也是一種心理的現象。在政治社會生活中，這一心理狀態雖然扮演了重要的角色，但在政治心理學與社會心理學中，却甚少加以分析討論，至於有關的實徵性研究，則更是難以見到。早在四十年以前(一九四〇年)，在格夫特(J.P. Guilford)所編的「心理學領域」(Fields of Psychology)一書中，普林斯頓大學敎授凱茲（D. Katz），雖曾以專章討論「民族主義的心理學」（psychology of nationalism），但此後便未見有人再作類似的努力。

下文中，將自社會心理學的觀點，嘗試分析有關民族主義的現象。其中有些看法是採自凱茲教授的討論，爲了行文方便，將不一一註明。好在這是一篇比較通俗性的文章，讀者的興趣諒必不在瑣細的餖飣補注。

一、民族主義是一種複雜的態度

從心理學的觀點看，民族主義可以說是一種複雜的態度。

在了解這句話的意義之前，必須先要說明「態度」的涵義。在心理學中，「態度」一詞所指的是個人對某一或某類對象所持有的一套認知的、感情的及行動的取向（orientation）。這裏所說的「對象」，可能是物品、人物或情境，也可能是概念、事情或團體。這裏所說的「取向」，包含了三種成份，即認知、感情及行動傾向。態度的認知成份，主要是指個人對某一或某類對象的看法、意見、思想或信念；態度的感情成份，主要是指個人對某一或某類對象的好惡、情緒或感受；態度的行動傾向成份，主要是指個人對某一或某類對象發動行動的可能性。

試以某甲對老年人的態度爲例，其中的認知成份是指他對一般老年人所持有的觀念、想法及知識；例如，他可能認爲老年人都是富有人生經驗的，都是弱不禁風的，都是喜歡年輕人對他們恭順的。至於其感情成份，則是指某甲對老年人所習有的情緒感受；例如，他可能對一般老年人懷有好感與尊敬之心。某甲對老年人之態度的行爲性的成份，則包括了他對老年人所具有的主要行動傾向，此等傾向可從他對老年人的實際行爲推知；例如，在搭乘公共汽車時，如果某甲常常向老人讓座，這便表示某甲有向老人讓座的行動傾向。

由此觀之，態度也可以說是個人對特定事物所持有之習慣性的、有組織的內在心理反應，而此一複雜的心理歷程是由該事物所引發的各種認知、感情及行動傾向所融合而成。而且，同一態度的三種成份，常是協調一致而不矛盾的。以某甲對老年人的態度爲例，他在公共汽車中讓座給老人的行動傾向，不但與他對老人懷有好感的情感相協諧，也與「老人都是羸弱的」之認知相呼應。

知道了態度的涵義，便可進而討論民族主義是否爲一種態度的問題。任何一種心理現象要稱爲態度，應該同時滿足兩個條件，其一是這一現象必須含有認知的、感情的及行動傾向的成份，其二是這三種成份要能互相協調一致而不矛盾。首先討論第一項條件。

一、民族主義的認知成份

民族主義是一種複雜的意識型態，所談及的對象主要是自己的國家、民族及文化。在這一複雜的心理取向中，包含了一組特殊的看法、信心及思想。在認知的層次上，民族主義者（特別是十八、十九世紀的民族主義者）大都懷有「民族國家」（nation-state）的理想。他們認爲：(1)每個民族都應形成單一的國家，以包容這一民族現存的所有成員；也就是說，民族與國家應有一對一的關係，同一民族不宜建立數個國家，數個民族也不便合爲一個國家。（當然，在現實的世界中，這樣的理想很難百分之百實行。）(2)自己國家的政治體制與運作，應訴諸全體國民的自決，即依自由意志加以抉擇。(3)自己的國家應保持自立自强，在政治、經濟、教育及宗教等方面，既不主動依賴他國，也不被動受人侵犯。(4)自己的歷史文化傳統，應加以維護與發揚，以使之傳諸久遠而不墜，否則便會喪失民族的自信心與自尊心。(5)國家與國民之間，有着密不可分的關係，維持國家的獨立、自主及興旺，有賴國民的健全與努力；國民的安全、榮辱及福祉，也依靠國家的進步與强盛。

這些都是民族主義的基本認知內涵。但是，這也並不是說，各國或各人的民族主義，在看法與思想上都是相同的。事實上，各種民族主義的最大不同，便是產生在認知的層次。例如，有的民族主義者堅持「民族國家」的原則，有的民族主義者則可在這個原則上有所通融。有的民族主義者只重視自己國家的獨立自主，忽略他國的獨立自主，有的爲了本國的利益，則不惜侵犯或干預他國；但有的民族主義者，具有兼善天下的胸懷，一方面强調本國的獨立自主，另方面也尊重他國的獨立自主。後面這種民族主義，含有世界主義的色彩，有時甚至認爲民族主義是世界主義的先決條件。孫中山先生的民族主義，便屬這一類型。依據他的看法，世界主義藏在民族主義之內，前者是從後者衍生出來的；因此，要發展世界主義，先要將民族主義鞏固了才行。

從這些分析可知，有關民族主義的所謂「主張」，實在就是民族主義的認知成份。

二、民族主義的感情成份

民族主義的內涵，並不全是冷靜而理性的認知歷程，伴隨着特殊看法與想法，也會產生好惡的情緒反應，而且這種反應往往是相當強烈的。有些研究民族主義的學者，震驚於民族主義的情緒表現，甚至乾脆就將民族主義視爲一種「情感」，一種「共有同情」(common sympathy)，或一種「團體情操」(corporate sentiment)。

民族主義所包含的感情成份，內容頗爲複雜，分析起來，至少有以下幾項：

(1)認同感：在民族主義的感情中，個人認同於自己的國家、民族及文化，將「小我」擴而充之，養成「大我」的意識，甚而至於小我與大我融合爲一。

(2)歸屬感：個人感到自己是國家、民族及文化的一部份，覺得自己有所歸、有所屬、有所依、有所附，而不是一個虛懸孤獨的個體。

(3)愛國感：個人對自己的國家、民族及文化，產生喜愛偏好的感情，希望自己的國家民族日益強盛，自己的社會文化欣欣向榮。

(4)榮譽感：個人將國家、民族、文化的榮辱視爲自己的榮辱，國家一有好的表現，個人便與有榮焉，國家一旦受到屈辱，自己也形同身受。

(5)使命感：個人或多或少感到自己負有使國家富强的責任，使民族昌盛的道義，使文化延續的使命。

這幾項重要的感情，並不是互相獨立的，也不一定是屬於同一層次，但却都是組成民族主義情結的主要成份。

在此應該指出，民族主義之感情成份的重要性，絕不亞於其認知成份。事實上，只有一部份擅長思辨的知識份子，其民族主義的認知成份才較清晰而完備。至於一般社會大衆，民族主義的認知內涵既簡單又模糊，但民族主義的各種感情，却是既複雜又强烈。所以，大衆的民族主義情緒激發以後，一旦演成政治或社會運動，其威力便足以震撼山岳、翻攪江河。

三、民族主義的行動傾向成份

民族主義的認知成份與感情成份都是比較靜態性的，眞正動力性的成份是相關的行動傾向。民族主義有着動機的作用，能够推動個人對國家、民族及文化做出某些行爲。

民族主義所可能推動的行爲，大都以自己的國家、民族及文化爲對象，但其範圍却極爲廣泛。一般說來，這些行爲總不出四大類：(1)使國家更獨立富强，使民族更昌盛壯大，使文化更振興發揚的行爲。小自向外國遊客稱述自己的社會文化，大至努力參加國家建設的工作，都是這一類進取性的行爲。(2)使國家免於衰弱或受侵，使民族免於萎縮或屈辱，使文化免於墮落或消失的行爲。小自爲自己的國家作辯護，大至執干戈以抵抗外來侵略，都是這一類防衞性的行爲。(3)不具有以上兩項功能的有關行爲。也就是說，這種行爲主要不是功能性的，而是表現性的或儀式性的；例如，聽到國歌後就立正，配帶具有文化特色的飾物，參加國家慶典活動等。(4)宣揚民族主義的內涵與重要性的行爲，包含强調國家、民族及文化的重要性的行爲。

民族主義所含有的行動傾向，便是指民族主義具有激發這些行爲的傾向。

分析到此，可知民族主義同時包含認知的、感情的及行動傾向的三種成份。這三種成份並不是互相獨立的。民族主義的認知成份與感情成份密切關聯。在通常的情形下，個人可能會先有民族主義的看法與想法，然後對自己的國家、民族及文化產生了相應的感情。譬如，一個人如果認爲「自己國家的體制與運作應訴諸全體國民的自決」，而事實上也確乎如此，那他對自己的國家就會產生較强的認同感、愛國感及榮譽感；反之，如果自己國家的體制與運作並非如此，那麼他的這些正面感情都會減弱，甚至會出現負面的情緒。但在有些情形下，個人也可能對自己的國家、民族及文化先有了某些感情，然後才產生相對應的認知內涵，或是導致原有看法與想法的改變。譬如，在一個極權國家中，一個國民如果自小先已培養出對國家的强烈認同感、歸屬感及愛國感，那他在認知上就會接受國家的現有特徵，而不在自己的民族主義觀念中加入「國家的體制與運作應訴諸全體國民的自決」的項目。

民族主義的認知成份與感情成份，不僅互相配合，而且都與行動傾向關聯。一個人對自己的國家、民族及文化有了一定的認知與對應的感情，便自然會有相關的行動傾向。一個人的民族主義觀念中，如果認爲「自己國家的體制與運作應訴諸全體國民的自決」，而事實上又確乎如此，那他不僅會對自己的國家產生相當的認同感、愛國感及榮譽感，而且還會做出很多與上述認知與情感相一致的行動。例如，有人破壞自己國家民主自決的體制時，他會努力加以衛護；自己的國家受到外來的侵犯時，他會起而保全。不過，這並不是說，民族主義者所表現的行動一定或完全會配合其認知與感情。實際行動與行動傾向是兩個不同的層次，即使行動傾向是配合的，所做出的行爲却未必如此。情境或環境是很重要的，有時其影響足以使特定的行動傾向難以自然的表現出來。

總之，作爲一種心理現象，民族主義同時含有認知的、感情的及行動傾向的三種成份，而且這三種成份是互相協調一致而不矛盾的。既然民族主義同時滿足了「三種成份」與「彼此一致」這兩項條件，我們當然可說它是一種社會心理學中所謂的「態度」。

二、形成民族主義的心理歷程

作爲一種歷史現象，民族主義的形成有其政治的、社會的、文化的及經濟的因素。但是，時至今日，民族主義已經不再是一種稀有現象，也不是只見之於少數國家裏的少數知識份子。事實上，大多數國家中的大多數人民，或多或少都是貨眞價實的民族主義者。民族主義已經成爲現代國家一般國民共有的特徵之一。也就是說，民族主義已經成爲一種相當普遍的個人現象。

作爲一種個人現象，民族主義的形成有其特殊的心理歷程，前面已經說過，民族主義是一種態度，因而在探討其形成歷程時，也應從這方向入手。正如個人的其他態度一樣，民族主義的形成要靠社會化的歷程。在此歷程中，個人自幼及長，透過種種正式與非正式的途徑，逐漸習得他那個社會所要求的思想、態度及行爲，而從一個自然人或生物人，蛻化成一個社會人或文化人。在社會化的過程中，個人民族主義的形成要靠多種不同的方式，其中特別重要的有以下幾項：

一、認同作用

在心理學中，所謂認同作用（identification）是指一種心理上的同化（assimilation）或內化（internalization）歷程；在此歷程中，個人逐漸將他人（一個人或一個團體）的觀念、思想及情緒加以接受，並轉化成自我的一部份。如果同化或內化的對象是一個人，便稱作個人認同；如果同化或內化的對象是一個團體，便稱作團體認同。在很多情形下，認同的對象不一定是一個人或一個團體，代表個人或團體的符號也可成爲認同的對象。換言之，除了人的認同之外，還有符號的認同。

就民族主義態度的形成而言，個人認同與團體認同兼而有之，人的認同與符號認同也兼而有之。這就是說，民族主義的態度雖是以國家、民族及文化爲對象，但却可以透過團體、個人及符號三種認同而形成。

先談團體認同的作用。國家與民族都是極大的團體，其成員不能爲個人所皆見，因而在作團體認同時，只能以部份成員所構成的團體爲認同對象。這又可進而分爲三種情形：⑴在慶典活動中，在市場或鬧區裏，個人可以看到社會大衆的集結現象，從大家所表現的共同思想與言論中，個人受到同化與內化，逐漸形成對國家、民族及文化的意象與感受。⑵大衆傳播（報章、雜誌、書籍、廣播及電視）與文學藝術（如小說、戲劇、電影、音樂、繪畫及雕刻），常有關於當前社會大衆之思想、意念及情緒的描敍或表達，都會成爲認同的內涵，而有助於對國家、民族及文化之觀念與感情的培養。⑶大衆傳播、文學藝術及歷史書籍，常常談論自己國家、民族及文化過去的特徵與經歷，涵泳其中，也易形成有關的觀念與感情。無論是經由直接的接觸或間接的體會，以上三種情形都是以團體的共同特質與表現作爲認同的內涵。

次談個人認同的作用。在這種認同中，內化的對象可能是一位國家人物，可能是一位精英份子，也可能是一位重要他人（significant others）。每一個國家或民族，都有自己的英雄人物，這些人物受到普遍的崇拜，已經與國家民族融而爲一，成爲國家化的人物。爲人父母者常以這些人物的優良表現作爲子女學習的對象，告誡子女要像孔融般謙讓，要像吳猛般孝順，要像岳飛般忠勇，要像蘇武般堅毅。透過國家人物的認同，可以加强對國家民族的認同。當代的精英份子也可作爲認同的對象，其中有些人熱愛國家民族的表現，以及他們直接宣揚民族主義的主張，都會經同化或內化歷程，而增進對國家、民族及文化的觀念與感情。至於重要他人，則是指對個人身心發展影響最大的人，包括自己的父母、老師、兄弟、姊妹及好友等。重要他人是與自己關係最密切的人，因而最容易成爲個人認同的對象，他們有關民族主義的態度，也最容易直接傳遞給自己。以上種種情形，都是透過個人認同的途徑，而完成團體認同的效果。

再談符號認同的作用。每一個國家都有特定的國家符號，用以代表自己國家的精神與特點。就一個現代國家而言，常見的國家符號有國名、憲法、國歌、國旗、國花及代表性的動物（例如中國的龍，美國的鷹）。這些符號具有媒介性的作用，透過個人對它們的認同，促進對整個國家、民族及文化的認同，進而形成相應的觀念、思想及感情。對國家符號的認同之所以可能，主要是因爲以下的心理歷程：

(1)情緒聯結：在各種慶典活動中，常將國家符號放在顯著的位置，而且還會恭立國旗之前齊唱國歌。各種慶典儀式與活動，因爲性質與場所不同，有的會喚起莊嚴偉大的感受，有的會激發歡樂與奮的心情。經由學習現象中的制約化或條件化（conditioning）作用，這些情緒便逐漸聯結於在慶典中出現的國家符號，使這些符號也會引起莊嚴偉大的感受與歡樂與奮的情緒。由於這些符號代表着國家、民族及文化，所以也會使後三者引起同樣的感受與情緒。

⑵心理投射：人們有一種心理傾向，卽在面對某種符號時，會將自己的意念與情緒投射到該符號之上，而將投射的意念與情緒，視爲獨立存在於該符號。當個人將崇敬或喜愛的心情投射於國家符號時，這些符號就成爲可崇敬、受喜愛的存在物，而不再是單純的一塊多色的布(國旗)，一串抑揚的音（國歌），一組對稱的線條（國花圖案）。當我們的國旗爲人所踐踏時，我們不會覺得受到踐踏的只是一塊多色的布，而是覺得自己的國家在受到踐踏，自己的同胞在受到踐踏。這時，我們的國旗不但「像是」而且「就是」我們崇敬的國家，我們喜愛的同胞。

二、模仿學習

在上文中，認同作用主要是限於觀念、思想及情緒的同化或內化（認同而來的認知與感情皆爲內在心理狀態），當然可以產生相應的行動傾向，在適當情境下，並可進而表現一定的行爲。但是，也有一些行動傾向，其有關的行爲却可經模仿學習（imitative learning）直接獲得。模仿學習是一種觀察學習（observational learning），只要觀察別人所做的行爲，自己不經演練，就可學會那個行爲，也就是獲得了做那個行爲的傾向。

我們對國家、民族及文化的很多行爲傾向，都是靠直接觀察而學來的。在現實的生活中，在電影、電視及小說的故事裏，我們親眼看到別人種種愛國的行爲，便會學會並記下這些行爲，將來在類似的情境下，也會做出相同的行爲。當國家受到外來侵略時，很多人會投筆從戎，起而捍衞國家。一個人如果在生活或故事中看到過別人的這種行爲，則在自己的國家受到外來侵略時，便也會做出同樣的愛國行爲。

模仿學習不僅見之於對國家、民族及文化之行爲的獲得，而且也見之於對各種國家符號之行爲的獲得。我們如果看到過別人聽見國歌就立正，將來在類似情形下，自己也會聽見國歌就立正。我們如果看到過別人懸掛國旗時謹愼小心，將來自己懸掛國旗時，也會謹愼小心。

模仿學習所形成的，是對國家、民族及文化從事某種類似行爲的傾向。

三、獎勵學習

關於民族主義之認知、感情及行動傾向的形成，另有一種學習歷程，那就是獎勵學習。在這種學習方式中，學習者所表現的良好行爲，受到一定的獎賞或鼓勵，從事相同行爲的傾向乃得以增强。

在民族主義態度的形成中，這種學習具有相當的重要性。在家庭中，在學校裏，在社會上，兒童、少年、青年及成人所表現的愛國行爲，都會受到相當的獎勵，從事這些行爲的傾向便逐漸增强。在各級學校中，這種情形特別明顯。教育機構會設計愛國及民族精神教育的課程，有系統的提供認同與模仿的機會，以誘發初步的愛國行爲，然後加以物質的或非物質的獎勵，以增强其有關的行動傾向。對於成年人，政府也會訂定有關的辦法，以獎勵國民對國家、民族及文化的貢獻，不管這種貢獻是屬於立言的方面，立功的方面，還是立德的方面。

四、推斷歷程

認同作用、模仿學習及獎勵學習而外，推理或推論的心理歷程，也有助於民族主義態度的培養。人們有一種心理傾向，卽將推理而得的結果視爲眞實的存在。也就是說，對於一般人而言，推論的（不一定是邏輯的）「對」與存在的「眞」之間，常是混沌不清的。人們並不一定將推斷的結果視爲假設，更無暇在現實生活中加以驗證，而只是乾脆將假設當作結論——關於事實的結論。

這種「推斷卽眞」的心理歷程，對於個人民族主義的形成，有着重要的作用。當一個人看到人人都向國旗敬禮時，他就會推斷國旗必然「有些道理」，必然值得尊敬，否則大家便不會這樣尊敬。當一個人看到政府之歷史悠久的巍峨建築物時，便想到這不是一個人或少數人所能完成，便自然推斷出國家力量的神奇。當一個人常常聽到政府領袖與社會精英都在强調自己國家的偉大，自己民族的堅韌，自己文化的優秀，便自然覺得自己的國家、民族及文化必是可敬可愛的，否則聰明而重要的人物怎會異口同聲的稱讚。透過這種種推理的活動，人們也可形成民族主義的認知、感受及行動傾向。

三、民族主義的集體與個人功能

民族主義這種態度，既強烈又普遍，對於人類生活的影響極大。在實際的功能上，民族主義的作用很是深遠，不僅涉及到團體，而且涉及到個人。一般人大都只注意到民族主義的團體功能，對於它對個人的用處，則不免有所忽略。此處將兼談民族主義的集體功能與個人功能，對於後者的分析則尤其注重。

一、促進集體的團結奮鬪

民族主義的這一功能，素為大家所習知。簡單的說，民族主義將國家、民族及文化提升到最明顯的地位，强調國家的自立自强，民族的興旺健康，文化的昌盛優良，注重共同的政治、經濟及文化理想，為全國人民提供了集體的認同對象，產生了凝聚與團結的作用。民族主義的意念與感情，使原本散漫的民衆超越了個人的囿限，建立了小我與大我之間的橋樑，養成了休戚相關的「團體之心」(group mind)。國家的獨立、自主及富强，成為集體生活中最高的目標與價值，從而激發全國人民奮發向上的動機。在消極的方面，這可使國民勇於保衞自己的國家，維護自己的民族，寶愛自己的文化，使其免受外來的侵侮與內在的敗壞。在積極的方面，這可使國民願意繼續不斷的追求政治、經濟、教育及文化的改革，而能在現代化的漫長道路上努力不懈。

二、擴大個人的實質收益

在理性的導引下，民族主義常會產生良好的集體效果，使大家同心協力，在政治革新、經濟發展及社會改良等方面，獲得相當的進步與成就。這些絕非一人之力所能辦到的集體成就，常可爲國民個人的政治、經濟、社會及文化生活，帶來更大的實質利益。也就是說，在民族主義的良好影響下，個人不但認同於國家，他的利益也與國家的利益常相一致。

國民個人實質利益的增加，不僅是來自民族主義在國內所促成的進步與成就。在很多情形下，强國的民族主義可能導致向外的擴張，而在他國享盡戰勝國或最惠國的特權，同時這些國家在他國的私人事業，也佔盡了種種便宜。在歷史上，這種情形屢見不鮮。身爲中國人，對這一類的事情尤其熟悉。當年列强侵略中國，不但他們的國家攫奪了很多權利，他們在中國擁有事業的人民，也獲得了很多額外的利益。同樣的情形，也見之於亞洲、非洲、美洲，其他受侵略的國家。在這些强國中，帝國主義化了的民族主義，使國家與國民的實質利益合而爲一。在受侵國家中有私人事業的强國國民，往往就是對自己的國家與國家符號認同最强烈的人。他們甚至認爲，他們私人的利益就是國家的利益，所以國家應當加以保護。基於這種實質的利害關係，這些特權人物往往是最堅强的愛國者，也是最死硬的民族主義者。

三、增強個人自我滿足感

自幼及長，個人的自我在不斷的擴展，原來不屬於「我」的範圍，慢慢會變成「我」的一部份。在自我擴展的歷程中，透過認同作用而將團體納入「我」的範圍，具有特別重要的意義。當個人認同於團體或團體符號時，他的自我滿足感便會立卽升高。而且，所認同的團體人數越多、力量越大，所獲得的自我滿足感也越强。在民族主義中，所認同的是國家與民族，是個人所能具體把握的最大團體，所以從而獲得的自我滿足感也最大。

在日常生活中，個人受到種種限制，遭遇種種失敗，不易經驗到自尊自重的感受。在民族主義的團體認同下，自我擴展使自己超越了個人的限制，能以國家的成就爲自己的成就，以國家的榮譽爲自己的榮譽。如此之後，便可以有限的自我，達到無限的滿足。

經由團體認同而獲得的自我擴展，是具有補償性的。在個人生活相當美滿的國家或時代，人們在自己的日常活動中卽可經驗到足够的滿足感，所以不大需要用國家的偉大來作替代性的滿足。但在個人生活最惡劣、最無望的國家或時代，人們則需從團體認同中得到替代性的滿足；也只有在這樣的國家或時代，以强烈情緒爲基調的民族主義，才能盛行一時。這種缺乏理性與分析的民族主義，雖可暫時導致高度的自我滿足感，但其最終後果却可能爲自己與別人帶來嚴重禍害。第二次大戰以前的德國人民，便是很好的例子。由於第一次大戰後生活的困苦與屈辱，德國人盲目的接受了納粹式的民族主義，後來幾乎爲德國帶來萬刼不復的災難。

四、發洩個人的敵意情緒

大多數的民族主義，都缺乏世界主義的精神，因而常將自己的國家與別的國家置於對立的地位。一旦如此，我羣與他羣截然劃分，在「我族中心主義」(ethnocentrism) 的影響下，極易使人以他國或他族作爲發洩個人敵意的對象。

在日常生活中，個人常有很多欲望無法滿足，很多目標難以達成，在失敗與挫折之餘，勢必產生敵意情緒。發洩敵意情緒的直接方法，是攻擊妨碍欲望滿足與目標達成的他人。但是，這些他人往往都是我羣中的成員，社會規範、習俗及法律是不准加以攻擊的，受挫者只好壓抑自己的敵意。在民族主義的原則下，這種不准對自己人發洩的敵意，正可用外國的政府、人民及文化爲對象，而加以發洩。因爲個人已認同於自己的國家，他在辱罵或攻擊外國或外國人時，往往會產生一種錯覺，以爲自己的所做所爲是符合國家的利益，而不再是反社會的行爲。如果他發現別人也同樣在攻擊外國，那他更會理直氣壯，儼然是在「替天行道」。

有些政治或社會領袖，深明此理，常會有意爲民衆提供某一國或某種人，來作爲共同的替罪羔羊，好讓社會大衆的壓抑敵意，經由遷怒性的攻擊，而獲得替代性的發洩。民衆有了「獲准的」的攻擊對象，在發洩的快感中，一方面會擁戴提供替罪羔羊的領袖，另方面又會減輕對國內現狀的不滿。歷史上很多自以爲聰明的政治人物，都曾運用過這種一舉兩得的技倆。德國的希特勒之以猶太人作爲國民公敵，當年的中共之以美國作爲國民公敵，伊朗的豪敏尼之以美國作爲國民公敵，都是很好例子。

在民族主義的掩護下，不必要的或失去理性的排外仇外行爲，在性質上是假公濟私的。這種藉國家利益爲口實而發洩私人敵意情緒的作風，常因國家社會的治亂而有不同。在一個生活幸福的國家或時代，個人不如意、受挫折的機會很少，社會內部也能提供正常的發洩途徑，人們所壓抑累積的敵意不强，自然不需用排外仇外來加以發洩。反之，在一個生活艱苦的國家或時代，個人不如意、受挫折的機會很多，社會內部也缺乏正常發洩的合理途徑，人們所壓抑累積的敵意甚强，便自然亟需靠排外仇外加以發洩。

不過，卽使在生活相當不錯的社會中，仍然有部份人士，會因特殊的個人際遇，而受到重大的挫折。如果這些挫折所引起的强烈敵意未有適當的出路，他們還是可能會借重民族主義而尋求替代性的發洩。他們會無視於國家民族的眞實處境，提倡一種過份感情化的民族主義，以激發不必要的排外仇外情緒。但因社會上大多數人都沒有這種替代性發洩的需要，常無法接受這樣的民族主義，而將之視爲不合時宜。

四、幾句結尾的話

這篇文章試圖從心理學的觀點，討論有關民族主義的一些問題。首先，作者認爲民族主義是一種複雜的態度，同時包含了認知的、感情的及行動傾向的三種成份，而且各種成份間具有協調一致而不矛盾的關係。其次，本文分別討論了民族主義態度的四種形成歷程，即認同作用（包括團體認同、個人認同及符號認同）、模仿學習、獎勵學習及推斷歷程。最後，談到民族主義的集體與個人功能，分就以下四方面做了分析：⑴促進集體的團結奮鬪，⑵擴大個人的實質收益，⑶增强個人自我滿足感，⑷發洩個人的敵意情緒。作者也曾想到從心理學的觀點，分析各類民族主義的異同，並進而闡述晚近民族主義蛻變的方向。但因限於篇幅，有關這些問題的討論，只好留待來日了。

（原載中國論壇社出版之「挑戰的時代」，四十五至六十四頁，民國六十九年出版）

台灣·香港·雪尼基

——一個文化層面的警覺

臺灣與香港都是由中國人組成的自由社會。曾有人主張，就臺灣的環境與條件而言，似乎可以儘量擺脫政治與文化上的羈絆，逐漸發展成一個類似香港的社會型態，變成一個由由貿易區，藉以獲得大量的財富，爲臺灣「開創」新的生機與出路。

臺灣是否可以或應當發展成類似「香港模式」的社會？這是一個相當有趣而值得探討的問題。

現在，我想談談這次我在香港停留八個月中的一些觀察與感想；不過，這些觀察與感想，都是從一個由臺灣去的中國人的主觀意識出發的，在香港土生或土長的同胞們也許會有與我不同的看法。這是必須預先聲明的。

我認爲，臺灣與香港有相當顯著的差異，各有所長，各有所短。首先就香港不如臺灣的三個方面略陳所見。

香港三點不如臺灣

第一，住在香港的中國人，很多都不以香港爲最高的政治認同對象，他們或許認同在臺灣的中國政府，或許認同在大陸的中國社會；共同居住在一塊土地上的民衆，却不以本土的社會爲最高的認同對象，這是舉世罕有的現象，因此成了香港的特徵。

一般香港居民的認同對象，往往僅在家庭、俱樂部或社團；對於層次更高的團體，如社會與國家，則較欠認識。

或許可以這樣說，一般香港居民缺乏整體的國家意識或社會意識，亦無總體的文化意識與歷史意識。

在臺灣的中國人的認同層次，顯然較香港居民高，透過家庭、社會或學校的教育，絕大多數的臺灣居民都認爲，他們代表並傳承了「大中國」的統緒，無論在歷史上或文化上，他們是一羣與「大中國」不可分的中國人。

過去在臺灣所作的有關研究顯示，無論那一個年齡層的青少年，都有强烈的國家意識與社會觀念。這在香港的青少年中，是不易發生的一種心態與氣質。

由於臺灣的居民普遍具有較大的認同對象，對於每一個人來說，就較有長遠努力的目標可循可赴，而個別的努力亦較能統合，整個社會的發展亦顯得較爲均衡而穩定。

第二，英國政府在香港可能沒有什麼長久的打算，這種統治心態使得香港的社會及文化，呈現偏頗的發展。

長久以來，香港給人的印象，是一個「自由商業地區」；事實上，當地居民的商業性格也十分顯著，賺錢成了生活中唯一的目標。

殖民政府將香港看成「女王皇冠上的珠寶」，不僅大力支持跑馬等賭業，甚至容忍一些不應容許的商業活動存在，色情電影書報卽是一例；人慾氾濫，也就難有較高的文化成就出現。

在香港的知識界中，固然有些先生在文化上有所懷抱；當他們面對氣焰囂張的商業社會，內心難免孤獨與寂寞。

對在香港教書授課的人來說，他們從後輩學子的身上更能感受到一種蒼涼。一般學生就學的動機多是單純的「職業取向」，因此對有關個人或社會終極價值的抽象問題與趣索然。

怎樣的文化情境，造就怎樣的社會子弟；怎樣的社會子弟，又更進一步將這個社會推入那種情境。香港似乎已經進入了一個商業文化的惡性循環中。

近年來有人認爲，商業社會的拜金主義與謀利取向，在臺灣也漸露端倪；但是，就我個人的觀察，臺灣的情況較香港要好得多了。

即以臺灣的學生來說，就業固然是就學的基本動機之一，但一般學生尚能將求學視爲自我改進的過程，他們追求知識的慾念，似較香港學生熱烈。

臺灣在文化的價值觀念上比較分殊，在我們的生活中，金錢不致成爲唯一的或最高的價值標準，不少人對金錢以外的文化目標有很大的熱誠。

第三，在我的印象中，香港是一個貧富懸殊的社會；相對之下，臺灣的貧富差距顯然比香港小得多。

在香港這種暴富赤貧並存的社會中，使一般觀察者感到興趣的是，當地並未因爲這種狀況而發生政治上的問題。

這種特異的現象，也許與殖民統治有關。百分之九十八的香港居民都是中國人，他們對於外國政府的統治意圖並無太大的期望，貧者都將失敗的責任委諸命運乖舛或能力不濟，因此對政府少有要求。

這種現象，與此地民衆幾乎凡事都對政府有所要求，成了强烈的對比。

香港社會的三個長處

其次，也可從三個方面談談香港社會的長處。當然，這些看法也是相當主觀的。

第一，香港不是一個國家，談不上正常的民主政治，但法治的制度與觀念却相當成熟。

香港政府以英國的法治，施行於中國人的社會，竟然也能井然有序，這是一個十分值得參考的社會實驗。

有人認爲，中國傳統中的「特殊主義」(particularism)，論關係、講人情，與西方法治觀念中「在法律面前一律平等」的「普遍主義」(universalism)大相逕庭；據此推論，中國人可能難以生活在一個法治社會中。然而，香港却是一個「例外」。

香港的法治成就足以啓示其他中國人的社會，應當重新考慮所謂中國民族性不適於法治的說法。

無可諱言，「特殊主義」在臺灣社會中仍然存在，這種現象對於法律的威信頗有損傷；從長遠看，法律是現代生活中的基本規則，當這種基本規則未能予一般人以信心時，允非社會之福。

第二，一般而言，香港公務員的效率不錯，在行政體系上能分層負責，在工作態度上也能就事論事。

過去，香港公務員的習氣極壞，貪污成風，但自前幾年「廉正公署」設置以來，雖未至弊絕風清的地步，但已大有改善。

分設在各區的廉正公署，除受理貪污事件外，也過問一般民間的公平問題，如計程車司機抬價、餐廳跑償强索小費等事，有告必理，且主動糾察，對於官箴民風的淸廉公正，確實貢獻不少。

近年來，臺灣公務機關的風氣大有改進，但仍有若干的弊案發生，是否亦可設置「廉正公署」一類的機關，專掌其責，應是可以考慮的事。

第三，傳統的中國社會是一個「同質社會」，個人間的差異不受鼓勵；然而，香港却是一個包容性極大的「異質社會」，在法律的範圍內，個人可以充分表達他的思想或行爲。個性在香港社會中受到相當的尊重，在各別的個性表達過程中，相互刺激與競爭，反而使得整個社會充滿了活力。

近年來，臺灣社會的異質性日趨明顯，這是社會進步的表徵，但這種變化仍嫌遲緩了一些。現代社會應是一個「和而不同」的社會，各方面的「不同」乃現代社會的當然趨勢；明明不同，而强求其同，則必將失却「和」的可能。這是我們在面對未來的社會發展時，應有的心理準備。

中國文化在臺灣的發展取向

以上，係就臺灣與香港兩個社會的若干異同加以比較，現以這些粗淺的比較爲基礎，嘗試討論有關未來中國文化在臺灣發展的三個問題。

第一，文化統合：在中西新舊文化的交流薈萃中，香港並未發展出一個統合的新文化體系。在香港那樣小的地方，很容易發現一個區域與另一個區域之間的文化氣氛，竟有極大的差異。

這種現象，恐怕僅能存在於香港這樣的一個不作長久之圖的社會中；若發生於任何一個正常的社會裏，也許就會滋衍事端了。

在一個各種異質文化滙聚的社會中，必須設法吸收個別文化的長處與優點，並加以融合，不能使文化中的某一個層次或社會上的某一個區域，趕不上强勢或優勢文化的步調，否則整個社會系統就會失去協調。

未來，臺灣地區必將日益面對各種文化的衝擊，在容納與抗拒之間，應有合理的規劃，以創造一個統合的新文化爲目標，不宜聽任各種文化無結構、無系統地錯亂交雜地存在着。

第二，均衡社會：在中國大陸的社會中，政治一枝獨秀；在香港的社會中，經濟一馬當先。因此，二者都不是均衡的社會，在兩地生活的中國人都無法獲得均衡的生活。

在臺灣的中國人，經過三十年的努力，社會的成長顯較中國大陸或香港來得均衡，而此地中國人的生活也顯較上述兩個地區更能平衡發展。

臺灣今日在這方面的成就，並非僥倖得之，三十年來我們在民主自由體制上所做的努力，實爲獲致此項成果的基本因素。

在民主自由的體制下，允許個人的潛能與需求呈現多樣性的存在，且賦予平等的機會，以使發揮與表達。唯因如此，始有實現均衡社會之可能，亦始有獲得均衡生活之可能。

就我在香港的觀察，臺灣地區在文化均衡發展上，遠較中國大陸與香港優越，也許一般香港居民亦能作如此看法。在香港的傳播界或知識界中，臺灣的文學、藝術及學術研究，開始受到注意。

面對海峽兩邊的對峙局面，若從長期競賽的觀點來看，我們不宜低估文化均衡發展的競爭作用，這實在是一個對所有中國人都具有吸引力的因素，其力量往往較政治或經濟的因素更有效果。

若能實現一個均衡的社會，讓大家獲得均衡的生活，即能證實我們所實行的體制最能切合中國人的未來利益。

當然，像香港那樣偏重商業文化，是不易通往均衡社會的境地的。

第三，香港的文化特徵是只圖眼前，不作長久之計，若干人對臺灣前途的看法亦相當近視，姑將此種心理稱爲「香港意識」；所謂的「牙刷主義」，即此種心態的反映。

另一些人對臺灣生存意義的了解則相當偏頗，有些海外華人竟將在臺灣的中國人視爲「近代中國的腓尼基人」，喻其只知貿易營生，而在飄泊的商旅生涯中，無其他遠大目標可言，這也是另一個角度的「香港意識」。

然而，就中國未來的前程言，臺灣的生存意義，絕不同於香港。

當前中國人的文化使命

不久前，中共採取了若干短暫的開放措施，使所有的中國人更能認清，中共根本無法擔負中國未來均衡發展的使命；而此一使命，責無旁貸地落在所有在臺灣的中國人的肩頭。

在臺灣的一千七百萬中國人，應義不容辭地挑起這個使命；人類生存的價值當然不在溫飽而已，如今在臺灣的中國人確已掌握了人類生命中所可能追求的無上的價值目標。

我們在臺灣已經實現了中國五千年來最高品質的生活，未來將要使比此一水準更高的生活實現於全中國。

臺灣不是香港，在臺灣的中國人更不是腓尼基人。（本文由黃年先生根據本人口述撰寫而成，特此致謝）

（原載「聯合報」，民國六十八年五月廿四日，第二版）

附錄：這不是一條船

——讀楊國樞教授文有感

軒轅歲

讀五月二十四日楊國樞教授「臺灣‧香港‧腓尼基」一文，頗有感思。

腓尼基的船舶文化，盛極一時；曾幾何時，這個漂泊的民族，已然不知所終。

也許並非只有像腓尼基這樣的船上的民族，始有隨波逐浪的生涯；有些活在陸地上的人們竟也迷津失渡。

不知緣自何時，我們常將當前的處境，喻爲驚濤駭浪中的一條小船；在許多政論文字、流行歌曲或雕繪作品中，常有「怒海孤舟」的情節出現。

這只是一個譬喻，然而，有些人似乎將這個譬喻看得太認眞了。或許，在這個譬喻尚未如此普遍地用來象徵這個社會之前，這個社會早就普遍流行着「怒海孤舟」這樣的心態了。

我們看到許多雙脚明明踩在陸地上的人，已經被他自己想像中的風浪翻騰得開始暈船了；在他們還沒有眞正嚐到「漂泊」的滋味時，竟然先有了「難民」的經驗。

我們也看到許多雙脚明明踩在陸地上的人，已經開始過船上的生活了；將一大堆日常生活所需的典章文物，封存艙底，去等待一次可能來襲的風浪。

就某一個角度來說，「船的意識」在我們這個社會是相當流行的，這種心態也許近似楊教授所說的香港意識或腓尼基性格。

我們老是覺得，風浪的慈悲遠較衆人的努力，更能決定全體的命運；我們老是覺得，在船上的生活當然形格勢禁，不可能也不應該追求正常生活中應有的創造活動與情趣。如此，一種隨波逐浪，得過且過的「漂泊情結」，竟然成了我們現實生活中的特有氣質。有人寧可相信自己捕風捉影的想像，而不肯承認可感可觸的事實。事實明明擺着，這裏，不是一條船！

誰看過一個船艙裏有幾代人物的生生死死？誰看過一片甲板上有幾季的花開果熟？

讓我們上上下下每一個人一齊步下那條想像中的小船，請不要被自己想像中的風浪嚇着，請將封存艙裏的幾已成爲禁忌的家當提上岸來享用。讓我們在一起經營一場頂天立地的正常的偉大的生活。

猶豫躊躇的漂泊，將被風浪追襲得無以逃避；而弱者常將危難作爲逃避正常生活的藉口，勇者則在投入生活的過程中克服危難。

容借楊教授的語氣說，臺灣不是一條船，在臺灣的中國人更不是一羣坐等風浪來襲的乘客。

(原載「聯合報」，民國六十八年五月廿五日，第二版)

中國必須統一於「台灣模式」

中美斷交後，中共對外展開了一連串有關中國統一的統戰攻勢，並且放出願意和臺灣通商、通郵、通航，人民相互旅遊的宣傳口號。同時，中共也提出了將來政治上統一的型態，和臺灣自治等問題。我在回國前還看到一則新聞，報導中共外長黃華在對美國參議員的談話中，提出了採用聯邦方式統一中國的說法。

這件事發生時，我正在香港。香港這個地方，各種主張的人都有，消息來源很多，因此我有機會聽到不同人的意見。中國統一的問題，一向受到關心中國前途人士的注意，中美斷交後，更引起大家的談論。我相信，這個問題未來也將一直存在，並變得更爲尖銳。因此，此時討論中國統一的問題，不但必要，且有很大的意義。

中共於中華民國和美國斷交後，再次提出中國統一的問題，對海外許多人而言，本屬意料中事，但有許多在海外的中國人聽到中共這種統戰式的說法時，仍然引起了相當大的情緒反應，甚至動了眞感情。因此，對於這件事，我覺得仍有深論的必要。

關於中國應該如何統一的意見非常衆多，但可以歸納爲兩大類型：一爲立即統一，一爲將來統一。「立即統一」的方式又可分爲兩種，一是以大陸現狀爲標準，要臺灣向大陸靠攏的統一，另一是以臺灣現狀爲標準，要大陸向臺灣靠攏的統一。中共當然是主張以「大陸模式」爲標準而立即統一中國。但很多中國人都認爲，中國立即統一可以，但必須要以「臺灣模式」作爲統一的標準。至於，「將來統一」的方式，它的意義正如同陶百川先生曾經講過的一句話：「今天兩個中國，明天一個中國」。主張這種說法的人，考慮到目前無論就主觀或客觀的情勢而言，都不具備統一的條件。

香港的中國人，尤其是知識界的人士，贊成中國應立即統一的人很少，大多數是主張將來統一的方式。從香港報紙的讀者投書看來，即使一般市民階層的香港華人，也認爲現在談論中國統一的問題，尙言之過早。

但有一個值得玩味的問題是：中共爲什麼要在中美斷交後提出統一的口號？他們的目的何在？對於這一點，海外也有很多不同的說法。

有人猜測，中共提出統一的主張，根本是一種姿態。因爲中美斷交後，牽涉到臺灣的主權問題，中共於此一時機，不得不在國際上提出統一的論調，藉此肯定他對臺灣的主權，如果此時不講統一，必然會引起國際間的誤解。

也有人認爲，中共並沒有立即統一中國的期望或打算，他們也深知目前尚無統一的可能，因此不妨講出統一中國的大話，把困難推給臺灣，並且讓國際上誤解臺灣沒有統一的誠意。中共更深一層的用意，是希望放出統一的口號，對臺灣內部能發生分裂的作用。尤其是希望能瓦解臺灣內部那些沒有與中共鬪爭經驗而懷有大中國意識的年輕人對政府反共國策的向心力，並對中國大陸產生幻想，造成臺灣內部的糾紛。

但是，我從海外人士討論中國統一的談話中，更觀察到一個重大的轉變：多數人都不主張採用武力來達到統一的目的。這個轉變，在以往是無法想像的，甚至對中國大陸同情的人，或政治立場極端左傾的人，也不再贊成在大陸與臺灣的統一過程中，要引發一場武力的衝突。

海外人士的這種轉變，非常值得我們重視。一則，可見多數人已拋棄了採用軍事解決臺灣與大陸問題的看法，而考慮到社會型態的問題。再則，更重要的意義是海外人士已肯定了臺灣三十年的成就。在一般人直覺的判斷中，中國統一如果要訴諸武力，則吃虧的一定是臺灣，而多數海外華人，認爲臺灣三十年所建立的政治、社會或經濟型態，確實比中國大陸要好得太多，臺灣這種現狀是值得珍惜的，基於這種認識，他們實在是不希望臺灣的成就在一場武力衝突中摧毀。

我在香港有一位外國朋友，他的太太有一次告訴我，她曾經在學校上課時，問一位去過大陸，也來過臺灣的左傾學生說：「如果再過一個月，香港即將陸沉，而那時你能去的只有臺灣和大陸兩個地方，你要選擇那裏？」，那個學生考慮後的答覆是：「去臺灣」。類似這位學生的想法的海外華人，並不在少數。這幾年的事實證明，臺灣確有值得全中國人珍惜的理由，這種認識固然是海外中國人在觀念上的一大改變，但也代表臺灣已建立了不可任意抹煞的成就。

然而，有一點必須說明，海外知識份子在比較臺灣與大陸時，所以覺得臺灣的成就值得珍惜，並不只侷限於臺灣的經濟成就，因爲大陸若有意在經濟方面與臺灣競賽，若干年後，即可能會縮短和臺灣之間的差距。海外知識份子重視臺灣的理由，毋寧是因爲這三十年來，臺灣提供了民主憲政實施的可能性。政府多年來一直將民主憲政作爲國家的基本政策，這種鍥而不捨的努力推動民主法治的作法，才是海外知識份子支持臺灣的最重要因素。

我們可以想見，中共往後仍然會提出以中國統一爲口號的各式統戰論調，臺灣未來將如何因應中共這種統戰攻勢，對我們的政府而言，也就成了一項重要的課題。

有許多人認爲，我們過去的作法太過被動和保守，處處受制於人，但今天的情勢不同了，臺灣目前已有足夠的成就和力量，可以在宣傳上反守爲攻，不能再如以往一樣，每當對方提出一個要求，卽窮於應付。現在，政府應該考慮如何可以比中共先下手，先講話，也提出讓他們無法接受，無法達成的難題。這種改守勢爲攻勢的因應之道，必須要從下列政治外交、社會文化及海外工作三方面，同時着手作起。

關於政治外交方面的因應措施，目前對我們最不利的是，西方國家對於中共提出的許多動聽的統戰論調的背景與作風，沒有深刻的了解，往往在中共提出統一要求，而我們表示拒絕接受時，誤會我們不具有如中共一般的統一誠意。

西方國家人士不了解中共的因素有兩點：一是他們不知道中共可以把手段和目的，截然劃分爲二，中共提出的口號雖然動聽，但他自己是否會遵守實行，却是另外一件事。中華民國與中共有相當豐富的鬭爭經驗，但多數西方人士却無法體會。二是中共政治缺乏一套完整的制度，和良好的法律運作系統，一朝天子一朝臣，政策常因人不同，而有完全相反的轉變，根本就沒有持續性的政策可言，但中共制度上的此一特性，對於民主國家的人士來說，却是一件無法想像到的事情。

西方國家因爲對中共特性不够了解，轉而對我們發生誤會，若中共不斷提出統戰論調，而我們却一無反應，在國際社會中難免會形成不利於臺灣的言論，影響到對外貿易和國民外交的繼續開展。因此，政府必須要設法扭轉此一頹勢，提出另一套對中國前途和人民福祉更爲有利的統一條件，讓國際人士了解我們並非沒有統一中國的誠意。

但這項統一條件的提出，必須要很明確地指出：中國應該統一於何種模式之下？目前很多人既然認爲，臺灣模式的統一比大陸模式的統一要好，則我們即應提出中國應統一於臺灣模式的主張，以與中共的統戰對抗。以臺灣模式來統一的概念，雖嫌籠統，但有關民主、自由、法治、人權等特點，我們都可以將它們納入統一的條件中，要求中共必須認同於此。

當中共於不久前提出要與臺灣通郵等要求時，行政院長孫運璿立卽發表嚴正聲明，予以反應的作法，海外有很多的風評，認爲政府這種反守爲攻的策略，已使中共難以招架。但在要求中共必須取消或廢棄什麼之外，如果更能提出中國應統一於什麼標準，或中國應變成什麼模式的主張，這個力量可能更大。例如，政府甚至可以提出這樣的口號：中國必須統一，但要統一於臺灣模式。必要時，更可以在聯合國的監督下，讓臺灣和大陸上的中國人民，採用公民投票的方式，來決定中國應該統一於何種模式的問題。

對於類似這種口號的提出，我們必須要有充分的信心，因爲中共絕對不敢接受這種作法，卽使他們答應了，結論也很淸楚，相信絕大多數的中國人都會選擇臺灣模式的統一方式。這種主動而具有攻勢的作法，可使中共在國際上統戰攻勢的力量自然瓦解，也可以冰釋國際上對我們的誤解，對我們是有利無害，對中共却是有害無利。

然而，僅祇是應付中共的統戰攻勢，仍不足以完全改變國際上對我們的成見，在實質上，政府仍然要更加努力朝向民主法治的路途，繼續邁進，始克有成。這中間的理由有兩點：①確保臺灣三十年的成果。淸末民初以來，中國知識份子爲了尋求解決中國問題的答案，不斷地嘗試各種不同的主義，演變到今天，只剩下兩組人在臺灣海峽的兩邊，還在實驗兩種不同的制度，彼此互作競賽，而到此爲止的實驗結果證明，大陸上的成績要比臺灣差得多，中共最近也承認要向臺灣學習。爲了擴大臺灣三十年的實驗成果，對於實行民主法治的工作，我們要更爲加强，讓未來的事實證明，臺灣走的道路是對的，大陸是錯的。②拉大臺灣和大陸在社會及政治素質上的距離。這並不是希望擴大臺灣與大陸之間的分裂。臺灣在政治和經濟上愈有成就，對大陸則愈會構成强大的壓力，使生活在大陸上的人民樂於接受統一於臺灣模式的作法，並藉着這股壓力在大陸內部造成暴力或非暴力的風潮，逼使中共改變，朝向民主、自由、法治的方向修正。這樣的結果，對未來中國統一的工作，也將大有助益。

在大多數海外中國人及關心中國前途的國際人士心目中，臺灣已成爲解決中國問題的唯一希望。這個事實，也令人一則以喜，一則以憂。由於大家對臺灣的期望日益增高，相對的對臺灣的要求更爲殷切，政府稍一不慎，卽可能使很多人失望。因此，今後在政治措施上，政府必須要以戒慎恐懼的心情，拿出新的作風，逐步朝着進步、成熟的方向去發展，只要作法正確，很容易便滿足了海外多數人對臺灣的期望，强化了他們對臺灣的信心。

其次，再談到外交工作。我認爲將來我們有團體或個人出去參加國際性的民間組織所舉辦的活動和會議時，關於代表名稱的問題，應該採取彈性的作法，不必斤斤計較於此，要儘量使得作法更趨靈活，更具現實性。不然，困擾甚多。今天，大家都怕在名稱上走向「臺灣國化」，影響到中華民國在國內與國外的合法地位，但許多人却有不知不覺在意識上趨向「臺灣國化」的現象，則更值得憂慮。我們有些政府官員在講話時，甚至在一些重要政策措施中，就常有這種意識的流露。因此，目前要注意的問題，倒是如何去防止我們在意識上流於「臺灣國化」，並不是只計較名稱的問題。尤其在民間性的國際活動中，對名稱應採有伸縮性的作法，我們只會因而得利，絕不會吃虧，而且也因此把難題推給了中共，讓他們去傷腦筋。我們不久前在國際奧委會的作法，即是最好的例證。

再談到關於社會文化如何「反攻」的問題。這個層面的重要性，並不亞於政治外交，但却常被人忽略。我在香港時，當地有許多知識份子都覺得臺灣三十年來，在社會文化方面的成就，也很值得中國人珍惜。尤其，中國大陸自文化大革命後，凡事政治掛帥，文化一片貧乏，不論是社會科學或文學藝術等，都幾乎交了白卷，和臺灣比較之下，優劣立判。臺灣在文化上的這種優勢地位，也大爲增加了海外中國人對臺灣的好感和支持。

正因爲如此，政府今後除了要使政治與經濟突出外，更要努力在文化上代表中國，領導中國，更進一步的要在文化上統一中國，使臺灣成爲中國人土地上的文化學術中心。因此，政府此時必須改變一味注重政治經濟，以及舉凡一切措施都要立竿見影的觀念，要多從事文化工作的投資和獎勵。另外，也應設法經常召開以中國學者爲主要對象的學術性會議，邀請世界各地的中國學人來臺灣參加研討。過去，我們太注重邀請外國人來臺灣開會，討論一些與我們並不十分密切的問題。今後，這一作法必須改變，我們要讓全世界的中國人體認到，只有在臺灣這樣的社會環境下，才有發展出高度文化型態的可能。

從事「文化反攻」的途徑，可由三方面着手：①大陸文革後，學術方面的成績（尤其是社會科學）是一片眞空，程度很低；資料、書籍或刊物都很缺乏，甚至連基本的課本都沒有，將來大陸勢必要採用許多中文的教材。因此，將來臺灣有關學術的書籍，可以透過香港傳到大陸去。②大陸要從事建設工作，需要「臺灣經驗」作爲借鏡。例如，大陸上有一份相當重要的科學刊物，即曾轉載過臺灣「科學月刊」上一篇談論養猪問題的文章，只要臺灣在學術上眞有成就，大陸在建設過程中，就必然要學習臺灣已有的成就和經驗。③臺灣近年來在文學藝術上的成就，逐漸得到外國學者的肯定，而在他們的著作中加以引用，甚至將臺灣作者的作品全本譯成外文。因此，將來也有可能，借着外國學者的譯介，再透過大陸在國外採購的途徑，流傳到大陸。

這樣方式的「文化反攻」，可以向全中國的人證明，臺灣今天的模式，不但在政治及經濟上可以有很好的發展，在文化上亦復如此。特別是在臺灣與大陸的長程競賽中，社會文化工作的重要性，更不可忽視。

最後，再談到海外工作的問題。大陸在還未實施四個現代化政策前，是隱藏起來不讓外人觀看，但自實施某種程度的現代化政策後，有些地方便遮掩不住，讓人多少有了認識。有些過去對大陸存有幻想的中國人，在看清眞相後，慢慢了解中共走的是一條不會有結果的路子，也體認到他們對中共過去的幻想和期望，都是不切實際的。這些看法改變的海外中國人，便轉而重視臺灣，期望臺灣。從這點可以明白，今天海外的情勢，對臺灣十分有利，政府在海外的工作也應比以前要更有信心，更採攻勢，也更要開濶。我個人對今後的海外工作，也有四點意見提供當局參考。

一、政府應有開大門走大路的決心和作法。對於那些不是很明顯與臺灣敵對的人，應該歡迎他們回臺灣看看，提供國是的意見。有人也許會恐懼因此而讓別有用心者滲透進來，但與大量收攬人心的成果相比，這層顧慮便顯得微不足道了。更何況，即使有少數人滲透進來，在臺灣這樣的社會環境中，也不可能發生什麼作用。

二、政府要有既往不咎的寬容精神。過去，有些人在海外發表過不利於臺灣的言論，或者有明顯的左傾行爲，如果他們現在的看法和態度有所改變，政府便應在某種程度下接納他們，不要再貿然繼續排斥他們，把他們劃在圈外，而造成國家的損失。

三、政府應該歡迎去過大陸的人來臺灣比較一番。有些人過去對大陸很嚮往，態度也很激進，並且去過大陸很多次，但當他們發現大陸的缺點後，便想來臺灣看看。政府對於這種人應該歡迎他們入境，我們不怕和大陸比較，只要有比較，對我們都是有利的，會得到更多人對臺灣的好感和支持。香港有一位很有成就的社會學者，曾經去過大陸觀光及從事研究工作，不久前申請來臺參加一項學術會議時，竟以找不到旅館的理由，而受到拒絕。這種作法難免會引起無謂的猜測，必須重新檢討。

四、政府要有「不是敵人，便是朋友」的胸襟。海外工作單位每次邀請當地人參加雙十節酒會時，對受邀者名單的擬定都過於謹慎，很多人因爲沒有受到邀請，而發生誤會或猜測，甚至還有人因此不敢回國。事實上，這種結果的造成都是因爲主其事者過於保守謹愼，千挑百選後，固然邀請了一些人，但同時也得罪了更多的人，這種代價實在太大。

再以國建會的召開來說，海外多數人都將這項短期性的會議，視爲小型的國是會議，不同意見的人可以在此交換對國是的看法，提供政府參考。但演變至今，很多海外人士却誤解當局只是邀請「自己人」回來開會，失去了博採衆議的原意，尤其是受邀參加國建會者的名單，並不加以公布，更在海外引起了各種揣測及批評。因此，政府除了應當考慮參加國建會人士的代表性外，更應及早公布受邀者的名單和簡歷，以對海外中國人發揮宣傳的效果，更可因而化解海外人士對政府的誤解。

以上各項意見，是自從中共在中美斷交後對外發出統一中國的統戰口號後，我在海外聽到的一些意見與見聞，和個人對這個問題思考後的一個歸納，希望政府能透過各項因應的措施，使臺灣在中共統戰的壓力下，不僅能够屹立不搖，甚至可以反過來產生一個更大的壓力，逼使大陸逐漸朝向我們的模式改變，這點用心和期望，相信是每一個有理性的中國人的共同看法。（本文係王健壯先生根據本人口述撰寫而成，特此致謝）

（原載「中國時報」，民國六十八年五月二十四、二十五兩日，第二版）

附錄一：我們要充分肯定自己

以「中國模式」對抗馬列模式

魏兆歆

閱貴報楊國樞教授大文，有五點意見，七點感想。先說意見：

一、楊教授提出「臺灣模式」作號召，我認爲不如改爲「中國模式」。臺灣模式較有地域色彩，格局也較小；應該以「中國模式」來强調我們的正統性，以對應於中共的馬列模式。

二、楊教授將統一分爲「立即統一」、「將來統一」兩類，我以爲不宜把統一用時空的觀念來區分。統一問題牽涉複雜，包含了制度及人民需要等多種層面，我們不須爲它定時間表，也不以地域（臺灣模式）爲標榜，而應中國人在水到渠成的狀況下自然統一。

三、臺灣的成就目前已被所有中國人肯定，我們今後的發展更應顧及全面，不僅在經濟上好、政治也要好，在社會開放、教育文化進展上更要好。我們應特別强調全面性建設。

四、楊教授提及在文化上要採攻勢，我認爲文化無所謂攻、守，而應是融合的問題。我們既强調在文化上居於正統，就應發揚中國文化在包容力上的特性，一方面吸收，一方面消化，一方面選擇。

五、楊教授希望中共認同「臺灣模式」，我認爲不易做到。中共政權若認同我三民主義，它就不再是共產黨了。旣不能期待他修正，我們還是要設法剷除馬列共產主義。

另外，我有數點感想：

一、今後大家都重視我們的發展，我們應該建立自己的標準，來衡量自身與中共政權的對比性，不能只强調生活比它好。這個標準不應是歐美式的，更不應是共產式的，而是我們自己的標準。大家應在這方面努力。

二、民主、自由與人權是大陸同胞最需要的，我們的「中國模式」雖不盼中共認同，却希望大陸同胞心嚮往之，然後再由他們去推翻中共政權，這才是實際可行的捷徑。

三、我們在建設自己的社會，觀念上仍須修正。目前社會上仍流行情、理、法的作法，應該改正爲法、理、情，這樣才能强調法治的重要性。有了法治，推行現代化更將事半功倍。

四、二十世紀是共產主義與民主觀念激盪的時代，二十一世紀却必將是三民主義抬頭的時代。我們應把眼光放遠，不要只看到臺灣的一千七百萬人，更應注重整個中國歷史文化的延續。這樣看問題，才能正確瞭解臺灣存在的價值。

五、前一陣子海外華人有認同、回歸的說法，我們應强調認同回歸不是針對政權，而是針對歷史文化。我們不只代表臺灣，而是代表中國的歷史文化。

六、過去海外中國人嚮往强大祖國，如今他們觀念已修正，瞭解到强大的祖國不僅在於人口、面積，不僅在於形象與表面强大，更需要在制度、文化與生活水準上强大，這種心態上的改變，政府應充分把握，指出强大不在大小，而在進步的制度與現代化。

七、民主憲政既是中國模式的重要內涵，我們對內應注意民主法治的均衡發展。愈是民主的開放社會，對異己的容忍力愈須加强，政府應充分容忍，才能適應社會變遷；當然，愈民主的社會，法治也愈重要，如此才不致因容忍而帶來惡果。

總之，我們處於目前狀況，應充分肯定自己的存在價值，更應對自己的制度有信心，把眼光放長放遠，挑起未來中國的責任。

臺灣好，臺灣要更好

鍾達樸

拜讀了貴報刊登楊國樞教授的大作——中國必須統一於「臺灣模式」之後，甚爲欽佩，其論據與意見均能切中時勢，發人深省。本人現就其中若干論點，提出一些淺見，希望能對楊教授大作有所補益。

首先，楊教授說，現在大部份的中國人都認爲中國的統一不應經由武力的途徑。這點本人深表贊同。竊以爲，中國之統一，務必先考慮國際情勢的反應。美國學者普松尼（Possony）在一次參院秘密聽證會中曾指出，蘇俄對中國有一套大戰略：它要把中國東北納入其控制之中，用東北的資源開發東西伯利亞，以代替路途遙遠來自歐俄的資源。將內蒙與外蒙合併。新疆併入蘇俄的東土耳其斯坦，加盟共和國。西藏獨立。青海西康自治。漢人退到長城以南傳統漢人的居住區。因此一旦中國發生內戰，蘇俄大軍一定會乘機下東北、內蒙、新疆。而印度會要求西藏，越南會襲擊廣西、雲南一帶，甚至美國日本之居心皆不可測。基於這樣惡劣的國際環境，中國的統一不能够以武力來達成。否則就算我們光復了福建、浙江或其它幾省，俄軍佔領了整個華北、東北、西北，中國又有何前途？同樣的，中共若渡海來犯，也必然給蘇俄可乘之機。因此唯有中國人自己覺悟，推翻共黨或共黨質變後，再經由民主方式和平統一，方是正途。

其次，楊文主張臺灣不能僅以經濟成就沾沾自喜，應在政治上更民主更法治，在文化上更精緻，才是吸引大陸民心的法寶。此一論點甚爲正確。現在不少人甘於讓臺灣作土財主，作暴發戶，口口聲聲拿這點經濟成就自我陶醉。事實上我們若要說服、吸引甚至領導大陸知識份子，就應在文化表現上更上層樓。目前我們的文化表現，無論在氣魄、深度、歷史意識和宇宙觀方面，都還有待加强。我們只有更高明、更精緻，在中國統一於「臺灣模式」之後，中國才更有希望，更有前途。

此外，在政治建設上，我們常常把自己的民主與法治程度與大陸相比，就覺得非常滿意，這是不長進的態度。國家與人一樣，要同最好的比，不能與差勁的比。不錯，我們較大陸民主自由得多，但是只有更民主，更進步，才能更吸引大陸同胞。

最後，楊文提出應避免「臺灣國意識」的看法，特別值得注意。目前我們一切建設與表現只有把眼光投向大陸，把此地的經驗當作建設大陸的藍圖，我們的存在才有意義。「臺灣國意識」不但應避免，更應加以批評防範。更何況此意識，多少是帝國主義者所鼓吹和希望的。

我們要走得穩，走得快

李中明

無疑的，楊國樞教授的「中國必須統一於臺灣模式」一文，是近兩個月中最受人注意及關切的政論。

自滿清被推翻、中華民國肇始以來，「中國統一」這個問題，一直縈繞在每一位知識份子的心頭，因為在過去六十多年期間，由於各種內憂及外患交襲，中國可說鮮有一日處於眞正的統一狀態。

過去討論「中國統一」問題的文章並不少，但皆無楊教授的「臺灣模式」主張來得具體。不過，「中國必須統一於臺灣模式」的口號雖響亮而具體，但什麼是「臺灣模式」？是不是臺灣的一切現狀（政治的、經濟的、社會的、文化的）就足以做爲統一中國的「臺灣模式」？楊教授並未在該文中提出整體性的實質意見。

楊教授以「臺灣模式」統一中國的概念，雖嫌籠統，但他顯然指出，民主法治是統一中國的「臺灣模式」的最重要條件。我想，這也是海內外知識界一致的看法。

在中共提出統一的口號之後不久，我曾在「紐約時報」上看到中央研究院院士余英時教授的讀者投書。這封投書的大意是：中共的統一口號是空泛不實際的，中國的統一正途絕非是透過武力的，而是應該經由臺灣海峽兩岸人民的民主法治努力予以完成。

目前，大陸和臺灣的中國人民生活在兩種不同的制度中，而這兩種制度還在彼此互作競賽。值得注意的是，大陸上已爆發一股爭民主法治的潮流，而這股潮流却遭到了中共的强力壓制。

就這三十年來臺灣的政治經驗而言，有一項事實是無法否認的，即臺灣確實提供了民主法治實施的可能性，這是最值得珍惜的發展。對知識份子來講，這是他們支持政府的最重要因素。

中國必須統一是海內外中國人共同的看法。臺灣目前確實朝着民主法治的道路上走，它走的道路是對的。不過，我認爲，臺灣不但要走得對，還要走得穩、走得快。「穩」能使臺灣立於不亂；「快」則能使臺灣制敵機先，及早解救大陸同胞。

（原載「中國時報」，民國六十八年五月二十七日，第二版）

附錄二‧國家目標與實施步驟

——從楊國樞教授的主張談起

蔡政文

拜讀楊教授日前大作，深感精闢。他的看法大致上可分爲兩部分：第一部分討論國家的目標；第二部分提出實現上述目標的作法。無疑的，所有中國人對中國未來的前途都非常關心，同時關心之餘，也都會比較臺灣海峽兩岸的中國，在政治、經濟、社會與文化的成就。誠如楊教授所說的，凡去過大陸又曾來臺灣的海外人士，都會覺得臺灣的成就超越中共甚多，其實連外國人士也都有這種感覺，他們均珍惜這些正繼續發展的成就。因此，如果要實現統一的目標，除非中共向「臺灣模式」認同不可。那麼什麼是「臺灣模式」？楊教授在大文中未明確的界定，但這不難勾劃出大致的輪廓。它大致是在政治上施行自由、民主、法治及保障人權的多元政體；在經濟上是增進人民福祉的均富經濟；在社會上則是保障社會公平、照顧大多數羣衆的平等社會；而在文化上是着重生活品質、延續中國文化精神的均衡文化。儘管我們尚未完全達成上述三民主義所要實現的目標，但我們正朝向這些目標邁進，如能迅速邁前，必予中共更大壓力。所以，要實現統一的目標必須注意實施的方法與步驟。

「臺灣模式」最具號召力

統一固然是中國人的願望，但問題是由誰來統一、在何種條件下統一。歷史的使命、民族主義的感情雖然使不少人希冀中國的立卽統一，但理智告訴大家，生活方式與未來的遠景重於一切，唯有自由的生活方式及自由民主的社會才能滿足人類內心的需求。中共統治三十年來的大陸，根本無法與臺灣比擬，自由的生活方式絕非抽象的感情所能取代。

誠如楊文所指出，海外人士都不希望以武力統一中國，其實外國人士也具有相同的看法。假定臺灣海峽兩岸的對峙局面仍繼續僵持下去，而未發生戰爭，同時也假設雙方進行社會體系優劣的競賽，則無可置疑的，兩邊社會推動工業化的結果，必然會因共同文明淵源——工業文明與傳統文化，趨於相似。尤其中國大陸將因人民生活程度的提高，經濟社會結構的多元化，產生文化的需求，人民勢必起而爭取自由，中共當局被迫非自由化不可。

然而，政治制度也有其獨立性，它可制止自由化的要求，或僅局部自由化如蘇聯與東歐國家一般，可是從長期看，中共無法永久壓抑人民的要求，更何況還有臺灣進步的情形予其壓力。

他方面，中共的經濟制度也將因工業化而呈現其計劃經濟的缺陷。它將無法滿足人民的日常需要，而被迫須借用其他經濟制度來改善其生產制度，正如蘇聯在一九六四年所進行的改革行動，以便滿足人民需要，並進一步提高國民生產量。

在這種情況下，我們相信臺灣在同一時期將更進步，而予中共發展的借鏡。在政治制度上，我們的自由民主政體將成爲中共自由化的催化劑，大陸人民將以向臺灣看齊爲口號，迫使中共不得不向自由化演進，否則它將被人民所推翻。同時在經濟制度上，我們的經濟型態將提供中共改善制度的範本。

因此，只要中共向臺灣學習，採用臺灣的建設方法，則中共的社會體系將趨向與臺灣接近，甚至相似。換言之，滙合的客觀環境將逐步形成，有利於我們統一目標的實現，以後的問題就只存在於主觀的行動。由此可見以「臺灣模式」統一中國並非不可能，一切端賴我們的實施方法。

實現統一的目標首須固本

從上所述，統一的目標並非一蹴可幾的，要中共向「臺灣模式」認同也非短期間所能產生的。但中共推動現代化，儘管無法完全成功，局部成功也將拉近他們與我們之間的差距，所以假如我們不進步，則這種差距的縮短，將使我們的國家目標越難實現。因爲要中共認同於「臺灣模式」是假定我們的社會體系優於中共，而且這種優勢必須維持相當時期，直至它們向我們認同爲止，也惟有此一優勢才能鼓舞大陸同胞勇於爭取自由，並予中共政權强大的壓力。因此，實現統一的目標首須建設臺灣、鞏固臺灣，使臺灣實現「臺灣模式」的內涵。

從推動民主憲政建設做起

既然要實現國家統一的長期目標，必須建立一優勢的社會體系，所以，除了繼續目前有效的經濟建設及公平的社會分配外，繼續推動民主憲政的建設乃是必要的步驟。我們下面將提出幾項建議，做爲有關當局及國人的參考：

㈠觀念上：

⑴對自己的成就要有信心，但不可滿足於現狀。三十年來，我們在政治、經濟、教育、文化、社會都有長足的進步，爲中外人士所肯定，但我們自己也要肯定自己。經濟建設不用說，我們的政治建設也逐漸趨向「羣衆型的自由」。我們的選舉制度也逐步走上軌道。尤其教育的普及，提高了人民文化水準，並有獨立的判斷力與强烈的政治意識。也因這些成就使我們建立一優於中共的社會體系，所以我們應對這些要有信心，不要以爲是廿多年前的臺灣。但我們絕不可滿足於現狀，因爲我們尙未完全實現三民主義的目標，必須繼續努力。

⑵三民主義的自由民主政體必可施行於臺灣。迄今尙有些人認爲面對强敵不宜徹底施行民主憲政，這是不正確的看法。過去卅年來，政府在惡劣環境中猶能致力於民主建設，而今天臺灣的經社與文化條件均勝過往昔；我們的經濟建設，提高了人民的生活程度，我們的社會結構產生了廣大的中產階級，我們的社會張力逐漸減弱，尤其我們的教育與新環境使人民養成較現代化的人

格，所欠缺者僅是民主行爲的習慣。這些都是有利於自由民主的逐步施行，目前一些看似緊張的局勢，僅是過渡現象而已。

(3)應該要有「毋忘在莒」的精神，不可好高鶩遠。我們希望以「臺灣模式」統一中國，但這並非一心只想大中國，而棄臺灣於不顧，就可實現目標。一切必須踏實的由臺灣先經營，才能渡海進而建設大陸，所以，應有「毋忘在莒」的精神。

(4)在突破內外現狀上，宜以現實主義的精神，採取彈性的策略，楊教授在這方面已有申論，不再另述。

增加人民意見的上達管道

(二)作法上：

(1)培養全國上下具有民主的行爲習慣：卽使目前由於社會變遷而使新生代有獨立的判斷力與較現代化的人格，但必須培養全國上下習於民主行爲，才有可能使民主政治制度正常的運作。除了一些小團體的公民訓練外，選擧可說是最實際有效的訓練方法。執政黨在選擧過程中當然會受到在野者的批評，所以如果執政黨能夠容忍異己之見，而在野者能提出具體事實的批評，則雙方將能逐漸養成民主政治中應有的理智行爲。而選民在聽政見發表會如能在不合己見的情況下，仍能心平氣和、不喧嘩，則可說是一大進步，民主政治貴在容忍與妥協，一切訴諸於選民的決定，但這需經長期訓練的。

(2)增加人民意見的上達管道：教育普及增強人民的政治意識，再加上與國外的接觸，人民易於獲悉有關消息，使他們日益關心國是問題，所以輿論更積極的參與是有必要的，一些與執政當局持不同意見的發表，將更有助於當局的決策。另外類似國是會議的舉辦，固然邀請海外人士貢獻意見有其必要，但最重要的還是多邀請國內各方人士參與，將更能獲得具體的意見，而有助於集思廣益。

(3)須使民間團體發揮功能：民間團體是政治體系的行爲者，也是經濟建設中的「加速器」，人民利益的維護有賴民間團體的行動，而政府如要獲悉人民實際需要以便制定有效方案，均須使民間團體發揮功能，更何況今後它在實質外交上也扮演重要角色。所以民間團體在業務上須朝技術性、專門化的方向努力，在行動上培養主動與鍥而不捨的精神，在工作態度上以維護與爭取會員利益爲行動準則，而積習已久的民間團體弊端有賴政府與各該團體努力改善。

(4)中央民意機構宜廣增國內新血輪，使其發揮功能：目前政府當局正在研擬方案，我們希望民意機構能廣泛的表達現階段的民意，並有足够的活力密切注意現實問題，監督政府的執政。

綜觀上述，如果要以「臺灣模式」統一中國並非不可能。但要使中共認同於「臺灣模式」的目標乃是長期性的。爲實現此一長期目標，首先必須建設臺灣，使臺灣的社會體系繼續超越中共。而對中共最有效的壓力，則在於我國繼續推行民主憲政。(作者爲臺灣大學政治系敎授)

（原載「中國時報」，民國六十八年五月三十日，第二版）

附錄三：為中國的統一「模式」正名

——給楊國樞教授的一封公開信

許承宗

楊教授大鑒：

拜讀中國時報所刊出的訪問，對臺端的種種看法頗表敬意。站在一個中國人的立場，當然希望中國好，希望中國强，希望中國不要再打內戰。因此，對於中國的和平統一舉雙手贊成。

現在大家流行談「模式」，中國的和平統一究竟要採取何種「模式」進行呢？

臺端提出了「臺灣模式」，建議以我們現在的生活方式及民主政治向大陸人民號召，希望大陸逐漸改革進步，從而向我們學習而臻於一致，則統一可以在極自然的方式下完成。

這種構想，大致上是可以被一般人所接受的。

但需注意的是，「臺灣模式」這個口號本身尚有許多內在缺點，本人願借此提出，俾藉相互討論而更能增進國人的認識。

首先，「臺灣模式」本身定義不明。如廣義的包括政治、經濟、文化等各方面，則「臺灣文化模式」這個名辭就有問題。

如衆週知，臺灣的文化，不論在過去、現在，以及將來，都無法脫出中國文化而獨立。因此「臺灣模式」在廣義上無法成立，不如改為「中華民國模式」或「自由中國模式」，比較恰當。如指狹義的「臺灣政治模式」，則臺灣僅是中國一個行政區域，臺灣政治僅指地方行政，何能為中央政治的模式呢？倒不如乾脆堂堂正正，就事論事，將中華民國行憲政府在臺灣實施民主政治成功的例子，稱為「中華民國模式」或「自由中國模式」來得更名正而言順。

其次，「臺灣模式」這個名詞極容易使人誤會為民國卅八年後的臺灣方有理想的模式。實際上，這種模式是有淵源的。

它源自　國父手創的三民主義、五權憲法（觀念方面）

它源自中華民國行憲政府的成立（實施方面）

如果我們翻一翻近代史，問一問老一輩的人，就可知道，在抗戰前的一段日子，國民政府曾埋頭勵精圖治，想把中國建設成為一個和平而繁榮的大國，那時，大學教授及一般公務員的收入及生活都相當穩定，「新生活運動」亦給國家帶來蓬勃的朝氣。若不是日本發動侵略，共匪武裝叛亂，我們國家早已建設成為一流强國。卅八年後，政府將這理想帶到臺灣，雖面對內憂外患，仍努力使其實現。

所以，在我們以臺灣的繁榮為傲，提出「臺灣模式」之時，我們尤應想到，我們今日所以有此，是民國建立以來，多少先烈前賢所一點一滴血汗累聚而成，一個一個階段逐漸達到的。

這種模式，如果我們稱它為「臺灣模式」，似乎太過漠視歷史事實，漠視先人所作的貢獻，亦太過漠視前後一致的連貫性。

許承宗 上

（原載「中國時報」，民國六十八年六月三日，第二版）

沉潛致遠・以小化大

——當前幾項基本觀念的檢討

美國與中華民國斷交以後，由於外在情勢的激變，社會上不免產生了不安的反應。其中有些特別敏感的人士，信心喪失，見異思遷，私下做着一走了之的打算。也有的人們，雖無他適之心，却對臺灣生存發展的未來意義，缺乏切實的了解，因而也失去了堅持奮鬪的意志。過去二、三十年的努力與成就，雖然已使我們的社會及大衆具備了深厚的定力，但如政府未能及時加以適當的肆應，局部的欠穩傾向，便可能演成整體的動搖現象，到時如果社會上都是人心惶惶，事情就不好辦了。

事實上，臺灣的前途大有可爲。其當前的自保與生存固無問題，其未來發展的模式，更可據爲統一中國的藍本。當此疑惑易生之時，政府應以更積極的想法與做法，顯示實現未來目標及理想的決心，以使社會大衆形成堅實的安全感與理想心。要達到這個目的，必須先行突破一些觀念上的限制。下面將就幾項基本觀念，略作分析與檢討，以供有心人士參考。

消除船上意識

過去，我們朝野人士都愛把臺灣比作一條船，而且是風雨飄搖中的一條船。打這種比喻的人士，原是懷有積極的目的，希望藉着「風雨同舟」或「同舟一命」的感懷，激發和衷共濟的心意。這個目的當然是好的。但是，經過一再的强調以後，「船的影象」愈來愈强，影響所及，一方面固然可能已經產生了「和衷共濟」的功效，另方面却也形成了一種出乎意外的社會心態——「船上意識」。這種意識的特點是飄流浮蕩、心不落實，在重大事情上不做長遠的打算，對環境與未來也缺乏「操之在我」的決心。

最近幾年來，由於公職選舉競爭漸趨激烈，分殊歧異的意見與行爲時有出現，敏感謹愼的人士不免憂心忡忡，常常提出一種「小船理論」，把臺灣說成驚濤駭浪中的一葉小舟，任何人在艙內踩踩脚，都有導致翻船的危險。這種理論是叫人小心謹愼，立意當然也是好的。然而，這種說法却益發增强了船上的意識，而且是一種生活在小船上的意識。

「船上意識」使人有缺乏重心與實力的感覺，遇事得過且過，不肯力耕深植，避免沉潛做法。在這種心態下，人們易於形成一種「外控的態度」，感到自己的現在與未來，都是操之在變幻莫測的「海洋環境」。於是，聽天由命的消極心情油然而生，頓覺人算不如天算。有了這樣的想法，便會只求近功快利，不重久遠的目標與理想。

顯而易見，對於臺灣當前的情勢及未來的前途而言，「船上意識」確是一種不利的社會心理，應該設法予以消除。强調和衷共濟是應該的，但却不必過於借重船的比喻。臺灣不是一條「船」，我們的大衆也不是「乘客」。臺灣是一塊堅堅實實的中國陸地，我們是一羣認認眞眞的中國人民，大家要一起脚踏實地，好好在此爲創造民主中國的社會與生活而努力。

避免恐懼情緒

「船上的意識」已經是有礙於穩定感的建立了，而眞正破壞大衆自信心的，却是「淪陷意象」與「逃難心態」。

無可否認，長久以來的反共教育及宣傳，確已產生了相當的功效。不過，由於過份强調中共殘暴行爲的描述，在社會大衆間不免形成了强烈的「恐共」情緒。結果不僅難以培養「勝共」的決心，甚至削弱了反共的意志。畏懼的情緒，最能瓦解鬪志。

自從高棉與越南等國淪陷以後，棉共與越共倒行逆施，製造了種種殘酷的事件。基於宣傳的理由，此間的大衆傳播工具曾大事報導，甚而將越南難民的血淚故事編成專書，鼓勵在校學生研讀，以使大家了解共黨統治的本質。這種做法有其道理，也能產生相當的正面效果。但是，在這一類的宣傳活動中，强調恐怖與苦難的程度如果超過某一限度，便會造成過份强烈的恐懼情緒。社會大衆原來就有「船上意識」，加上美國與中華民國斷交的情境因素，這種情緒便很容易喚起「淪陷」的意象，進而形成一種不安於此的心態。

更清楚地說，這種不必要的恐懼情緒，至少可能產生三項不利於臺灣安定與發展的社會心理：

第一，「淪陷意象」足以激發「逃難心態」。這種不安的反應，使人心有別鶩，暗中另作打算。影響所及，起碼在某些社會階層，已經形成了所謂的「牙刷主義」。有些人想盡了辦法，在國外為自已及家人預做居留的安排，並運用種種方法將資財移轉海外，以便「必要時」一走了之。有的人甚至利用經濟犯罪的手段，在此大撈一筆，然後遠走高飛。

第二，過强的恐共懼共的情緒，會增長他人的威風，減滅自已的志氣。如此則思想消極，缺乏勝共的意志，進而還可能造成失敗主義。在這種情形下，人們會對臺灣未來的前途觀念模糊，難以形成積極的長遠理想。

第三，恐懼的情緒會使人在心智活動上發生退化現象，進入比較原始的狀態。根據現代心理學的研究，人類的動機可分好幾個層次，其中有的水準較高，有的則較低。高級的動機會引發高級的行為，低級的動機則激起低級的行為。在强烈的恐共情緒下，人們所缺乏的是安全感，因而在生活中最有支配力的是追求安全的心理需要。這是一種水準或層次很低的動機，所引發的都是比較低級的活動，如逃避行爲、攻擊行爲、自衞行爲及追求金錢與享樂的行爲。由於缺乏比較高級的動機，創造性與深潛性的心智活動，便不易蔚成主流。也就是說，這個社會如果是由惴惴不安的恐共情緒所支配，那就不易發展出一種素質高超的生活方式，也不會形成一種深厚精緻的文化型態。

由此看來，畏懼恐惶的情緒，對臺灣當前的穩定，以及未來的發展，都有相當不利的影響。因此，在反共的宣傳策略上，便不能不十分愼重。當然，使社會大衆充份認識共黨統治的本質，是非常重要的，但在作法上却不宜過份訴諸恐懼情緒。報導共黨暴行的目的，是希望民衆改變對共黨的態度，從而產生警覺之心。在態度的改變中，最重要的是認知改變，但當恐懼之心太強時，情緒活動壓抑了認知活動，態度改變的效果反而不好，最後所引起的將不是積極的警覺戒愼，而是消極的驚慌畏縮。

爲了避免這些不利的情形，在從事有關的宣傳工作時，應該注重事象的客觀分析，並使之概念化或理念化，以激發大衆的認知活動；要儘量少用過份聳人聽聞的表達方式，以免引起太强的情緒反應。在與美國斷交以後的相當時期內，在這一方面尤應特別愼重。否則，把大家嚇破了膽，事情就不好辦了。

顯示充滿信心

臺灣已有足够的實力，以求自保與發展。但是，處於當前的內外情勢，社會大衆却需要在主觀上增强信心。由於客觀因素的限制，直接提高民衆對臺灣前途的信心，並不易爲。信心是可以傳染的，較好的途徑是先由政府與民間的知識份子表現出充分的信心，然後再擴散到整個社會。幾十年來，社會大衆已經習於倚重政府，因而後者如能對未來顯示充份的信心，前者便也會具有信心。在這一方面，政府過去已有相當的表現，今後如能在以下四方面繼續努力，成效當會更大：

第一，多做長遠打算。表現信心的最好做法，是顯示政府凡事都有長遠打算，都有長期的計劃。過去，政府已很能把握這個原則，歷次的經濟發展計劃，十大建設計劃，文化建設計劃，以及主要都市發展計劃，都是很突出的例證，皆已發揮了顯示信心的作用。但是相對地，在民主憲政的拓展方面，却少等量齊觀的發展計劃，予人以過渡時期一仍舊貫的印象。一些與長遠打算最有關涉的基本問題，如政黨政治正常化與中央民代更新化，都是久懸未決的重大事項。政府要想更進一步表現出長遠打算的信心，理應在這些項目上多做努力。其中政黨政治正常化一項尤其重要。當然，由於一些現實因素的限制，政黨政治的實踐不能躁進，但却也要時時表現漸進的努力與成效。

臺灣社會的發展，及人民素質的提高，已經形成了一種政治參與的迫切需要，而想滿足這種普遍而深入參與的需要，捨正常的數黨和平運作，實別無他途。當局應愼審大勢，體認理性而成熟的數黨政治是安定和平與反共勝共的唯一保證。當此之時，不僅應鼓勵已有的青年黨與民社黨恢復活力，而且也要容忍人民從事正大光明的組黨活動。如此則一切政治參與都可在陽光下進行，任何人想走偏鋒，都將難以獲得民衆的支持。一旦有了法定的正常政治參與之途，種種乖戾偏頗的可能發展，都將消弭於無形。也只有如此才能使政治及社會權力的分配，達到一種動態的均衡境界，以創造一個眞正穩定而又有動力的安和樂利的社會。在數黨政治的正常運作中，執政的國民黨可以經常受到刺激與考驗，自易產生更新的蛻變，發揮更大的活力。

第二，多採開放做法。我們的政府一向標榜開放社會的建立，藉以對抗中共的封閉社會。去年的開放觀光旅遊護照，及今年的開放雜誌刊物登記，都是開放做法的例證。這些措施公佈實行後，在海內外普遍獲得好評，咸認是很有自信心的表現。有些人士甚至用「成熟作風」來加以形容。由此可見大家對開放做法期望之殷，政府若能貫徹既定的原則，漸次在其他方面多所開放，定必更能予社會大衆的信心。

第三，表現成竹在胸。政府的種種表現，都會在不知不覺間對民衆產生暗示的作用。政府在各類事務上若能表現得胸有成竹（而非胸有成見），便會在社會大衆間形成定力，使他們對政府產生信賴感。在很多方面，政府過去已能予人以胸有成竹的印象，但在有些事情上，却也使人有相反的觀感。例如，在用人方面，政府高層官員及黨部高級幹部，時有調動頻繁的現象，好像坐未暖席便又改任他職。這種情形不禁使人想起籃球比賽的例子。在兩隊比賽時，如果其中一隊頻頻叫停換人，觀衆不僅會懷疑該隊調兵遣將是否胸有成竹，甚至還會誤會該隊賽事不够順利。我們所擔心的是，政府及黨部高層人員調動過於頻繁或任期過於短暫，也會使民衆產生同樣的懷疑與誤會。

第四，改採攻勢作風。面對中共的統戰策略，政府應改守勢爲攻勢，變被動爲主動，對方提出令人難以實行的做法，政府也可提出對方不能接受的條件，基本的運作方向，是堅持自由、民主、法治、人權及均富的建國模式，據爲統一中國的張本。

借助民間諍言

政府而外，在增强民衆信心方面，民間的知識份子也可扮演舉足輕重的角色。在平常時期，知識份子是社會的良心；在特殊階段，知識份子是社會的砥柱。由於他們具有敏感的心靈，遼濶的知識，分析的能力，及强烈的正義感，常能穿透事象的表面，撥開變幻的迷霧，掌握基本的事理，從而擇善固執，穩若磐石，成爲社會的定力。當此之時，我們的知識份子特別應該發揮理性的光輝，以冷靜的態度，從事獨立的思考與判斷，爲臺灣及全中國的前途尋找出路。作爲理性化的理想主義者，我們的知識份子應該努力闡揚大家在此生存及發展的意義，以幫助民衆袪除種種消極的心理因素，進而建立積極進取的社會心態。

另一方面，我們的知識份子也要本諸良知良能，爲政府與社會善進諍言。當此懸疑困惑之際，社會的發展方式，國家的未來前途，隨時都會出現前未之見的情況，遭遇艱困待決的問題，政府縱然有能，也未必能面面俱到，萬無一失。經過卅多年的生聚教育，民間已是濟濟多士，他們的所知所見，常有一得之愚，發爲言論，足可供作政府參考。更況，民間的知識份子來自各種階層，寄身各個角落，代表着不同的社會觀點與團體利益。對於他們的意見，政府若能遍加採擷歸納，便易於偵知民間所好者爲何，所惡者爲何，從而集思廣益，必可獲得施政的最大效果。尤有進者，在重大的政治、經濟、社會及文化問題上，民間的知識份子間，常會利用大衆傳播媒介相互辯駁，其最後的討論結果，尤有參考的價値。

在一個追求民主的社會中，民間知識份子還可發揮一種更重要的功能，那就是對政府的監督作用。此時此地，我們尙無能够發揮正常功能的在野黨，影響所及，原應職司監督政府施政的各級議會，並未充份產生這種作用。在此過渡階段內，民間知識份子的言論，正可補救議會功能之不足，發揮部份的監督功能。也就是說，當此民主政治有待發皇之時，民間的知識份子雖無議會所擁有的權力，但却可透過大衆傳播媒介，以訴諸衆意的手段，對各級政府發揮監督性的壓力。

就民主政治的實際運作而言，民間知識份子的這一功能，當然是相當重要的。瞭解了以上的社會角色與功能，我們的知識份子便應把握時機，爲人民之喉舌，爲政府之諍友，知無不言，言無不盡，以善盡自己的社會職責。只要是理之所在，官方愛聽也好，不愛聽也好，總要用良好的風度予以表達。最後當能形成清流，發揮促進國家社會進步與穩定的平衡作用。

沉潛以便致遠

在未來的歲月中，僅只化消極情緒爲積極信心是不够的，更重要的是善用有利的心理因素，從事沉潛致遠的做法，以圖未來能徹底解決中國問題。要想達到這個目的，我們必須在此建立一種整體制度，以近可安臺，遠可復國。這種制度應是在政治上民主化，在經濟上均富化，在社會上福利化，在文化上精緻化，在教育上開放化。這樣一套體制，則只有在自由、民主、法治的環境中，才有成長茁壯的可能。

多年以來，政府一直以建立民主社會爲號召，實是明智之擧，而事實上，這也是一般社會大衆的心願。至於知識青年階層，則更是民主體制的熱心支持者。最近，中國國民黨青年工作會委託中國心理學會，以一萬五千餘名大專學生爲對象，完成了一項調查研究。所得結果淸楚顯示，我們的青年大都認爲民主是最好的方式。例如，在問及最理想的政治體制時，選答人數最多的是美國式、西德式及英國式的政治體制，這些都是世界上最有成就的民主政體。在問及最可能作我國借鏡的國家時，選答人數最多的是以色列與西德。以色列是一個四面受敵的國家，西德則是處在分裂狀態的國家。但兩者却因認眞實行民主政治，渡過種種難關，獲得令人欽佩的成就。因此，知識青年之認爲我們應該以此兩國爲借鏡，實在具有重大的意義。他們的意見顯然表示，卽使對處於內戰或分裂狀態的臺灣，貨眞價實的民主政體仍然是最爲有效的政治模式。

朝野旣皆選定民主法治作爲安臺復國的整體制度，那麼在和平中朝着這個方向努力，便應當是最爲沉潛的做法。在民主政治的實踐方面，過去已有相當的成就，我們只要循着旣有的定向，繼續奮進，當可於數年內大有成就。眼前亟待解決的是中央公職人員選舉的恢復問題，所應考慮的主要是時間因素。原則上，應在年底中美協防條約失效後恢復，但太早或太晚均非所宜。太早則協防條約中止之冲激仍在，人心未定，進行「選戰」易生衝動；太晚則協防條約中止之影響已失，人心思進，若仍未恢復選擧，則民衆疑竇叢生，整體的理想必失。無論恢復選擧之時間爲何，理應在條約中止前予以公佈，如此則表示政府充滿信心，對一切都胸有成竹。這種不憂不懼的表現，足可安定民心，減少斷約所可能造成的不利影響。

以小可以化大

努力從事沉潛致遠的追求，假以時間，未來定可在臺灣建立起一套以人本精神爲基調的整體制度，創造出一種民主化、均富化、福利化、開放化及精緻化的社會文化與生活方式。到了那時，臺灣將是一顆質地高超的金鋼鑽，光芒四射，無堅不摧。

臺灣僅是蕞爾小島，不易以數量取勝，但若做到以上諸化，則必可創造質的優勢，而對中國大陸構成整體性的全面壓力，使大陸同胞覺得臺灣已經找到了徹底解決中國政治、經濟、社會及文化問題的答案。當此之時，大家夢寐以求的政治反攻、經濟反攻及文化反攻，便可水到渠成，莫之能禦。面臨這種情勢，共產黨人在中國所做的極權實驗，勢將爲大陸同胞所唾棄，而在政治、經濟、社會及文化上發生蛻變，逐漸轉化成臺灣所發展出來的整體模式。

總而言之，從今以後，只要我們能努力在此建立品質高超的民主、法治、均富及開放的體制，將來總會有以小化大的一天。到了那時，中國的統一問題自可迎刃而解，使全國永遠走上康莊的大道，中華民國也將從此永垂不朽。

（原載「聯合報」，民國六十八年六月廿五日，第二版）

肯定理性價值・民主是爲愛國

——由中泰賓館事件談若干政治人物言行的偏差

中美斷交以後，社會上某些政治人物所表現的情緒化反應，似有升高的跡象，不但有口頭上的爭論，而且還發生行動上的衝突。九月八日「美麗島」雜誌在中泰賓館舉行創刊酒會，「疾風」雜誌社的一些工作人員，以幾位反共義士爲首，則聚集了很多人在中泰賓館外面示威與責罵，情況混亂，後來出動大批憲警前往處理，僵持達五小時之久，頗引起社會大衆的關心。除此之外，部份黨外政治人士最近在國內及海外所發表的一些不甚得體的言論與文章，及逾越常軌的行動，都顯示了這些衝突的升高。這種情況如不加以疏導，任其繼續惡化下去，於社會的安定與和諧均將產生負面的影響。此地不但是我們安身立命之所在，也是我們的後代子孫謀求發展的基礎。我們都希望安定與進步，期能賡續發展。目前某些政治人物所表現的情緒化反應，顯與此一願望相牴觸。因此，我願意借此機會，表示個人的一些看法。

一

首先要談理性問題。

目前政治意識上的兩極化現象，一端爲黨外政治人士，另一端爲反共愛國人士。我個人不贊成用「左派」或「右派」這種名稱，因爲黨外政治人士不一定就是左派，而將反共愛國人士稱之爲右派，也不一定相宜。讀了這兩類政治人物所發表的文章，我個人的感覺是，他們兩方面都越來越沒有耐性，對理性逐漸失去信心，甚至對理性抱着輕視的態度。

有些反共愛國人士說理性是儒弱的，是不敢「迎擊」黨外政治人士的藉口，要不儒弱就應該「打倒」他們，「消滅」他們。

有些黨外政治人士也對理性抱着懷疑而保留的態度。他們認爲只有在公平、公正、公道的條件下，談理性才有意義。在强者無限制的壓制之下，讓弱者來談理性是沒有意義的。有人甚至擧正在被强姦的女子爲例，認爲叫她在這種情形下講理性，是不切實際的。

兩者的說法，初聽似乎都有道理，但仔細想想却經不起分析。

所謂理性應包含三個主要成分：①根據知識（包括法律知識），②合乎邏輯，③基於善意。所謂理性的態度或做法應該是以知識爲基礎，作符合邏輯的思考，而根據思考結果發爲言論或行動時，則應遵守善意的原則。此處所謂的「善意」是指無違於以下兩個條件：①有助於社會的安定與進步，至少不破壞社會的安定；②有利於其他個人、團體或整個社會大衆。如果所作的判斷、言論或行動，是以知識爲基礎，並作了符合邏輯的思考，但是却不符合善意的原則，則仍然不能算是理性的做法。

瞭解了理性的內涵，我們便可回頭來檢討兩極人士對於理性的看法是否能令人信服。

先談反共愛國人士的看法，若干反共愛國人士認爲理性是儒弱的。但是，理性是否眞如他們所說，是儒弱者的藉口呢？恐不盡然。從心理學上說，一個人有了强烈的情緒反應，最自然而容易採取的是攻擊性行動，而最難的是控制住自己的情緒，運用知識冷靜地了解情況，然後透過邏輯的思考，作出與人爲善的反應。這需要很大的克制能力才能做到。因此，眞正儒弱的應該是那些順應情緒而作反應的人，能抑制情緒而作建設性反應者才是眞正的大智大勇。因此，理性絕不是儒弱者的藉口。

而且，從另一方面說，情緒化行爲的結果，往往也惹來對方以情緒化行爲反擊的行動，很容易變成以暴易暴。所以，原始性的情緒化反應，於事不但無補，而且可能造成更不好的後果。

至於少數黨外政治人士的懷疑理性的說法，我們可以理解多少有其經驗上的背景因素，他們或許因爲過去曾經受過一些委曲而作這種認定。不過仔細分析起來，政治問題所涉及的層面與一位女性被强暴，在性質上與意義上大不相同，不能驟作類比推論。不同於强暴事件之僅只涉及個人，政治性的事務常會涉及廣大的民衆，而對整個社會產生極爲嚴重的後果。因此，從事政治活動者絕不可像被强暴的女子，輕言放棄理性。更何況，即使被强暴的女子，也應儘量運用理智，設計逃避暴徒的獸行，並繩之以法（以往不乏先例）。否則，如果過份激怒暴徒，恐怕連自己的生命都有危險。

不過，少數黨外政治人士提出此種說法，也顯示了另一個問題，那就是「能不能」理性與「應不應」理性的問題。站在社會公益的立場，我認爲執政黨應該對走正道的黨外政治人士多留一些廻旋的餘地，讓他們一方面覺得自己「應該」講理性，另方面也覺得自己「能够」講理性。也就是說，要改進使黨外人士能够講理性的客觀條件，儘量減少不必要的干擾，這樣才能化解與防止過份情緒化的反應。對於不走正道的政治人士，則應依法辦理，勿枉勿縱。

總而言之，少數反共愛國人士對理性的輕視不一定是對的；黨外政治人士對理性的懷疑也是同樣站不住脚，經不起分析的。無論如何，我們希望雙方都能忍辱負重，恢復對理性的信心與重視。有關單位與社會各界，也應在做法上加以配合。

二

其次要談容忍與讓步的問題。

我個人發現，有些反共愛國人士似乎認為自己才代表眞理，從最近他們所表現的一些行為來看，這種趨勢似乎越來越強烈。他們的動機也許很好，但行動似乎值得商榷。

從這幾位先生過去的背景來分析，由於他們都是反共義士，他們在一個封閉而一元化的極權社會中長大，對於多元化的社會，可能有些不太習慣。在一元化的極權社會中，只容許一種思想上的主流，凡不是主流者，都視之為異端邪說，都要加以消滅、打倒。但是，在一個多元化的民主社會中，只要在法律容許的範圍內，可有不同的思想、言論或行為存在，你也許覺得不順眼，但是他受到法律的保護，你不能加以干涉。這是多元化社會的主要特點之一。但是，就社會進化的過程來看，多元化的社會比一元化的社會更能合乎人性，更能發揮人們的潛能，也更能加速社會的進步。因此，我要奉勸少數反共愛國人士，希望你們能擺脫過去的習慣，設法使自己學習適應多元化社會的思考及生活方式。

當然，在多元化的社會中，並非不可對與自己不同的主張有所批評，但是此種批評必須在法律許可的範圍內行之，不可公開謾罵侮辱，更不能有過激的個人或羣衆行動。

一個自由民主法治的社會，容忍是必備的條件之一，對於與自己的觀點不相同的意見，應該養成樂於深入了解並能加以欣賞的習慣。我可以不贊成你的主張，但是我不能干涉你有那種主張，除非你的那種主張是違法的；更不能動輒以「打倒」或者「消滅」來發洩自己的情緒，當然更不能採取行動，否則你自己可能就先違法而要受法律的制裁。

社會上不同的意見，有的能爲大多數人所接受，有的則僅能爲少數人所接受。對於各種不同的意見，社會大衆有自我選擇、校正及淘汰的本事，只有少數人能接受的意見，久而久之，會受到淘汰，至少不會發生決定性的影響力。因此，對之不必太過緊張。

三

第三，要談愛國與民主的問題。

九月八日聚集在中泰賓館外面的人士中，曾有人在罩袍外面寫着「愛國有罪嗎？」的句子，這句話牽涉到若干基本概念的問題，應該加以澄清。

首先要說說什麼是愛國，我們不妨先對它加以定性分析。愛國包括三個層次：①愛國情操，包括對自己國家的認同感與愛好感；②愛國目的，包括使自己的國家不受侵犯及更形强盛；③愛國行動，基於愛國情操而爲達到愛國目的所做的行動。以上三個層次在概念上必須分開，否則很容易產生錯誤的結論。

愛國究竟有沒有罪呢？這要看從那一個層次去談。愛國情操是不會錯的，愛國目的也是不會錯的，但是愛國行動却可能有對有錯。我們翻開中外的歷史，可以找出很多「愛國行動最後變成誤國行動」的例子。歷史上多少次大規模的殺戮與迫害，主事者不也都是打着愛國的旗號嗎？然而結果如何呢？二次大戰期間，納粹黨徒都是强烈的愛國者（有强烈的愛國情操與愛國目的），結果不但把德國自己毀了，也使世界人類受到莫大的痛苦。戰前日本右派的軍國主義的軍人，都具有强烈的愛國情操與目的，所採取的愛國行動是對內極權、對外侵略，最後差一點亡國。你能說他們不是愛國嗎？

這一類慘痛的歷史教訓，眞是斑斑可考。羅蘭夫人曾經說過一句名言：「自由！自由！多少罪惡假汝之名以行。」如果稍作改動，把這句話改作：「愛國！愛國！多少罪惡假汝之名以行。」，應該也是非常妥貼的。

愛國的情操與目的是對的，但是愛國的行動則必須合理，如此才可避免對國家對社會產生不良影響。有很多極端的愛國主義者，往往說別人不愛國。其實，就個體發展的觀點來說，自小在國內長大的人是沒有不愛自己國家的。大家愛國的情操雖有强弱的不同，但大體來說，除非別有用心，絕大多數人都是愛國的，只是表現的方式可能不同而已。如果因為別人的愛國方式與自己的方式不同，就否定別人的愛國情操與愛國目的，那是不公平的。

與愛國有關的另一問題，是愛國與民主的關係。去年年底競選期間，曾經在臺大附近出現過「民主牆」，另一些反共愛國人士則樹起「愛國牆」以為對立。其實，這兩者是對立不起來的。愛國同時包括了情操、目的、行動，但民主則主要是屬於行動或手段的層次。

主張民主的人，除非他別有用心，總是發乎愛國情操與愛國目的，想以民主為手段，達到愛國的目的（使自己的國家强盛）。如將兩者互相對立，好像變成了要愛國就不要民主，這不但在邏輯上說不通，而且也違反了我們的基本國策。

愛國與民主的關係，似乎可以作這樣的認定：眞心主張民主的人，一定是愛國者，而愛國者則不一定以民主爲手段。如將兩者對立，一方面不利於愛國的基本情操，另一方面也達不到使國家强盛的目的，同時還把民主的名譽破壞了。

四

最後，爲了緩和兩極化的現象，也想乘機談談個人對有關人士的一些期望：

先說對於黨外政治人士的期望。目前，國家所處的大環境如何，大家都應該很清楚。維持國內的安定與進步，應該是任何從事政治活動的人在採取政治行動之前必須要考慮的因素；在另一方面，卅年來臺灣的建設與中國大陸比較，孰優孰劣，大家心中也很清楚。因此，爲了建立政治團體間的互信，以避免無謂的懷疑與干擾，我認爲黨外政治人士應有如下的認識與做法：①堅守反共的立場；②放棄地方主義色彩，不能有臺獨傾向；③不可走暴力的路線；④不宜全盤否定執政黨及政府過去的成就，如此才能使別人心平氣和地從事相應的政治活動；⑤推展民主運動必須要以現有的憲政制度爲基礎，依實際需要逐漸修改，而不能全盤加以否定；⑥在民主政治的理論與實踐兩方面好好下功夫，以顯示對民主政治的素養與決心，樹立民主政治人物的典範。

次談對反共愛國人士的期望：①不以自己的反共愛國而懷疑別人不反共不愛國，要知道愛國的情操與目的大家都是一樣的，但愛國的方法是可以有差異的；②不要輕視理性、放棄理性，尤其從大陸來臺的反共義士，應該多多體認多元化社會的特質，並努力加以適應，儘量控制情緒，容忍合法的不同意見；③不要以暴易暴，尤其不必要動輒喊出「打倒」什麼、「消滅」什麼的口號，因爲這樣做不但不能解決問題，反而火上加油，使大家都退化到動作的層次；④體認法治的意義與重要，愛國便要守法。

再談對政府有關單位的期望。由於社會變遷很快，社會性質也逐漸與前不同，政府有關單位在做法上應有改變。具體來說，有以下幾點建議：①法治的觀念非常重要，無論制訂法律或修改法律，一定要以眞正的民意爲依歸，制法或修法之前，應該加以公開公佈，讓民衆有機會表示意見，如此所制訂的法律才能確保其可行性，將來依法執行才會有好的效果。②法律不應是統治人民的「工具」，而是當作大衆生活行爲的合理規範。法律執行應採取普遍主義，不問對象的身份、黨別、性別等，一體遵行，絕不能有差別待遇，以免失去法律的公平性。③對於有違法行爲的個人或團體，當然應該依法取締，但是如果該個人或團體的行爲，是在朝向守法的道路上走，即應該加以鼓勵與保護。治安當局這次對中泰賓館內依法活動的「美麗島雜誌社」人員加以保護的做法，是值得讚揚的，但是對於場外不合法的行動，當時應該依法儘快取締才對，這樣當不致拖延長達五小時之久。④為使黨外政治人士能在正當的軌道上運作，有關單位應在法律許可的範圍內，儘量給予廻旋的餘地，減少不必要的干涉，以化解對立的態勢。⑤應該多採取先期行動（正式採取法律行動以前的行動），例如在發現政治人士有違法的趨勢時，可以儘快用連繫、協調、勸導，甚至警告等方式，提醒他們注意行為的法律後果，進而產生自我約束，避免演變成過激的情緒反應。⑥政府對於很多事情，似乎不必再像過去那樣，採取過多的干涉主義，在不影響社會安定的原則下，若干禁令似應加以放寬。以辦雜誌說，讓政治人士在雜誌上寫文章表達意見，總比在街頭上聚衆喧嘩或採取更激烈的行動為佳。更何況政府還可以從文字的表達中了解民意的趨向，做為改進施政的參考。政府應該了解，民衆都希望安定，不希望有任何變亂，只要能對自己有信心，少數政治人士的過激或不當的言論與行動，社會自己就會把它加以淘汰的。勉強的限制，反而會製造緊張，甚至激成變局。

最後，我願以過去個人所提出的知識份子討論問題時應該持有的態度，亦即消極的做到「八不」，積極的做到「八要」，與反共愛國人士及黨外政治人士共勉：

「八不」是：①不斷章取義，②不咬文嚼字，③不人身攻擊，④不惡言惡語，⑤不猜疑動機，⑥不蓋人帽子，⑦不假公濟私，⑧不黨同伐異。

「八要」是：①要就事論事，②要合乎邏輯，③要重視證據，④要態度誠懇，⑤要心存仁厚，⑥要忘却私利，⑦要能識大體，⑧要善於服輸。（本文係陳祖華先生根據本人口述撰寫而成，

特此致謝）

（原載「聯合報」，民國六十八年九月十二日，第二版）

超越台灣生存發展的基本矛盾

今天是民國七十年的元旦，大家都很高興，但這次元旦有其特殊的意義，值得我們特別重視。過去幾年來，在國際與國內兩方面，都曾發生過不利於我們的事件，使我們的生存與發展，受到了相當的危疑與震撼。幸賴全國上下同心協力，鎮定肆應，終能化險爲夷，締造新機。同時，經過三十年來的不斷努力，現代化的脚步日益快速，社會變遷的軌跡逐漸清晰，各方面的量變已經既深且鉅，整體性的質變即將水到渠成。從這個觀點來看，今年的元旦可說是一個量變與質變的轉捩點。民國七十年代之所以重要，即在於它是我們質變的大好契機。只要我們能忘記過去的創痛，在「和而不同」與「不同而和」的原則下，繼續奮發努力，則不久的將來，定可在斯土創立一種開放的多元社會。有了這樣的社會，以之自求多福，以之統一中國，都將無往而不利。

這次元旦既然如此重要，則當此之時，自不能無願。個人對國家社會的願望很多，此處僅只提出一願，以與朝野諸君子共願。我所要提出的願望是：我們應該清楚體認在此生存發展所遭遇的主要矛盾，並能用積極開濶的態度與方式，予以突破與超越。

我們所遭遇的第一項發展的矛盾是安全與進步的矛盾。中國是處在內戰狀態的分裂國家，而面臨臺灣海峽對岸的龐大對手，朝野上下都不免懷有深刻的安全顧慮，使我們一方面想快速的革新進步，一方面又瞻前顧後，害怕會因而影響安全。安全顧慮是極有必要的，但過份的小心與恐懼，却會對政治革新、社會活動及文化創造，產生甚爲不利的抑制作用，因而嚴重的妨礙了國家的進步與發展。爲今之計，在觀念上，我們應該對自己更有信心，因爲三十多年的成就，已經使我們的社會具有很大的定力；更應深切體認「在進步中求安全」的道理，因爲最進步的社會才是最安全的社會，也就是只有進步才是安全的最佳保證。同時，在做法上，應該採取更開濶的原則，只要不是違背法律與合法的明文規定，革新與創作的個人或社會活動，便不宜受到干涉，以便使種種新的事物獲得自然發展或淘汰的機會。

第二項發展的矛盾是大國與小地的矛盾。三十多年以前，中華民國擁有全中國的土地，其建制與氣魄甚爲龐大。自從退處臺澎金馬後，所實際治理的土地面積雖小，但却仍然努力維持原來的大國架構與排場。於是，在大國的理想與小地的現實之間，便產生了很多力不從心或捉襟見肘的現象，這種情形見之於國際事件的因應，也見之於國內事務的處理。當然，爲了避免流爲長久偏安的局面，爲了便於將來全國的統一與整合，我們應該而且必須懷有大中國的理想與制度。但是，從實現的觀點來考慮，爲了此時此地的健全而快速的發展，必要時則應採取更有彈性的做法。我們不僅應當了解理想與現實的分際，而且也要把握長程目標與短程目標的不同。行遠自邇，登高自卑，在處理國際與國內的事務時，要切實考慮輕重緩急，務必以復興基地的臺澎金馬爲重，不宜爲大國的意氣所蒙蔽。對外，一切要以爲臺灣留通路爲優先；對內，一切要以爲臺灣留活路爲首要。臺地先强先盛，則重建大中國的理想必能實現，否則便可能一切落空。

第三項發展的矛盾是傳統與現代的矛盾，也就是保守與革新的矛盾。我們中國人是有悠久歷史與文化的民族，而在現代化的世界浪潮下，大凡有悠久歷史文化的社會，大都有嚴重適應不良的情形。適應不良的主要原因，是這些社會往往傾向於「過去取向」，難以放棄傳統的包袱。在臺灣生存發展的中國人，也逃不出同樣的法則。基於求生存求發展的需要，我們必須要在政治、經濟、社會及文化各方面現代化，但在感情與情緒上却又並不心甘情願，時常以衞護傳統爲由，拒絕或排斥現代化。有些人甚至借重民族主義或第一項矛盾中的安全顧慮，來抨擊現代化的思想與行爲。「破壞傳統文化」甚至成了一項罪名，可以因此而禁人之書，或去人之職。實則，現代與傳統並不是對立的，現代也不能完全取代傳統。我們不能爲保護傳統而保護傳統，傳統的價值在於它能造福於人，因爲人是最重要的——至少比傳統重要。傳統的中國文化中，必有一些項目對現代的中國人仍是有用的或有益的，這些項目在現代化的過程中，必將受到保存。現代化是一種創造性的蛻變過程，在此過程中，人們以傳統的與新進的成份爲基料，整合而創造出嶄新的事物。所以，現代化實是以舊創新，以新容舊。所以，傳統與現代的對立是不必要的，以民族主義或安全理由來反對現代化也是不應該的。

第四項發展的矛盾是核心與邊陲的矛盾。自古以來，我們「中」國人向來以核心國家自居，認爲中國是世界的中心，中國人是世界的主人。這是自古到今，中國人對自己在世界各國秩序中所處地位的主觀認定。但是，在客觀的國際社會中，情形却恰好相反。久遠的時代不談，只就第二次大戰以後的三十多年來說，在自由世界中，美、英、德、日等國在國際政治與經濟上已成爲眞正的「核心國家」，而日本以外的亞非國家則大都成爲「邊陲國家」，在臺灣的中華民國也未能例外。政治與經濟的影響，從核心國家幅射而出，大量而不斷的投向邊陲國家。來自核心國家之壓倒性的影響，並不限於政治與經濟，文化與學術也不例外，而後二者常挾前二者之威勢而得以傳播。在國際社會中，我們的客觀邊陲地位與主觀核心地位，乃產生了現實與意想的矛盾。在意想中，我們覺得自己的文化最好，希望大大的影響他國；但在現實中，我們却一面倒的只受他國的影響，而無回敬之能。在這種情形下，有的人對自己的文化與社會喪失了自信心，也降低了自尊心，終至毫無批評與選擇的全盤接受外來的影響；有的人則堅持自己主觀的意願，拒絕接受外來的影響，認爲中國一切還是最好的，西方社會毛病多多，終將破滅或沒落，最後必須用中國文化來加以拯救。當然，這些反應都是不健全的，唏噓感嘆與自我陶醉也都是無濟於事的。從解決問題的觀點來看，比較實在的做法是放棄這兩種偏頗的反應，改以中國人在現代生活中的實際需要爲基礎，用批評與分析的態度，好好學習與選擇其他現代化社會或國家的優點，然後再與中國人原來的有用文化成份相統合，以創造出一套新的中國文化，使我們的政治、經濟、文藝及學術水準逐漸提高。這樣才能減小我們在國際社會中的「影響逆差」，而不再成爲國際影響上的邊陲國家。

以上便是我們在臺灣生存發展的四項基本矛盾。我們社會中的很多較低層次的矛盾，大都是從這四者衍生而來。在我們的社會中，大家都不願指出實際存在的矛盾，害怕因此而犯忌。個人覺得這種態度是不對的。任何社會或國家都有其基本矛盾，諱避掩飾的態度只能使自己失去了解問題癥結的機會，因而會使問題更爲嚴重。任何的矛盾都是一種挑戰，也是一種抉擇。我們不但應該承認矛盾的存在，而且還要分析矛盾的性質，了解矛盾的影響，以便從而尋求在矛盾中自處與處事之道。也只有如此，才能突破矛盾，超越矛盾，而不使矛盾成爲進步的障碍。

（原載「臺灣時報」，民國七十年一月一日，第十五版）

中國青年與青年中國

——從當前青年的一些文化意識與思想動向談起

中國文化一旦再度青年化以後，便成了「青年中國文化」，而擁有這樣一種文化的新中國，當然可以稱爲「青年中國」。所以，「青年中國」的意思不是指年齡的因素而言，而是着眼於統整創新的意義。任何一個國家，不管她的實際的年代如何，只要經由吸納新的文化因素，而能表現出高度的活力，都可以視爲一個「青年國家」。

現在的中國需要變成一個「青年中國」，而只有已成主流的新型中國青年才能創造這樣一個中國。

(一) 青年所處的大環境

多年以來，從青年問題的實際研究經驗中，我獲得了一項體認：要想了解青年的集體心態與行爲，必須先要了解青年所處的共同環境。我說這個話的目的，並不是想提倡什麼環境決定論。當代行爲科學的研究一再顯示，人類的心理與行爲既不是完全決定於外在的環境因素，也不是完全決定於內在的個人因素，而是兩者共同交互作用的結果。然而，過去有很多探討青年問題的人，却過於强調內在的身心因素，忽略了存在於環境中的困難，結果不僅難以解決實際存在的青年問題，甚而也未能確切了解這些問題的因由。因此，在研討青年現象時，確有特別注意環境因素的必要。

那麼，我們的青年所身歷的究竟是怎樣的一種環境？這自然不是一個容易回答的問題，但是我們可以在此指出，目前青年人的生活情況中，至少包含了以下幾項重要因素：

①我們的青年正處身於一個科技支配着社會與生活的時代，以人爲本的價值觀念遭受到嚴重的威脅。

②我們的青年正處身於一個民主與極權相持不下的時代，人類生活方式的單向發展受到了某種程度的挑戰。

③我們的青年正處身於一個國家尚未統一的階段，反共復國的長期目標造成了獨特的政治情況與社會氣氛。

④我們的青年正生活在一個急速現代化的社會，新舊兩類文化內涵（觀念、價值、態度、行

爲）紛然雜陳。

⑤我們的青年正生活在一個資源有限而人口稠密的地方，就業與創業都有高度的競爭性與限制性。

⑥我們的青年正生活在一個升學主義當道的社會，「把書讀好」成爲他們生活中的最高價值與目標。

目前，我們的青年所處的共同大環境，便是由以上這些主要因素所構成。這種大環境本身便可使青年感到迷惘，受到挫折；同時，這種大環境也可引起快速的社會變遷，從而導致種種個人適應上的困難。總而言之，我們的青年所處的大環境，可以經由直接與間接兩種方式，使他們產生相當程度的挫折之感。

(二) 青年的歷史脫序感

此處，我要特別談到一種由快速社會變遷所引發的挫折感。由於我們社會的快速變動，個人在生活（特別是社會生活）中，經常遭遇到前所未見的新情境，因而會感到傳統的思想觀念、溝通方式、人際關係及團體規範失去了原有的功能，過去的準則與現在的生活之間，也出現了缺乏關聯的情形。青年人對於事物的失調現象，向來具有高度的敏感性，所以他們對快速社會變遷所引起的這種喪失關聯的情形，也會特別感受深切。這種自感不合時宜的心理反應，倒不是我們的青年所特有。大凡具有深厚傳統的國家，一旦進入了快速社會變遷的階段，其青年都會產生類似的心理反應。例如，著名心理歷史學家李福敦（Robert U. Lifton）在一九六〇年代研究日本青年時，也發現了同樣的現象。他將這種伴隨快速社會變遷而產生的青年心理反應，稱爲歷史脫序感（sense of historical dislocation）。

歷史脫序感實際上是一種挫折之感。根據現代心理學的研究，挫折感常會引發兩類進一步的反應，一類是攻擊性的敵意情緒，一類是試圖適應挫折情境的因應反應；因應反應又可分爲兩類，一爲情緒主導的反應，一爲問題主導的反應。在情緒主導的因應反應中，最主要的是回歸反應與順服反應。在前類反應中，挫折感的情緒壓力使人退縮到原有的老習慣，試圖以舊有的固定方式來應付挫折情境；在後類反應中，挫折感的情緒壓力使人完全認同於觸發挫折的對象，以盲目接受及順服該對象的方式，來應付挫折情境。不同於這兩種情緒主導的因應反應，問題主導的因應反應不是以挫折情緒的消除爲主要目的，而是以實際問題的解決爲主要考慮；採取問題主導反應的人，能夠忍耐挫折情緒的壓力，而不爲情緒所主導，儘量以理性的態度，努力尋求適當的方法，以有效解決造成挫折的問題。

歷史脫序感既然是一種挫折感，當然也會引發上述的種種反應。青年所共同經驗到的歷史脫序感雖然性質大致相近，但是他們所表現的因應反應卻會互不相同。其中有的人習於採取回歸反應，有的人習於表現順服反應，也有的人偏向於問題主導的理性反應。至於什麼人會採取那種反應，則要看個人的經驗性格及其歷史脫序感的强度而定了。

(三) 三大挫折反應類型

簡單地說，我們的青年所處的大環境是一大變局，其所呈現的基本現象是現代化歷程。現代化導致了快速的社會變遷，後者又進而在青年羣中造成了歷史脫序感。在這種挫折感的影響下，我們的青年應會表現出三大類的因應反應，即回歸反應、順服反應及理性反應。現在，讓我進一步探討一下，我們的青年是否確有這三類反應，以及這三類反應各有什麼現實意義。

根據我個人的接觸、觀察及研究，確實可從我們的青年羣中發現回歸、順服及理性三類因應反應，而且習於表現這三類不同反應的青年，各自形成了三種迥然有異的意識型態，分別對現代化、政治措施、經濟政策、社會改革及文化方向等等問題，持有相當不同的看法。此處，僅就這三類反應類型作一簡略的比較：

①國粹型：這一類型的青年所採取的因應反應是回歸反應。他們試圖返回到中國舊有的思想觀念與行爲模式，認爲它們是適應當前生活的最佳方式。他們的時間觀念是過去取向的，厚古而薄今，認爲一切傳統的事物都是好的，一切創新的事物都是壞的；一切「中國的」都是優秀的，

一切「外來的」都是低劣的。他們對中國的過去充滿了懷念與憧憬，以一種浪漫的心情重新來觀照傳統的事物，甚至將之符號化、口號化或儀式化，進而賦予一種神秘的色彩。他們的歷史意識很強，覺得個人是接納及傳承中國歷史之流的器皿，而只有當自己溶於中國傳統文化的巨影中，內心才感到無比的充實。他們認爲當今中國的一切問題與困難，都是由於西方物質文化的侵入，汚染了完滿自足的中國文化；因此，消除這些問題與困難的唯一辦法是排除一切「非中國的」新事物。

他們强調直覺的、統照的感受，而貶抑科學的、邏輯的分析。他們對於過去雖然充滿了信心，對於未來却懷有着焦慮，因爲他們對身邊所發生的種種變遷，感到無力加以影響或阻止，對未來演變的軌跡與結果也覺難以掌握。他們對現代化採取一種敵對的態度，認爲現代化就是外國化、西化或美化，總之是破壞中國文化。他們甚至認爲民主的政治制度是一種外國的產物，根本不適合於中國的社會與人民。因此，在未來的演變過程中，他們認爲國人應該保留原有的一切，而不必接受西方的一切。

回歸反應具有强烈的情緒色彩，因而國粹反應型的青年，對於其他反應型的人士，常會表現出一種溢於言表的敵意。

②西化型：在歷史脫序感的情緒壓力下，這一類型的青年所採取的因應反應是順服反應。他們徹底認同於促動中國社會變遷的外來對象——西方文化，不加批評地加以接受與崇拜。他們震

懾於西方在若干方面的成就，乃以一種順服的態度承納新進的事物，認爲一切「外來的」都是優良的，一切「中國的」都是低劣的。他們是中國傳統社會的嚴厲而急進的批評者，覺得目前中國的一切問題與困難，都是來自傳統文化的缺點，因此要想消除這些問題與困難，而使中國適存於世界，唯一的辦法是全盤西化：以西方的一切來取代傳統的一切。他們的時間觀念是未來取向的，對將來的一切懷有一種天眞的憧憬，以爲將來總有一天可以在中國出現一種類似西方的社會。他們缺乏文化相對論（cultural relativism）的觀念，以爲西方文化的功能是絕對的，是置諸天下而皆準的。他們對中國文化內部的互依性與强韌性也過於低估，因此對西化速度的緩慢感到極端的不耐，並轉而益發厭惡中國的傳統文化。

在他們的心目中，現代化就是西化。因爲他們無條件地接受西化，所以他們也無條件地接受現代化。同時，由於他們將西化與傳統置於對立的地位，所以他們也認爲現代與傳統是兩種對立的狀態，其間具有顯然的不連續性。事實上，他們對西方文化只有籠統而模糊的印象，甚至執有一種以偏概全的看法。由於他們對西方的一切傾向於迷信性的順服，所以在現代化的演變過程中，他們認爲國人應該放棄自己原有的一切，而不加選擇地接受西方的一切。

正如回歸反應，順服反應也有强烈的情緒色彩，因而西化反應型的青年，對於其他反應型（特別是國粹型）的人士，也會表現出一種溢於言表的敵意。

③調和型：這一類型的青年所採取的因應反應，不是情緒主導的回歸反應或順服反應，而是

問題主導的理性反應。他們發揮自我控制的力量，努力抗拒情緒對思考判斷的影響，以便爲當前有關社會及生活問題，找到比較有效的解決辦法。經過分析與考慮，他們發現「全盤復原」與「全盤西化」都是不可能的，也是不切實際的。他們有一種文化相對論的觀念，認爲文化元素本身並無所謂好壞，只有相對於一定的時空因素時，才能判斷其有用與否。他們體認到，就現代生活的適應而言，中國傳統文化元素中有有用的，也有無用的；西方傳入的文化元素中有有用的，也有無用的。所以，純就文化功效的觀點來說，解決當前社會及生活適應問題的最好辦法，是儘量發揚中、西文化中有用的部份，而儘量揚棄中、西文化中無用的部份。

正如主張全盤西化的青年，他們也强調現代化。但是，與西化派青年大不相同的是，他們不在現代化與西化之間劃一等號，而是認爲在概念、內涵及目的各方面，現代化都有不同於西化之處。他們將現代化視爲一種追求富有人本精神的幸福生活的歷程，而不是一種僵固的靜止狀態。對他們而言，中國固然正在現代化之中，西方也是繼續在現代化之中。現代化既然是一種歷程，傳統與現代便不是兩種對立的境界。在實際的現代化過程中，他們認爲中國人應該保留自己原有的優點，而同時接受西方的優點，然後在實際生活中將兩者加以調合與化合，成爲現代中國人所獨創的社會型態與生活方式。

他們的時間取向是既强調現在，又重視未來，也不忽略過去。他們認爲中國人當前的生活最爲重要，過去的歷史包袱，未來的美麗許諾，都不應該成爲犧牲現在生活的藉口。今日能兼容並包地努力從事現代化，才是發揚傳統文化的唯一道路，也是提升未來生活的最佳途徑。

不同於情緒主導的回歸反應與順服反應，問題主導的理性反應較少情緒的色彩。因此，調和反應型的青年對其他兩個類型的人士，較少溢於言表的敵意。

（四）主流反應類型的出現

以上所說的這三大挫折反應類型，其實也不限於青年人，便是在中老人當中也照樣適用。而且，不僅現在的中國人如此，過去的中國人也是如此。事實上，這是近百年來中西文化接觸後，中國人所表現出來的三種主要反應類型。不過，隨着時代的變遷，這三個類型的消長可能大不相同。在中國近代史中，當中國社會受到西方文化影響的早期，國粹型的反應必然是「一枝獨秀」，其人數應該遠超過其他類型。但是到了後來，特別是在五四運動影響最大的階段，西化型的反應急速抬頭，儼然形成了與國粹型反應分庭抗禮的局面，後來終於演變成「中西文化論戰」的長期纏鬬，甚至時至今日，仍然餘波盪漾。

但自政府遷臺以來，最近廿年內的現代化頗爲快速，一般人民在思想與行爲上已有相當的改變。當此之時，我們不禁要問：國粹型、西化型及調和型目前消長的情形如何？其中有無主流反應型的出現？爲了回答這一問題，三年以前，我曾以一千五百多位大學生爲對象，進行過一次有關的調查。最近，國民黨青工會委託「中國心理學會」探討大專學生對當前生活環境的看法，又將同一題目放入調查問卷，獲得了一萬五千多位大專學生的反應。經過統計分析後，發現兩次調查所得的結果甚爲相似。爲了使讀者確切了解當前三種類型在青年知識份子中消長的情形，有將所獲結果在此加以報導的必要。在兩次調查中，問卷中所包含的有關部分，都是要受訪者就「我國現代化所應採取的方式」這個問題，從七項備選的答案中挑出他認爲最好的途徑。以下所列卽爲各項備選的答案，以及最近這次調查中選答每一項目的人數百分比：

①放棄自己原有的一切而不加選擇地接受西方的一切（〇·〇一）
②放棄自己原有的一切而接受西方的優點（〇·〇一）
③保留自己原有的優點而同時接受西方的優點（〇·九〇）
④保留自己原有的一切而同時不加選擇地接受西方的一切（〇·〇一）
⑤保留自己原有的一切而同時接受西方的優點（〇·〇七）
⑥保留自己原有的一切而不必接受西方的一切（〇·〇〇）
⑦其他（請註明）：（〇·〇一）

調查樣本大至一萬五千多人，所以括號內的百分比是相當穩定的。在上列的七個項目中，代表國粹型反應的是第⑥項，選答的百分比幾近於零；也就是說，採取這種反應的人百不得一（在一萬五千人中，只有廿八人選此）。由此看來，眞正採取國粹型反應的青年，爲數極少；顯而易見，時至今日，眞正的「國粹派」已經是鳳毛麟角了。

代表西化型反應的是第①項，選答的百分比只有百分之一；換而言之，每一百位青年中，只有一個是屬於所謂的「西化派」。說句開玩笑的話，眞正的「西化派」現在已經成了「稀有動物」。

最能代表調和型反應的是第③項，不過第④與第⑤兩項也相當具有調和型的色彩。第③項一項的百分比卽已高至百分之九十，如果再與第④⑤兩項的百分比相加，竟然高達百分之九十八。也就是說，目前我們的青年知識份子幾乎淸一色是「調和派」。

以上的事實，具有重要的涵義。在中國近代史中，中西方化接觸的早期與中期，「國粹派」與「西化派」都曾有過氣燄高張的階段，但時至今日，却已顯然退居少數，而「調和派」却已躍踞高位，成爲毫無疑問的主流。這種消長的易位，所代表的是一種進步的現象，顯示經過了文化變遷的驗證與歲月久遠的體認，歷代的知識份子經驗相循，到了這一代的青年，在這一方面已經趨於成熟，乃能決然放棄情緒主導的因應反應，而改採理智主導的因應反應。這種進步看似不大，但近百年來我們中國人却已爲之付出了巨大的代價。

從此我們也可得知，「國粹派」與「西化派」現在已是少數中的少數，他們所代表的時代已經過去了，他們所斤斤計較的論題也已失效了。「國粹派」與「西化派」的對立已無意義，「中西文化論戰」的作風也已過時。碩果僅存的幾位老牌「國粹派」與「西化派」，他們雖然有時仍在努力從事情緒主導的文化活動，却已經缺少了能够發生共鳴的聽衆。時代的巨輪總在進步，我們終於脫離了中西文化對立的泥淖。

（五）使中國文化青年化

調和型因應反應之能在青年羣中成爲主流，對於中國及中國文化的前途，具有極其重大的意義。在三大挫折反應類型中，它是最理性化的一種，也是最有解決問題潛力的一種。採取這種反應類型的人，比較具有包容性、應變性及可塑性。既然我們的青年大都是調和派的人物，因此他們大都也會具有這些良好的特性，而形成一種新型的中國青年。

新型的中國青年不同於以前各輩的中國青年。他們對過去的傳統不再盲目的迷戀，對未來的社會也不會心存恐懼。他們拋棄了厭變及厭舊的心理，以欣悅的態度來接納各種新舊事物。他們都曾受過良好的教育，因而能將兼容並蓄的不同元素加以分析、比較及選擇，然後在生活的嘗試中予以統合。他們預期在現在及將來的生活中，隨時會遇到前未之見的新問題、新情境，他們也確知僵化的習慣與呆滯的知識，定然無法有效地適應這些問題或情境，因而樂於經常從事知能的學習與自我的改進。

新型中國青年的包容性、應變性及可塑性，使他們成爲接納中外新舊文化的良好器皿。他們是異質文化的携帶者，也是不同文化元素的「調色盤」。中外的新舊文化元素，在他們身上互相接觸與衝擊，然後透過實際生活的試煉，而獲得創造性的調和與整合。如此長久下去，在這些新型的中國青年身上，便會出現一種獨特的「青年文化」，再經進一步的演進與成熟，自會蔚然形成一種嶄新的中國文化。

從新型的中國青年到新型的中國文化，代表了一種使傳統文化青年化的歷程。在新型中國青年的生活中，當傳統的文化元素與新進的文化元素互相調和與整合時，後者有使前者「返老還童」的作用，結果不但恢復了前者原有的活力，而且還會賦予新的動力。也就是說，新文化成份的加入，可以使中國文化再度青年化。類似的情形，在生物界中已經屢見不鮮。當某一種屬的動物因長久的同族交配繁殖而產生衰弱的趨勢時，與異種對象的交配繁殖，常可挽回頹勢，再度獲得活力與韌性。

中國文化一旦再度青年化以後，便成了「青年中國文化」，而擁有這樣文化的新中國，當然可以稱爲「青年中國」。所以，「青年中國」的意思不是指年齡的因素而言，而是着眼於統整創新的意義。任何一個國家，不管她的實際年代如何，只要經由吸納新的文化因素，而能表現出高度的活力，都可以視爲一個「青年國家」。

現在的中國需要變成一個「青年中國」，而只有已成主流的新型中國青年才能創造這樣一個中國。

（原載「聯合報」，民國六十八年七月一日，第十二版）

青年的政治參與

今天，我想談一談「青年政治參與」的問題。關於青年的政治參與，原是世界性的問題，並非我們臺灣所獨有；但就實際情況而言，臺灣這類問題的發生，還是比高度工業化國家晚了一些。當年美國、英國、日本這些國家的年輕人熱心於政治參與時，臺灣的青年却對社會事務缺乏關注的熱忱，更不用說「政治參與」了。說起來，也應是十幾年前的事了，記得當時與朋友聊天，每論及此事，就當時的社會情況而言，我總認爲時間尚未來臨，青年人主動的政治參與自然不會蔚成風氣。由此可知，必然在社會的成長漸臻某一階段後，年輕人本有的特性，受到社會變遷所形成的新因素的刺激，在種種內外條件的配合下，才會有「政治參與」現象的發生。

最近這一兩年來，臺灣的很多青年不只是關懷政事，政治參與的活動亦顯著增加。回顧過去幾次選舉，學生參加助選活動，以及選舉期間與平時所發表的言論，在在顯示了政治意識擴展的趨勢。另一方面，我們從實際的調查資料看來，年輕人改造社會與關懷社會的意願都已相當高昂。此種意願毋寧說是政治參與的重要心理背景，而且已經成爲影響當前與未來政治發展的重要因素。但是，我們萬不可因此便得到一個錯誤的印象，以爲多數青年都有政治參與的熱忱。我們只能推斷說，今日青年的政治參與活動，已有增廣的明顯趨勢。

青年人何以熱衷於政治參與？這個現象何以會發生在這個時候？這是由於什麼因素？據個人觀察的結果，大抵說來有三項重要因素，就是青年自身的因素、社會變遷的因素、內外環境的因素。首先讓我們來談談青年本身的因素。青年人始終有其個體發展的特性。這些特性並非因爲這幾年的社會情勢所促成。從發展心理學的觀點來看，孩童時期的學習認知，很多是透過表同作用或模擬作用，認同於父母，認同於師長，觀念與思想乃因著全盤汲取的過程而形成。師長與父母是社會文化的傳遞者，孩童自己只是社會進化過程中的文化接受者。但是到了青年階段，由於體能智力的發展，自然便產生了新的心理需求；又因種種生理與情緒的快速變動，亦帶來心理上的不平衡，往往使青年人對自己發生「我是什麼？」的疑問，也就是產生了艾雷克遜（E. Erikson）所說的自我統一感之危機（identity crisis）的問題。自我的意義何在？自我異於別人者幾希？這種種自我意象的追索，都是尋求自我獨立的開始，甚至將先前父母師長傳授下來的教誨，也加以排除，加以否定。同時，爲了追尋自我的獨特內容，「理想」便在這時形成了，想奮力投身於自認爲理想的眞善美的世界。因此，高度的想像轉動了，價値的要求嚴格了，日復一日，自成了一個理想體系，並拿來與現實的世界作比較。但比較的結果，現實社會往往無法符合他們的理想，在此情形下，自會有很多的不平，很多的缺憾，促使青年人想去改革社會。總之，我們的分析顯示，青年階段是改革社會意願最强烈的時期，充分顯示出青年人的階段性的心理特質，值得我們了解青年政治參與時特加注意。

進而我們要指出，這些特徵存在的强度，並非是代代相同的。在傳統的社會裏，社會是比較靜止的，即使是所謂理想，亦只是有限度地滋長，不致於形成理想與現實之間的重大差距，於是改造社會的意願的强度便不會明顯。但是，今天的社會是屬於由傳統社會遞變到現代社會的轉形期，在法律許可的範圍內，諸種不同的言論與思想漸漸出現，社會價值也在多元化。況且，傳播媒介的發達，知識傳播的便利，使青年人理想的蘊育與成長相當容易，也相當快速。因此，在我們的社會中，青年心中理想與現實的差距，有時反而比高度現代化國家的青年來得嚴重。就這一方面而言，社會的演進大約可分爲三個階段，第一是傳統社會的時期，青年的理想與現實差距微小；第二是現代化的轉形時期，青年的理想勃興，與現實的差距擴大至極點；第三是高度現代化的時期，現實已有大幅度的改善，其與理想的差距漸趨和緩。現今國內正處於第二個時期，是極其耐人深思的時期，大家應特別重視青年政治參與的心理基礎。

其次，我們來進一步探討一下社會變遷的因素。社會變遷促成社會結構的改變，青年人的可塑性較大，在社會變遷而朝向現代化邁進時，青年人所感受的現代化意識往往最爲强烈，在諸多現代化意識中，以「平權性格」、「個人主義」及「內控態度」三種最爲顯著。首先，所謂「平權性格」，就是指任何個人在任何社會組織或團體中，各有其特殊的才能，因各人不同的才能而發揮所長，但彼此的「人之地位」却是平等的，應該互相容忍與尊重。這種觀念的產生，代表了民主意識已深入青年人的心中。青年人對很多不合理的傳統權威，已不再如昔日的信服順從，而是希望從理性的角度發揚大家平等相待的平權關係。

其次是「個人主義」的抬頭。很多人聽到「個人主義」，總以爲這是一個不好的名詞，容易和「自私主義」混爲一談。「個人主義」一詞由 individualism 翻譯過來。姑不論這個譯法是否恰當，但「個人主義」的原意是强調任何一個「人」，很原始地生到這個世界上來，都有他特有的秉賦和潛能；每個人活着，都有他活著的價值和特點，張三之所以爲張三，李四之所以爲李四，就是因爲張三的秉賦與潛能，李四不能取代，而李四的價值與特點，張三也無法完全具有。每個人活在這個世界上，都希望發揮自己的秉賦與潛能，進而肯定自己生活的價值與特點，這乃是任何一個人在社會中最後所要追求的「自我現實」的目的。個人主義强調社會中多數人的自我實現，但不是只有你能自我實現，只有我能自我實現，或是只有少數人能自我實現，而是一個社會中大家都有可能自我實現。在一個民主自由的法治社會裏，個人的自我實現應以不妨碍他人的自我實現爲原則，而大多數人在正常的情況下，一方面尊重他人，一方面約制自我，則人人雖是在求自我實現，但所表現的到了最後卻也是一個大我的實現。這才是一種健康的「個人主義」。這種健康的個人主義，惟有在民主法治的社會中才可能實現，任何極權或寡頭獨裁的國度中，是談不上什麼「個人主義」的。

個人主義在極權獨裁或共產社會中發展不起來，但在民主自由社會中發展的個人主義，必要以法治爲基礎。只有以法治爲根基的重視每一個人的社會，才是最團結的社會，最安定的社會，也是最清明的社會。法治的意義爲何？其一是防止個人主義產生偏差，而流爲自私主義。自私主義發展的結果，便會造成妨碍他人的自我實現，而形成特權、壓迫、剝削、控制、利用等情況，因此要以良好的法治來防範。其二是法律條文的明細程度要足够規範大衆生活的各個層面，將法治的觀念深入生活中，使社會中的每個人在追求其自我實現時，能處處有分際、有準據、有法則，也就是中國俗話說的要「知禮守分」，能如此則自然不會妨碍他人的自我實現了。在自由民主的社會裏，人人守法，才能相互尊重，相互合作，從而造成互賴互利的依存關係。每個人以守法爲重爲榮，其實是因此而換得自己的便利，如果大家能明白這一點，則個人主義在民主自由的社會中，不但不會發生阻滯的作用，反而會產生開創的原動力。由個人主義所形成的互賴互利的依存關係好像環結一般，牢牢地將大家繫在一起，使整個社會因爲這種環環相連的關係，產生很自然的團結與向心。當國家或社會受到災難之時，由於這種人際間自發性環結的存在，才不易瓦解散亂。而且，由於熱愛自己的能够自我實現的社會，便會起而努力衞護自己的社會。於是，在一個自由、民主、法治的健全社會中，個人實現既可受到保障，國家社會也會賴以衞護，終能達到一種個人與團體並重的境地。

在社會變遷的過程中，很多青年人有很强的個人主義傾向，他們希望被尊重，要求高度的自我實現。如何增進青年人表達自我的方式，並將他們的此種傾向導引至健康的路途，對國家與社會都是很重要的。尊重個人的社會具有高度的可塑性、依存性及應變性，只要我們抱持的觀念正確，個人主義（把人當人）的社會反而是最能團結的社會，最有活力的社會。

其三是「內控態度」的增强，也就是青年人愈來愈有「操之在我」的信念。內控態度也是現代人的特徵之一，强調自己的命運掌握在自己手裏，相信自己所作的行爲與行爲的後果之間有着密切的關係，感到多一分耕耘（努力）就多一分收穫，多一點技能就多一些保障。相反於內控態度者爲「外控態度」，具有這種態度的人，沒有操之在我的信念，覺得自己的生活與未來是決定於外在的因素（如鬼神、命運、有力的團體或個人），而非決定於自己的努力與能力。由於現在青年人的內控態度較高，他們爲了達到預期的效果與目標，就會努力積極地去從事自己的工作——或是爲了改善自己的生活，或是爲了改善社會，或是爲了革新政治。這種主動的精神與行爲，便是內控態度的具體表現。在現代化的過程中，今天的很多青年人已經學習到這種內控態度，有了强烈的操之在我的信念。

增高青年政治參與的第三個因素是內外環境的迫促。今天自由中國所處的環境，有來自三方面的威脅，一是海峽彼岸與我們對峙了三十年的中共政權，他們至今沒有放棄「解放臺灣」的夢想，因此敵我兩邊的局勢仍舊是如弓在弦。二是國際局勢的波譎詭異。這種國際大環境對我們的影響很是深遠，使我國在國際上的有形外交關係逐漸減少，青年人因此感到强烈的疑惑。三是國內政治環境的變遷。三十多年來，一切都在進步，但政治與社會等方面却也逐漸產生了亟待解決的問題。這三方面由內外環境所引起的重大變動，使年輕一代爲了自己的前途着想，不能不起而關心政治，過問政治。國家民族的出路就是每一位青年人明日的出路，但明日的路該怎麼走？該怎麼安排？誰也不能置身事外，青年人的「明日」特別久遠，當然會想到要自己關心與過問政治了。

以上我們從事了三方面的簡略分析：第一是從青年人個體發展的特性來分析，第二是從社會變遷所造成的影響來分析，第三是從目前內外情勢所產生的影響來分析。從這三方面的分析來看，當前國內青年人政治參與的興趣會不斷提高，乃是一個必然的趨勢，其對社會與政治改革所產生的影響與功能，也是不容忽視的。

接下來，我想就「參與」的概念與類別作一個分析。什麼是「參與」？簡單地說，一個人在某一團體中，投注其個人的思想、行爲及其他資源，欲使團體受到影響而產生某種預期結果的活動，便可以稱爲參與。如果是政治參與，就是希望在政治運作的各種活動中，投入自己的意見、行爲或其他資源，以便在「政治產出」方面發生效果，使自己的努力能對團體或個人的政治決策與行動，具有某種程度的影響力，並從而產生預期的效果。

一般來說，政治參與不外有兩種方式。一種是意見參與，也就是運用語言或文字的能力，表達自己的觀點或看法，希望從而發生某種預期的政治效果。另一種是行動的參與，就是個人在團體中，以實際的行動（如投票、助選）投入某種政治運作的活動中，期能以自己實際的行動表現達到參與的目的，產出參與的效果。

除了意見與行動兩種普通的參與型式外，我們也可由青年政治參與的現象中，歸納出下面五種政治活動的參與類型：

一、改革性的參與：這裏所說的改革是指政治改革。有些青年認爲當前政治上有若干值得改革的地方，因而希望經由自己的政治參與，對政治的現狀產生直接的影響，以達到政治改革的目的。

二、權力性的參與：此種參與乃純粹爲了達成個人追求政治權力的目的。青年當中這一類的政治參與者，以擁有政治權力作爲參與的終極目標，因此對於權力的競逐追求，是此種參與的重要特徵。

三、手段性的參與：爲了達成改革社會的理想而從事政治參與。有些青年的主要與趣是在社會事務的改革，但却認爲只有透過政治途徑才能達到這個目的。也就是說，對這些青年而言，政治參與僅只是達成社會改革理想的一種手段而已。

四、活動性的參與：這是一種爲參與而參與的類型。有些青年參與政治活動，並沒有任何特定的目的，也不想達成什麼目標，只是單純地視政治參與爲一種「課外活動」或「業餘活動」，而去參加罷了。

五、發洩性的參與：這一類型的參與是非政治取向的。有些青年在日常生活中受到某種挫折，累存了強烈的慢性敵意，由於缺乏適當的發洩途徑，因而轉向政治活動。在政治參與時，這一類的青年並非有何政治目的，只是在使挫折不滿的情緒藉着政治活動發洩出來。這種發洩性的參與，往往是各類政治參與中最不健康的一種，甚至會流爲政治暴亂，爲社會帶來很不利的影響。

上述五種政治活動的參與類型，因爲每一類年輕人心理背景的差異而有所不同。我們沒有作過正式的調查研究，不知道到底那一種類型的青年佔多少。我們願在將來作一項實徵性的研究，以了解我們青年人政治參與心態的實際情形。

青年人政治參與的熱潮是時勢所趨的，這也代表了時代的進步，乃是一種可喜的現象。但青年人在從事政治參與的活動時，應該冷靜考慮自己的行爲，並以自律的態度來約束自己的行爲。這種自律的態度與約制的精神，實在是青年人在積極從事政治參與之前，所要優先把握的基本原則。更進一步說，青年人在參與政治時，應儘量做到以下幾點：

一要有理想。不可否認的，青年人的理想應該是人生各個階段中最高的。大多數從事政治參與活動的年輕人，都有滿腔的熱血與抱負。就這一方面而言，我覺得我們的青年應該有一個基本認識與理想，那就是要以中華民國在臺灣的政治、經濟、社會、文化各方面的建設經驗，作爲將來建設中國的藍圖，應使中國人深切體認這種可行性，尤其是海峽對岸的九億人民。因此，在進行政治參與時，無論是對政治、對社會、對經濟、對文化，我們的青年人都應該抱着這種崇高的理想，以作爲參與行動的依歸。在政治方面來說，要繼續大力走向民主法治的康莊大道，使我們的政治朝着政黨正常化與多元化的方向大步邁進。在社會方面來說，應該建立一個公平開放的社會，以便在健全合理的法律所容許的範圍以內，使異己與異見都能受到保護與發展。在經濟方面，應該實行追求均富的經濟體制，使人民的物質生活都能受到保障。在文化方面，應該發展高超精緻的文化，以不斷提高社會大衆精神生活的水準。我們的青年人在此四方面，若是都能抱持着這樣崇高的理想，在政治參與時自然不致產生什麼偏差。

二要講理性。這一方面的看法，大家談得很多了。但我所談的理性，不是哲學中的理性主義（rationalism），而是指人的一類心理活動（當然人也有情緒性的心理活動）。哲學中的理性主義，乃是相對於經驗主義（empiricism）而言。在此我不是談哲學，而只是强調人具有理性思想判斷的高超能力，而且應該在政治參與時善用這種能力。爲了發揮理性的能力，在處理事情時應將情緒予以適當合理地節制，因爲根據心理學的研究，在感情發作的情形下，往往會減低人的思考能力，影響已有知識與常識的記憶，易使推理的過程紊亂而不邏輯，甚而還會忽略明顯的事實。明白地說，「理性」包含三個元素：(1)理性的心理活動應以知識與事實爲基礎，因此在理性思維與判斷以前，應努力獲悉眞相，蒐集資料，甚至查閱文獻；平常就應多所涉獵，以增進知識與常識。⑵理性的認知活動應該合乎邏輯，排除情緒上造成的干擾。⑶理性的判斷與決定應基於善意，並恪守法律與規章。決定行爲之前，應仔細分析個人行爲對自己、他人及社會的可能影響。損人不利己的事固不應做，損人利己的事也不應做。

三要能容忍。容忍常被我們所强調，但私心的無謂懷疑，却仍然存在於人心。比較傳統的社會是偏向於一元化，人們的心態也是偏向於一元化。結果常易形成一元化的政治主張，一元化的價值觀念。這在比較現代的社會裏是值得商榷的。現代社會中有各種思想與理論，都有其應受尊重的莊嚴性。在健全法律所容許的範圍內，不同思想與理論應該受到保護與鼓勵。持有不同意見的人應當互相容忍與體諒，否則便會爲社會帶來許多不必要的糾紛。

四要識大體。青年人參與政治，不應徒具狹窄的情懷，而應從社會的整體，包括國際的大環境，去深思熟慮，尤其當今國際上承認中共政權者逐漸增多，在在都是不利的因素；另一方面，臺灣面積小而人口多，在密度飽和的情態下，對於我們內在的發展也是相當不利的。然而，在此內外條件並不優越的情形下，能有過去三十年的成就，已經是不容易了。當然，我們不只爭一時，而且也爭千秋，因此必然要求更理想的成績。我們參與政治，要深思熟慮內外大環境的限制，目光如豆或一廂情願的作法，都是蠻幹的行爲。我們希望青年人要識大體。社會改革常常涉及整體性的因素，並非只求某個社會角落或某個社會階層的改善就行了。社會是一個有機性的團體，任何一部份的改變，都要涉及到其他部份。就農民生活的改善來說，欲求解決農民與農業問題，僅在農業上着手是不够的，而是同時要考慮到工業，甚至應就整個經濟發展的階段性來做全面的調配，如此農民生活問題才可說得到眞正的解決。這種整體性的解決方式是需要時間的，而不是一蹴可及的。

五要遠暴力。因爲青年人理想很高，情緒又來得熾烈，往往速求一時之效，如果達不到目的，失望的情緒便相伴而生，進而導致年輕人熱忱的冷却。試觀古今中外的歷史，每一回暴力的使用，往往使問題的解決倒退了很大的距離，迫使建設停頓，回復到滿足低級生存動機的活動。如此的社會，不可能有高度的進展。最後，暴力衍生暴力，終於不可收拾。當代的大思想家波柏(K. Popper)——「開放的社會」(The Open Society)的作者，所提出的社會改革的點滴工程論，便明白指出人類歷史中暴力性的徹底變革是得不償失的，反而是在既有基礎上一點一滴的改革，才會產生最好的效果。更何況國家目前是分裂的局面，復國統一已是艱難的歷史任務，怎堪再受暴力的作賤。我們應體諒年輕人求好心切的心情，並給予精神的支持，但青年人自己務必要有正當理性的態度，要想一夜之間社會便變得盡如己意，實在是不可能的。

六要正手段。歷史已經告訴我們，極右派的法西斯主義與極左派的共產主義，常有共通的特點，即是手段上的殘暴不仁。這兩派自詡理想高尙，故認堂皇的目的可以使任何不義的手段合理化。倒是自由主義的人士最能重視人性的尊嚴，反對採取激烈或不義的手段。青年人千萬不要學習這兩派極端思想的作法，因爲目的固然重要，手段依然應該合情合理合法。不管目的如何，不顧人權與道義的手段永遠是一種罪孽。

七要守法律。我們參與政治，實際上是一種團體活動，而任何團體活動都應該有一套法則。打籃球要有一套規則，比賽才能順利進行。同樣的道理，政治參與也應該守法，在野者與在朝者都是一樣的。任何司法機構以外的人，都不能以政府軟弱無能爲理由，挺身出來越俎代庖，代替政府執法。當然也不能目無法紀，儼然自行替天行「道」。

八要少猜疑。許多人總是隨便猜疑別人的動機，加以歪曲解釋。而且，往往並不針對別人的主要論旨作善意的討論或批評，而是斷章切句，作過份意氣的曲解。有些人總是說別人不愛國，只有自己才愛國，好像別人都是陰謀家，只有自己才是正義的伸張者，到處惹事生非，製造種種假想敵，率性而爲，任意攻擊，在社會中製造了種種不和諧的關係，使親者痛，使仇者快。我個人是學習心理學的，豈不知在人類行爲中動機的重要性？我勸說大家少猜疑人家的動機，自有一片善意在其中。內中的道理有兩點：(1)瞭解別人的動機何其難也。莫說一般人不容易，就是動機心理學的專家亦常難獲知別人的眞正動機。一般人猜疑別人的動機，也常只是自以爲對而已。(2)在政治參與中，錯誤地猜疑別人的動機，其後果的嚴重性很大。所以，我個人仍然要強調少去猜疑別人的動機，大家應提倡一種就事論事的態度。

九要有風度。青年人最富理想色彩，言行也應儘量有風度。更何況今日參與政治的青年人，多受過相當高的教育，有博士或碩士學位的人更不知有多少。如果說，這樣優秀的青年人都不講求風度，又如何去引導一般的民衆走上民主。我個人主張的風度，實在是指最低的標準，幾乎是人人都能做得到的。具體地說，我在這裏所說的風度是：(1)不要出言下流，(2)不要流氓作風，(3)不作人身攻擊。

在參與政治活動時，青年人如能盡力做到以上九點，政治參與對國家社會的正面功效自可預卜。(本文由本人口述，請「青年與參與」一書的編輯先生摘記，特此致謝)

(原載黃河雜誌社出版之「青年與參與」，民國六十九年，一至十三頁)

青少年問題行爲的研究

由於經濟快速發展，我國的社會型態也在急驟改變。在這傳統農業社會轉入現代工商社會的蛻變期中，舊社會中的人際關係、價值觀念和行爲規範都起了變動，而新的社會規範又尚未建立，人們調整與適應不及，遂產生了許多社會問題。青少年問題卽是其中之一，它一直困擾着社會，也一直爲大家所關心。我們的國民教育已延長至九年，國中學生正值身心發展急驟的青少年時期，免試升進中學，又無留級制度，學生程度良莠不齊，再加上電視等傳播工具發達，工商業社會生活模式的刺激，國中學生的問題行爲較之以往尤有過之。所以探究國中學生的問題行爲及其成因，以便適當地從事輔導或矯治，是今日教育學、心理學及社會學界的重要課題。根據以往的研究，形成青少年問題行爲的原因很多，其中有青少年個人的人格因素，例如成就動機、內向外向、衝動控制力、情緒穩定性等。也有青少年的家庭因素，如父母的婚姻關係、對子女的教養方式及親子之間的關係。還有影響個人行爲的社會文化環境因素，如學校、社區及城鄉等。

在影響國中學生問題行爲的各種因素中，本文將僅就學校這一方面的因素加以硏討。根據國外已有的若干有關硏究，至少有六類學校因素與學生不良的學校經驗及問題行爲的多寡有關：㈠學生自家庭與社區（往往爲較低下者）所習得的價值觀念，與學校中的價值觀念（往往爲代表中產階層者）不合，因此導致學生心理或行爲的衝突。㈡校內所流行的假設是少數種族學生及來自低社會階層的學生能力很差，難以教育。在此假設下，教師可能因而不肯努力教導此等學生，而且此等學生會將這種觀念加以內化，也認爲自己註定失敗，所以不肯再去努力。這種「自行應驗的預言」（self-fulfilling prophecy），不僅產生在對學生能力的看法上，而且會發生在對不良行爲發生率的看法上，因爲教師假設來自低社會階層的學生易於產生不良行爲，因而其態度與作爲不知不覺促成這些學生產生不良行爲。㈢教師所採用的教材與學生的能力、經驗及生活需要不合，致使學生失去學習興趣，並自學校疏離。㈣教師所採用的教學方法有欠適當，未能有效配合學生的個別差異，致使學生厭煩不耐，易於引發破壞教室紀律的不良行爲。㈤教師自身有適應上的重大困難，其不當的情緒變化會助長學生的問題行爲。㈥心理測驗的結果運用不當，及能力分班的實施欠佳，使教師對測驗或成績不佳（如智力分數甚低）的學生或分在「壞班」的學生產生偏見，進而導致「自行應驗的預言」之不良後果。以上這些學校因素都會使學生產生不良的學校經驗，進而導致犯罪及問題行爲的發生。

國內有關青少年問題的研究中，大都是探討影響問題行爲之人格因素與家庭因素，而有關學校因素者則極少，而且僅只獲得甚爲零星的資料，加上此等研究在方法上有待商榷之處頗多，運用其所得結果時應採審慎的態度。

本研究所涉及之與國中學生問題行爲有關的因素有六項：㈠性別差異，㈡年級高低，㈢能力分班，㈣男女分校，㈤學校社區，㈥教師行爲。在詳述以上六項因素與問題行爲的關係之前，先談談本研究進行之方法及問題行爲的種類和定義。

研究方法

本研究之研究對象是臺北市的國中學生。實際研究係自民國六十四年九月開始，當時臺北市共有四十六所國民中學，在校學生共約十二萬人。我們以臺北市的大安區、雙園區、大同區、中山區、古亭區、松山區、建成區、延平區及景美區內的國中學生爲主要對象，大臺北外圍地區如木柵、士林、北投、南港及內湖等地則除外。爲了探討學校所在社區對學生問題行爲的影響，特依房地價格與家庭收入等因素，將上列十區內所有國中的所在社區分爲四類，即高級住宅區、普通住宅區、高級混合區、普通混合區（混合區係指商業與住宅混合區）。然後從各社區中共抽得十四所國民中學，其中五所爲男、女合校，四所爲男、女分校的男子國中，五所爲女子國中。再自取得的每所國中，以簡單隨機取樣法，分自一、二、三年級各取兩班，其中一班爲能力分班之優秀班（卽「好班」），另一班爲普通班（卽「壞班」），如此共可取得八十四班。所得各班卽不再進一步抽樣，而是以整班學生爲調查的對象。本研究利用這種分層類聚取樣法（stratified cluster sampling）取樣的結果，汰除資料不全者後，共得五千一百五十五人，其中男生二千四百三十二人，女生二千七百二十三人。

樣本取得後，利用篇幅長達十五頁的問卷進行調查工作。全部問卷共二四九題，其內容係涉及以下各方面：㈠父母特徵，㈡親子關係，㈢家庭狀況，㈣社區環境，㈤師生關係，㈥課堂氣氛㈦休閒活動，㈧同輩關係，㈨個人特徵，㈩問題行爲。其中第㈩之個人行爲部份，共列有一三〇項國中學生所可能產生的問題行爲，每項行爲請他們根據自己「常常有」、「有時有」、「很少有」、「從來沒有」四種程度來回答。爲了使受試者能儘量照實回答，全部調查係採不記名方式，並以班級爲單位，利用班會時間進行團體施測。

問題行爲的分類及其定義

由於缺乏建構中國青少年問題行爲的理論，我們參考很多國內外有關青少年問題的研究報告，請敎兩位資深的國中老師，查閱兩所國中的輔導中心的所有個案記錄後，共收集了二〇〇項問題行爲。由兩位人格心理學者檢驗討論，首先把一些語義含糊不清、模稜兩可或意義相似的項目重新改寫或刪除，再找一些「普通班」或能力較低的同學，經過面談、預試等幾個步驟後加以修訂，最後得到一百多項問題行爲。

我們採用概念分析法將一百多項問題行爲分成違規犯過行爲、心理困擾行爲、及學習困擾行爲三大類。爲了愼重起見，特請五位心理學專家分別根據下列定義與舉例加以分類：

(1)違規犯過行爲：違反社會、家庭、學校中的法律、規律或紀律之行爲。例如：打架、考試作弊、逃學、說謊、離家出走、欺騙、吸强力膠、偸竊、抽煙、遲到、欺負他人、破壞公物、罵人、傷害等。

(2)心理困擾行爲：由於無法有效解決內在衝突、挫折及焦慮而導致心理或情緒方面的困擾，但却並未違反法律、規範或紀律。其中包括焦慮反應、轉化或歇斯底里反應、恐懼反應及强迫反應。例如：失眠、精神緊張、怕黑暗、悲觀、想自殺、自卑、做惡夢、怕與人接近、退縮、孤獨、憂鬱、易怒、强迫觀念、恐懼、焦慮。

(3)學習困擾行爲：會妨碍有效學習活動的不良態度、習慣和動機因素。例如：不按時交作業、討厭功課、注意力不能集中、討厭上課、考試緊張、上課不專心聽講、缺乏學習動機。

除了以上三大類之外，又可以把一百多項問題行爲細分爲十六小類，以下是各小類問題行爲的名稱及其所包含的個別問題行爲：

(1)偷竊行爲：偷拿或搶奪別人的金錢或物品、向同學或朋友借錢不還等。
(2)吸食藥物：抽煙、喝酒、吸强力膠、注射「孫悟空」、吃迷幻藥等。
(3)不當娛樂：賭錢、逗留電動遊樂場所或彈子房、出入黃色茶室、泡黃色咖啡廳、出入歌廳、坐咖啡店聊天、打麻將、騎摩托車開快車等。
(4)異性行爲：曾有過性行爲、講黃色笑語、與異性接吻、偷摸異性的身體等。
(5)逃避家庭：離家出走、不願回家、放學後在街上遊玩等。
(6)逃避學校：逃學、逃課、裝病不上學、上學遲到、放學前早退、討厭學校等。
(7)攻擊行爲：身帶防身武器（如小刀、扁鑽）、和人打架、毀壞公物、威脅或欺負別的同學、愛吵架、罵人、鬪氣、譏笑別人等。
(8)課堂違規：上課時睡覺、胡思亂想、看課外書、偷偷講話、不專心聽講等。
(9)違抗權威：欺騙父母、不聽父母的話、欺騙老師、和老師頂嘴、對老師不滿等。
(10)其他違規犯過行爲：在校外成羣結夥一起混、考試作弊、不守秩序、對別人說謊、對人沒有禮貌、不喜歡自己的班、收集女人用的內衣物等。
(11)疑心妄想：覺得別人要陷害你、害怕別人控制或影響你的思想、覺得被人跟蹤、覺得有人譏笑你等。
(12)憂鬱悲觀：想自殺、感到悲觀、生活無味、覺得自己不如人、想哭、怕與人接近、在熱鬧場合也不快樂、沒有朋友、喜歡發呆等。

⒀焦慮緊張：精神緊張、莫名奇妙的恐慌或害怕、怕黑暗的地方、晚上睡不着覺、做惡夢、說話結結巴巴、退縮膽小、怕和異性談話等。

⒁敵意行爲：生氣、摔東西、傷害小動物、嫉妒別人等。

⒂心身徵候：耳鳴眼花、胸口發痛、疲勞無力、手心出汗、身上抽筋、頭痛、胃不舒服、偏食、拉肚子、嘔吐、便秘、無故昏眩等。

⒃學習困擾：討厭功課、不按時交作業、擔心考試、擔心分數、考試時緊張、記憶力不好、注意力不能集中等。

以上十六小類問題行爲中，第⑴至第⑽是屬於違規犯過行爲，第⑾至⒂是屬於心理困擾行爲，第⒃小類是學習困擾行爲。受試者在每項問題行爲上回答「從不」、「很少」、「偶而」或「常常」，分別得1，2，3，或4分。分別將各類問題行爲所包含項目之得分累加起來，即可得該類問題行爲的總分。分數愈高，表示該類問題行爲愈嚴重。

除了以上所使用的概念分析法外，因素分析法也可以用來對各項問題行爲作比較實證性的分類，同時可以探討各類問題行爲所包含的共同因素。換句話說，可能所有的問題行爲均由幾個主要因素所組織，因素分析的結果可以讓我們從幾個主要的角度（因素）來看問題行爲，以便對問題行爲有更淸楚的概念與描述，並可進而從事有關病因和防治之更精密的研究。

本研究曾以因素分析法對中國青少年的問題行為加以分析，結果得到兩個主要因素。第一個因素是「違規犯過行為」包括第⑴至⑽小類問題行為；其中前六類的相關很高，都是為了追求享樂或逃避痛苦而做些不為社會所接受的事，所以稱為「追求享樂的違規犯過行為」。第⑺至⑽四小類問題行為都具有直接違抗已有規範、紀律或法律的特性，所以稱為「破壞規則的違規犯過行為」。第二個因素是「心理困擾行為」，包括第⑾至第⒃小類問題行為。由此可知，因素分析和概念分析的結果是相當類似的，唯一不同而引人深思的發現是，學習困擾這一類問題行為和心理困擾中的各類問題行為都有很高的相關，而同屬於第二個因素。這表示學習方面遭遇的困擾只是一個人一般心理困擾傾向中的一面或一種表現而已。從事教育或輔導的人，如果把這一點牢記在心，將來處理青少年學習上的困擾時，會有很大的助益。

因素分析的過程中亦可發現，違規犯過行為應屬外向性的行為，心理困擾行為應屬內向性的行為。根據佛洛伊德心理分析論的看法，外向性是反映個人的本我（id）比超我（superego）佔優勢，內向性則是超我比本我佔優勢。由此推論，違規犯過行為可能較易發生在本我比超我强的人身上，而超我比本我强的人則可能較易產生心理困擾行為。自我（ego）的控制能力比較低弱的人，兩種型態的問題行為均易發生。由於心理結構不同，違規犯過行為是表達了內在的衝動而使外在的社會環境遭受破壞，心理困擾行為則是壓抑了心理的衝動而使自身蒙受其害。

許多機體論（organismic theory）與人本論（humanistic theory）的心理學家認爲，每一個人都是有整體性人格的有機體，當此一個體對他周遭的環境失去了支配或適應的能力時，維持其功能正常運作的能力也將全面性地降低，而使適應不良擴散到日常生活的各種活動。本研究中因素分析的結果與這種看法是一致的，違規犯過與心理困擾兩大類適應不良的問題行爲並非互相獨立，而是有相當程度的相關；因此，當一個人整個的適應發生問題時，他的兩大類問題行爲都會同時出現。但是，由於個人本我與超我的强弱不同，有些人會有較多的違規犯過行爲，有些人則會有較多的心理困擾行爲。

男女性別與問題行爲

我們的研究結果顯示，無論一、二或三年級的學生，國中男生比女生有較多的違規犯過行爲，較少的心理困擾行爲。女生則有較多的心理困擾行爲，較少的違規犯過行爲。這種性別的差異，不僅發生在此兩大類的問題行爲上，甚至其中所包含的每一小類問題行爲，凡是屬於違規犯過行爲者都是男生較多，屬於心理困擾行爲者都是女生較多。

這裏特別值得一提的是，違規犯過行爲中的「逃避家庭」這一小類問題行爲是女生比男生多，但仔細探究原始資料後發現，女生回答「不願意回家」這一項目的次數較多，而「放學後在街上遊蕩」的傾向則比較弱。由此可以看出，儘管女生在心情上比男生不喜歡回家，但把這種心態表現成行爲的傾向卻比男孩子爲弱。女生比較不願意回家的理由使人難以理解，也許是女生比較敏感，對於父母親的責難、約束或限制有較强的情緒性反應，而中國的父母親對於女孩子放學後在街上閒蕩的行爲會採取相當嚴厲的管束與限制，遑論離家出走。這可能是女生沒有把不喜歡回家的心意「充分」表現在行爲上的最大原因。女孩子比較膽小，可能也是一個原因。

西方國家的研究也顯示同樣的結果，男性兒童與少年比較傾向於違規犯過行爲，女性兒童與少年比較傾向於心理困擾行爲。這種差異的存在，有的學者認爲是男女性別體質上的不同所引起的行爲差異，而比較廣泛且被接受的是社會學習論的看法。後者認爲整個社會對男女角色行爲期望的不同與對過失行爲容忍程度的不同，導致了男女問題行爲的差異。在社會學習的過程中，由於社會文化中對性別角色的定義不一樣（我們的社會文化認爲男性是向外取向的，女性是向內取向的），對他們的行爲表現也施予不同的壓力，於是符合社會期望的行爲模式就容易受到强化而得以保存，終致產生了性別型化（sex-typing）的作用。

年級高低與問題行為

本研究的結果又顯示，各種問題行爲的數量有隨着年級增高而增加的趨勢。這種各類問題行爲普遍隨年級而增加的現象，有三項比較可能的解釋：(1)各類問題行爲的普遍增加是國中年齡階段身心發展上的正常現象；(2)是國中教育的某些缺點使然；(3)是社會變遷的因素使然。現在就這三種可能性分析一下。從身心發展的觀點來看，不同的階段會出現特殊的問題行爲，而就某一特定階段而言，當某些問題行爲增加時，其他的問題行爲便會減少，而不會所有各類問題行爲都同時增加。很多國外的研究報告都已經支持這種看法，所以這種各類問題行爲普遍增加的現象，可能不是國中學生身心發展上的正常現象。至於第二與第三兩項因素中，社會變遷所提供的刺激主要是觸發性的情境因素，而國中教育的缺點則會成爲問題行爲的促成因素。究竟國中教育的那些缺點具有這種負向的功能，頗難確切斷言，但課業過重而未能因材施教可能是一個重要的原因，而能力分班實施不當也可能是一個製造問題行爲的主要因素。

從國中三年內各類問題行爲普遍增加的趨勢，我們可以預測國中畢業後的幾年內少年犯罪行爲會有逐年上升的可能。事實上也確乎如此，根據內政部警政署所提供的資料顯示，臺灣地區犯罪人口十七歲是第一個高峯。十六至十七歲之少年犯罪人數的增加，可以視爲國中三年各類問題行爲普遍增加之趨勢的延續。我們雖不敢說國中階段常有問題行爲的所有學生將來畢業後都會表現出犯法的不良行爲，但其中可能有相當比例的人會有這種傾向。在國中適應不良的學生，畢業後遇到社會中的觸發因素，自會比較容易做出違規違法的事情。

能力分班與問題行為

根據本研究的結果，優秀班與普通班最明顯的差異是發生在六類情緒性的問題行爲上，而且無論男生或女生，在疑心妄想、憂鬱悲觀、焦慮緊張、敵意情緒、心身徵候及學習困擾六個特殊的問題行爲上，都是優秀班學生高於普通班的學生。總括而言，優秀班學生在情緒或心理適應上不如普通班學生。此項結果與一般人的想法不同。以前的研究即曾發現，優秀班學生的考試焦慮比普通班學生高，這可能是因爲優秀班的學生要繼續保持旣有的身份（「好班」的學生），需要獲得良好的考試成績，但因彼此在智力與學業上都相差不大，所以往往會缺乏超越同學的信心，不免要患得患失，對考試與課業產生較高的焦慮。優秀班學生在日常生活中所遭遇的困擾問題雖然較少，但在課業的重擔下長期處於患得患失的心情中，在情緒生活的適應上自會處於不利的地位。

在各種逃避性與違抗性的問題行爲上，只有吸食藥物（男生）、不當娛樂、異性行爲（女生）三小類問題行爲上是普通班多於優秀班。這些差異顯示：普通班學生比較傾向於以不當的方式追求快感，以暫時逃避自己的困境。在違抗權威這一項上，無論男生或女生，都是優秀班學生高於普通班學生。優秀班與普通班在其他違規犯過行爲方面都無顯著的差異。

總之，優秀班與普通班的學生，在問題行爲的類型上互有所偏。優秀班學生之情緒性的心理問題較多，而逃避性的犯過行爲較少，這似乎表示他們順從社會規範與要求的傾向較大，而在努力達成社會期望的過程中遭遇到困難時，較少採取逃避性的犯過行爲，而較多形成內隱的情緒困擾。普通班學生則有不同，他們的逃避性犯過行爲較多，而情緒性心理困擾較少，這似乎表示他們順從社會規範與要求的傾向較少，而由於未能努力達成社會期望而遭遇到困難時，較少形成內隱的情緒困擾，而較多採取逃避性犯過行爲。

男女分校與問題行為

關於男女分校與合校的利弊得失，在教育上一直是個爭論性的問題。贊成男女分校者所持的主要理由之一是防止或減少學生的問題行爲。提出此類理由的人說來雖然振振有詞，但實際上則缺乏實徵性的證據，而本研究所得的有關結果正可針對此一問題提出驗證。

本研究的結果顯示，男女分校與合校學生在大多數特殊性與綜合性的問題行爲上都無差異，即使在少數問題行爲上具有顯著的差異，也是男女分校學生的問題行爲多於合校學生。換言之，男女分校不但不能減少問題行爲，反而會增加某些問題行爲（特別是逃避學校的行爲），可能是男女同校會增加學校生活的變化、刺激及趣味，使學生較少討厭與躲避學校）。主張男女分校者往往强調分校可以減少問題，此種說法似乎與事實不符。再者，贊成男女分校者常說分校後可以防止學生對異性的不良行爲，但事實上却非如此，因爲本研究中分校與合校學生在異性行爲這類問題行爲上並無任何差異。總之，本研究所得的有關結果，使我們不得不對男女分校論者所持的主要理由發生懷疑。

教師行為與問題行為

我們利用問卷來測量教師行爲，問卷中有十五個選擇題與教師對學生的態度及行爲有關，所測的教師行爲分別爲：(1)是否鼓勵學生在課堂上自由發問或表示意見（愈常鼓勵得分愈多），(2)是否喜歡稱讚學生（愈常稱讚得分愈多），(3)是否了解學生（愈瞭解得分愈高），(4)是否關心學生（愈關心得分愈高），(5)是否偏心（愈少偏心得分愈高），(6)對學生是否有耐心（愈有耐心得分愈高），(7)是否嚴厲（愈少嚴厲得分愈高），(8)是否大聲責罵或嘲笑學生（愈少如此得分愈高），(9)是否會打人（愈少如此得分愈高），(10)是否罵學生笨（愈少如此得分愈高），(11)處罰學生是否公平（愈公平得分愈高），(12)是否會因部分學生犯錯而處罰全體（愈少如此得分愈高），(13)是否重視學生的自尊心（愈重視得分愈高），(14)脾氣好壞（脾氣愈好得分愈高），(15)是否鼓勵學生獨立思考與判斷（愈是如此得分愈高）。然後根據每位受試者在十五項上之選擇給分，相加得一總分。此項總分可以視為在學生心目中教師行為好壞的一項指標，總分愈高表示教師行為愈好，愈低表示愈差。

由上述問卷所測得之分數代表教師行為的良好程度。其與各項問題行為的相關係數均達到了統計上顯著的水準，而且皆為負值，絕對值大都偏低。簡而言之，教師對學生的行為愈好，學生的問題行為愈少，但其間的關係並非密切。

在各類特殊的問題行為中，「違抗權威」與「其他違規犯過行為」兩者與教師行為良好程度的相關似乎較高，其他各項問題行為與教師行為的相關則大致接近。又教師行為良好程度與問題行為變項的相關程度，大致不因性別差異與能力班別而有所不同。

學校社區與問題行為

學校所在的社區有類別的不同，也有高低的差異。就類別而言，有些是住宅與商店混合，可以稱為混合區。就其高低而言，有些社區的房地價格與家庭收入較高，可以稱為高級區，有些社區的房地價格與家庭收入較低，可以稱為普通區。如將社區的類別與高低兩相配合，可得四種不同的社區、即「高級住宅區」、「普通住宅區」、「高級混合區」，及「普通混合區」。

本研究在分析學校社區與問題行為的關係時，首先分就男女兩性將學生依其學校所在地區之類別與高低加以分組，以比較各組在各種問題行爲上的差異。根據統計分析的結果，我們發現幾項主要的事實。

第一項事實是有關學校社區類別對問題行爲的影響。在不當娛樂、異性行爲、逃避家庭、逃避學校、攻擊行爲、課堂違規、違抗權威、其他違規犯過行爲、疑心妄想、憂鬱悲觀、焦慮緊張、敵意情緒、心身徵候及學習困擾各小類問題行爲上，混合社區（商業與住宅混合）的學生較住宅區的學生爲多。社區類別對問題行爲的此種影響，並不因學生性別而不同。從這些結果看來，座落在混合社區的國中，其學生的問題行爲較多，而座落在住宅區的國中，其學生的問題行爲較少。混合社區與住宅社區兩者的主要不同，是前者係商店與住宅混合，後者則以住宅爲主。臺北市的國民教育是採取學區制，因而學校所在社區即家庭所在區域。由於商業活動的關係，混合區中往往人物雜處、刺激衆多，兒童與少年身處其中，自然會受到較多的誘惑，導致較多的問題行爲，尤其是違規犯過的行爲。再說，商業住宅混合區中，家庭生活所强調的價值觀念與商業活動所强調的價值觀念常有不同，甚且互相矛盾衝突，兒童與少年生活其中，耳濡目染，可能不易形成穩定而一致的價值觀念與行爲原則，因而易於發生行爲問題與心理困擾。還有，混合區中的居民以商業界人士爲主，住宅區的居民中則有很多公教人員。商界人士往往外務較多，留在家裏與子女相處的時間較少，而公教人員往往在家照顧子女的時間較多，對子女的教育也比較重視。而且，卽使住在住宅區的商界人士，也可能要比住在混合區的商界人士更重視家庭生活，否則便不會將工作場所與居住場所分開。總之，住宅區居民的比較重視家庭生活與子女教育，可能是促使住宅區學生問題行爲較少的一個主要原因。

第二項事實是有關社區高低與問題行爲的關係。研究結果顯示，在偸竊行爲、攻擊行爲、違抗權威、疑心妄想、憂鬱悲觀、敵意情緒及學習困擾各小類問題行爲上，高級社區的男生較普通社區的男生爲少，女生亦有相同的差異方向，但只限於偸竊行爲、逃避家庭及其他違規犯過行爲三者。社區高低雖非在大多數問題行爲上都具有顯著性的差異，但凡有差異者，必爲高級社區之學生較少問題行爲。較高社區的居民多屬於較高的社會經濟階層，上述的結果卽表示較高社會經濟地位者的子女較少問題行爲。此種傾向與國外的有些研究者所發現的結果大致相符。至於何以低社會階層的青少年易有不良的行爲，則衆說紛紜，莫衷一是。有兩種比較可能的解釋是：第一，住在普通社區內的居民，是屬於低社經階層的人士，他們不但具有獨特的價値觀念、動機態度、道德規範及行爲習慣，而且這些獨特的思想與行爲往往與校規及法律所要求者不相一致，因爲校規、法律或其他「主流規範」大都是根據中上階層的價値觀念、動機態度、道德規範及行爲習慣所訂定的；因此，低階層人士認爲正常的行爲與做法，從校規、法律或其他「主流規範」的標準看來，便成了不良行爲。第二種解釋是，住在普通社區的居民，既然多是低階層的人士，他的教育程度、經濟能力、智慧能力及社會關係均較差，常不易用合法的手段達到目的，而不得不採取其他的方法，其不良不法的行爲自然較多。

第三項事實是有關社區類別與社區高低對問題行爲的配合性作用。研究結果顯示：⑴就普通社區而言，混合社區在問題行爲上高出住宅社區的程度較大，但就高級社區而言，混合社區與住宅社區在問題行爲上差異較少或全無。⑵普通混合區的學生具有最多之違抗性問題行爲，而高級混合區、高級住宅區及普通住宅區的學生則大致相近。⑶高級住宅區的學生具有最少的情緒性問題行爲，而普通住宅區、高級混合區及普通混合區的學生則大致相近。

（原載「中國青商」，民國六十九年二月，第廿七卷，第一期，七至十一頁）

青少年輔導工作的目標與原則

在人生的各個階段中，青少年時期是最叫人憂慮的。這個階段之所以令人擔心，主要是由於個體發展上的兩種現象。其中一種現象是：兒童時期適應不良所累積下來的問題，到了青少年期便會表面化或嚴重化。另一種現象是：青少年期是個體過渡到成人期的關鍵階段，在追求獨立與建立自我的過程中，常能發生特殊的適應困難。這兩種傾向相聚相激的結果，遂使青少年人在生活與行為上易於遭遇問題。

青少年既然是一個最易產生適應問題的時期，自然也就是一個最需要加以輔導的階段。正如人生其他階段的輔導活動一樣，青少年輔導工作的宗旨是由輔導專業人員協助當事人解決問題、克服困難，以提高其生活適應的素質。與其他階段之輔導工作不同的是，青少年輔導工作更强調「承先啓後」的輔導功能；更淸楚的說，青少年輔導工作不僅要深入的處理兒童期所已累積的問題，而且還須系統的考慮成年期所將面臨的情況。

青少年輔導工作之所以可能，主要是建立在幾個假設之上。第一，青少年輔導工作者假設有時人人都需要別人的幫助與意見；即使是正常的人，有時也會要求他所認爲適當的人加以協助，以解決自己在學習、工作、情緒及人際關係等方面所遭遇的問題。第二，青少年輔導工作者假設人有自主性，認爲人在日常生活中應有自決與自擇的能力。只有經由以自由意願爲基礎的抉擇，個人在行爲上才會產生責任感，才會培養獨立性。第三，青少年輔導工作者對人的能力有信心，認爲只要給以適當的機會與環境，人人都能解決自己的問題，而輔導者的主要功能之一，即在提供受輔者一種有利的條件，使其易於獲得解決問題所需要的知識、資料及方法。第四，青少年輔導工作者假設個體在青少年期將面臨不同於其他階段的生活情境與社會要求，因而會產生特殊的適應問題或困難；這些特殊問題或困難的解決，有賴於特殊的專業知識與技能。在以上四項假設中，前三者爲各類輔導工作的共同假設，第四者則爲青少年輔導工作所獨有。

青少年輔導工作的目標

從廣義的觀點來看，輔導工作實是教育工作的一環。因此，輔導工作的最終目標實在就是教育的目標。教育的目標是增進個人過一種良好生活所需的知能與態度。所謂「良好的生活」，實際上是指「適應良好的生活」，其中主要包括了兩方面：①個人在學習、工作、情緒及社會關係上適應良好，②個人就其能力所及，對於社會有所貢獻。一個人若是能做到了這兩點，便可以說相當程度的實現了自己的秉賦與潛能。所以，「適應良好的生活」實在就是「自我實現的生活」。教育的目標既然是自我實現，輔導工作的最終目標當然也是自我實現，一般的輔導工作如此，青少年的輔導工作也是如此。

最終的目標是總的目標，總的目標之下是一般性的目標。正如其他各類輔導一樣，青少年輔導工作在「自我實現」這一總的目標之下，還有幾個一般性的目標，它們代表了個人生活適應中自我實現的不同方面。青少年輔導工作的努力目標，即在促進這些主要方面的適應素質。

第一個一般性的目標：發展與發揮個人的秉賦與智能

一個人在智慧、情緒及德性等各方面，都有其獨特的潛能，透過輔導工作的從事，應使這些潛能得到適當的發展。青少年階段仍然是人生的「形成時期」(formative stage)，各種秉賦的可塑性依然很大。但在這一時期內，由於內外環境的急劇變動，青少年個人潛能的發展常會產生窒礙。青少年輔導工作的主要目標之一，即在幫助受輔者消除或克服這些窒礙，獲得更有利的成長條件，以使其秉賦與潛能得以高度的發揮。

第二個一般性的目標：建立良好的人際關係，以提高社會適應的素質

人是一種高度社會化的動物，其日常生活的大部份都與他人有關。一個人整個生活適應的良好與否，往往取決於其社會關係的良好與否。在人際關係的經驗中，如果經常發生不快的情事，久之便會形成社會焦慮（social anxiety），變作個人性格的一部份。有持久性社會焦慮的人，會對日常的人際情境產生恐懼的情緒，並表現出厭惡與躲避社交活動的傾向。在這種情形下，個人的情緒便很易失去平衡，對自己的看法也將逐漸貶低。人際適應的不良，對整個生活適應會產生決定性的影響。兒童期的人際關係比較單純，成人期的人際適應已經定型，只有在青少年時期，人際關係的內涵既趨複雜，人際適應的方式也待嘗試，所以很容易產生問題。青少年輔導的主要目標之一，即在幫助受輔者培養良好的社交技巧，消除人際關係的障礙，以改進其社會生活的適應水準。

第三個一般性的目標：增進工作選擇與職業生活的效率

工作是人生的一個重要層面，個人的價值與社會的生活往往受到職業生活的影響。為了獲得經濟生活的安全及其他動機的滿足，每人都需要一個適合於自己的職業或工作。但是，獲得這樣一個職業並不是一件容易的事，在追求良好工作的過程中，很多人會遭遇到困難。就青少年人而言，他們所處的主要是一個前程計劃與就業選擇的階段。為了最後能找到適當的工作，青少年必須從事職業瞭解、工作選擇、就業訓練、在職嘗試等方面的努力。在這些步驟中，很多青少年會需要專業輔導人員的幫助與意見，以有效解決自己所遭遇的困難。

第四個一般性的目標：培養便於團體生活的品性

人不僅要發展自己的秉賦，諧化人際的關係，健全職業的生活，而且還要促進個人在團體中的適應水準。在現代的複雜社會中，個人與種種團體（包括社會與國家）之間的關係與活動，也是個人自我實現的一個重要方面。順暢和諧的團體生活，有賴於特殊品性的培養。團體（特別是自己的社會與國家）需要有認同、肯合作、能負責的成員，但在培養認同、合作、負責等等品性的過程中，却又並非人人都能順利。有些人對自己所屬的團體形成了疏離感，有些人形成了不合作（甚至反社會）的傾向，有些人則形成了不負責的態度。這些不利於團體生活的特質，都會爲當事人帶來生活適應上的困惑。這種情形在青少年期最爲明顯，因爲在此階段中，年輕人爲了追求個人的獨立與自立，對團體最容易有疏離而不合作的表現。青少年輔導工作者有時必須幫助受輔者克服個人與團體間的種種衝突，以創造適於團體生活的有利品性與條件。

以上四者是青少年輔導工作的一般性目標，但在實際進行輔導工作時，這些目標仍嫌相當的籠統，不易直接據爲工作的標的。爲了便於當作實際輔導活動的指向，青少年輔導工作還需要一組更確切的目標，這便是以下所列的特殊目標：

(1)幫助受輔者了解自己的需要、情緒及能力，知道他自己在各方面的優點與缺點，進而接受自己，並悅納自己。

(2)幫助受輔者了解現實的眞正情況，使其對外界的認知切合眞象。在知覺物理的與社會的環境時，應革除自衞性之否定與歪曲的習慣。

(3)幫助受輔者面對自己的正當需要或動機，並助其革除不正當的滿足途徑，學習合理的滿足方法。過强與過弱的成就動機均非所宜，都可經由輔導而加以調節。

(4)幫助受輔者的情緒獲得適當的發展與分化，以便能够在不同情境下表現恰當而不相同的情緒反應。有具體原因的偶而焦慮與憂鬱是正常的，但過度或不能控制的焦慮與憂鬱則須加以減除。

(5)幫助受輔者改善學習的態度與習慣，增進學習的技巧與效率，以有效獲得有用的知識與技能。

(6)幫助受輔者養成愼重分析判斷的習慣，提高以冷靜而理性的方法解決問題的能力。應使受輔者充分體認，訴諸情緒與思考未周的衝動或盲動，只能爲個人與社會帶來出乎意料的傷害。

(7)幫助受輔者去除不必要的自我壓抑，減輕過份從衆的反應傾向，使其在思考與行爲上養成相當的獨立性與自主性，以便在做任何事情時，都能有別出心裁之創作性的表現。

(8)幫助受輔者養成信任、關懷及愛護別人的傾向，增加社交生活的技巧，以改進其人際關係的適應。受輔者在交友、擇偶及結婚等方面所遇到的困難，當然也在輔導之列。

(9)幫助受輔者了解主要職業的特徵與就業市場的現況，從而針對自己的職業與趣與性向，選擇適當的工作；進而則應協助受輔者接受必要的職業訓練，並從事其他的就業準備。就業後如遇問題，也應加以輔導。

的適應。

⑽幫助受輔者建立適當的道德與價值觀念，養成合作、負責、守法的品性，以利於團體生活

⑾幫助受輔者建立良好的人生觀，以提供統合各種活動的中心與指針，而使整個的生活有方向，有組織。

青少年輔導工作的原則

到此爲止，我們已經爲青少年的輔導工作提出了三層目標：最終的目標、一般性目標及特殊性目標。特殊性的目標是爲實際從事青少年輔導工作時所設立的具體性目標，這些目標的達成是爲了完成上一層的一般性目標，而一般性目標的達成則是爲了完成更上一層的最終目標。

在實際從事青少年輔導工作的過程中，爲了有效的達成上面所說的三層目標，還應注意到幾項基本的原則。這些原則提供了設計具體輔導方法與程序的主要依據，如能善加遵守，則易使輔導工作產生有利的效果，而不會導致不利的影響

第一項原則：青少年輔導應重視受輔者的個別差異

心理學者一再發現，在認知、動機、情緒、學習及解決問題的方式上，人與人之間不但互有量的差異，而且也有質的不同。例如，對於同一個情境，不同的人會有截然不同的解釋，引起截

然不同的情緒，導致截然不同的行爲。個別差異在兒童時期即已開始形成，到了青少年期差異的幅度已很巨大，輔導者自不能不予以密切注意。輔導工作不是一種機械化的呆板活動，除了基本的目標與原則之外，實際的輔導方法與程序，必須因人因事而不同；亦即，在以貟人貟事從事輔導工作時，應該採取個別化的方式（ideographic approach），而不應採取通則化的方式（nomothetic approach），在幫助受輔者的時候，宜儘量採取「差別處理」（differential treatment）的策略，即使所遭遇的困難相同，也要依據導致原因與心理性格的不同，以不同的方法從事。總之，輔導工作者應重視每一位受輔者的獨特性，並據以選擇適當的輔導方法。

第二項原則：青少年輔導應注意受輔者的統合性

任何一個人都是一個統合體，他們的心理與身體是互相統合的，他們的認知、動機、情緒、學習、思維、行爲等，也都是互相統合的。一個人在心理上發生了問題，他的身體也會受到波及，反之亦然。一個人在動機或情緒上發生了問題，他的思維或行爲也將受到影響，反之亦然。一個人在家庭中有了問題，他在學校內也將難以順利，反之亦然。青少年輔導工作者應將此等事實牢記在心，在進行輔導的過程中，儘量避免頭痛醫頭、脚痛醫脚的做法。例如，我們自己在最近的研究中發現，有違規犯過行爲的少年往往同時會有情緒困擾，有情緒困擾的少年往往同時會有違規犯過行爲。這表示幫助前一類少年時，只改變其違規犯過行爲是不够的，還需要去除其情緒或心理上的困擾；幫助後一類少年時，只去除其情緒困擾是不够的，還需要改變其違規犯過的行爲。同理，在處理心理問題時，應同時考慮到生理問題，反之亦然。在促進智能的發展時，應同時注意情緒與社會關係的發展，反之亦然。總之，在從事青少年的輔導工作時，應將受輔者視爲一個不可分割的整體。

第三項原則：青少年輔導應重視受輔者的價值與尊嚴

輔導工作的基本出發點是人本精神，而後者最主要的內涵是强調人人的價值與尊嚴。在基於人本主義從事輔導工作時，只要是在法律容許的範圍以內，應儘量以受輔者的福利爲依歸。對於可能使受輔者之身心受損的做法，要盡力避免；輔導者的任何建議與措施，必須事先向受輔者加以充份解釋，務求訴諸其自由意願。但是，這也並非說，輔導者一切都要遷就受輔者，順着他的意思去做。受輔者有些想法、計劃或行動，可能是很不理性的，如果付諸實行，其後果對當事人可能大爲不利。在這種情形下，輔導者卽應運用自己的專業知識，努力以理性而客觀的態度，幫助受輔者了解其想法、計劃或行動的不理性處，以及可能爲自己所帶來的不利後果。再者，輔導者應充份維護受輔者的隱私權，不可以任何理由將其個人經歷與事項的全部或一部份披露；卽使省去姓名，當事人的親友也易從部份事例中辨認而出。

第四項原則：青少年輔導應注意社會變遷的事實

我們的社會正在經歷着現代化所引起的快速變遷。青少年輔導工作者必須重視此項事實，因爲青少年是整個人口中對社會變遷最爲敏感的一類人，他們的很多問題或困難都可能是由這種變遷所引起的。換一句話說，由於青少年在新、舊兩套思想觀念與行爲規範上都已受過相當程度的社會化，因此或多或少的是新舊交替過程中的「臨界人」，在日常生活自然易於經驗到矛盾、衝突及徬徨。從這個觀點來看，青少年輔導工作者要想正確的了解青少年的很多問題與困擾，便必須注意社會變遷的因素，尤其是社會變遷的內涵與歷程。如果不考慮社會變遷的因素，怎能了解女性少年犯罪的新類型？怎能了解青少年婚前性行爲的問題？怎能了解青少年職業選擇所遭遇的困難？怎能了解青少年在親子關係中的處境？

第五項原則：青少年輔導應配合現代生活適應的需要

我們的社會是在快速的變遷中，其方向是愈來愈現代化。影響所及，社會大衆在思想觀念與性格行爲上也逐漸現代化，獲得了現代人的若干共同特徵，而這些特徵愈多愈便於在現代社會中生活。生活在現代社會中的人，在適應日常情況與處理日常事務時，需要採取比較現代化的方式，而避免採取比較傳統式的做法，否則便不易產生預期的效果。輔導工作者應掌握現代社會、現代生活及現代人的種種特質（註一），以爲進行輔導時的參考。就這一方面而言，輔導者應該特別注意兩點：①要從現代生活之適應的觀點分析受輔者的問題，看看他的困難是否由於所採取的適應方式已嫌過時，無法有效的應付新的情況；②幫助受輔者改進其思想觀念與處事方式時，應特別注意其新採觀念或方式對現代化生活情況的適應性，以防受輔者放棄了一種過時的方式，却又採取了另一種過時的方式；亦卽，在從事輔導工作時，輔導者所做的任何建議或幫助，都應配合受輔者適應現代生活的需要。

第六項原則：青少年輔導工作應注意輔導者與受輔者的適當配合

輔導工作者不應將自己當作「萬能博士」，認爲自己什麼個案都能予以有效的幫助。每一位輔導工作者都有自己性格與能力的限制，又因訓練與經驗的不同，各自所擅長輔導的個案類型，所善於幫助處理的問題類別，也會互不相同。同時，青少年人對人際關係大都非常敏感，他們對不同類型的輔導者往往會有不同的好惡反應，建立素質與程度不同的關係，接受性質與程度不同的影響。在不同類型的輔導者、不同類型的受輔者及不同類型的問題這三個方面之間，必有最爲適當的配合存在。輔導者應該承認自己的種種限制，確知自己所擅長輔導的個案類型，所善於幫助處理的問題類別。非爲自己所擅長者，應儘量轉介給其他輔導者或輔導機構。已經開始輔導後，如果發現自己的輔導工作效果不彰，必要時也應加以轉介。自己不能有效輔導的對象或問題，別人却可能有效的做到。總而言之，輔導者、受輔者及問題類型三者要有適當的配合，才能產生最大的輔導效果。

幾句結尾的話

青少年時期是整個人生的「嘗試階段」。在這個階段中，個體要以兒童期的經驗爲基礎，試圖建立步入成人期所需要的正常適應方式。由於這個時期的高度嘗試性，青少年在很多方面都易於產生問題，發生錯誤，因而也最需要輔導工作者的幫助。青少年期所遭遇的若干困擾，看似微不足道，但如未能及時加以輔導，便可能差之毫釐而失諸千里，終會導致成年期適應不良的後果。當然，有些青少年的有些輕微的困擾，隨着個體的進一步發展，會自然的消失或解決。青少年輔導者的重要工作之一，便是幫助受輔者及其父母師長分析當事人的問題性質，判斷出那些困擾應當立卽加以輔導，那些則不必過份重視。

青少年輔導工作的最高境界，是幫助青少年克服自己所遭遇的困難，逐漸獲得一種「有責任心的獨立性」(responsible independence)，能够站在自己的脚跟上，自動自發的向前發展與成長，以便在個人生活與社會生活兩方面，都能使自我的種種潛能與秉賦獲得相當的實現。在人生的歷程中，能够繼續自我實現的生活，便是一種美滿的生活。青少年輔導工作者的職責，便是幫助一般青少年追求這樣的美滿生活。

註　解

註一：輔導工作者如欲了解現代社會、現代生活及現代人的特質，可參閱以下四書：

①金耀基：從傳統到現代。臺北市，時報文化出版事業有限公司，民國六十七年（增訂一版）。

②楊國樞：中國人的現代化。高雄市，衆成出版社，民國六十五年。可閱「現代人的畫像」、「中國人的蛻變」及「中國人的現代化」三文。

③楊國樞：現代社會的心理適應。臺北市，巨流圖書公司，民國六十七年。可閱「現代化的解析」、「現代社會的心理適應」、「從中國人的性格談民主在中國的前途」及「新孝道與新慈道」四文。

④Eisenstadt, S. N. *Tradition, Change, and Modernity*. New York: John Wiley. 1973.

⑤Inkeles, A. and Smith, D. H. *Becoming Modern: Individual Change in Six Developing Countries*. Cambridge: Harvard University Press, 1974.

⑥Kahl, L. A. *The Measurement of Modernism: A Study of Values in Brazil and Mexico*. Austin: University of Texas Press, 1968.

⑦Lerner, D. *The Passing of Traditional Society: Modernizing The Middle East*. Glencoe, Ill.:Free Press, 1963.

⑧Weiner, M. *Modernization:The Dynamics of Growth*. New York:Basic Books, 1966.

（原載「中國論壇」，民國六十九年，第十卷，第四期，廿九至三十三頁）

輔導理論與方法的中國化

關於輔導中國化的問題，不僅是我們的社會有這種反省與反應，實際上這也是任何一個開發中的國家，特別是當一個國家進入初級工業化的階段之後，都會有的反省與反應。

當社會中的許多傳統特點在慢慢消失時，社會大衆自然會發出一種「思古之幽情」，想把握住自己原有的很多東西，以免失去了自己原有的特點。另一方面，社會在轉變的過程中，往往會產生很多問題，對於這些問題的處理，常常需要借重很多外來的方法、觀念及理論。不過，這些外來的東西，却也同時給我們國家帶來一些已經現代化或工業化的國家所特有的社會問題。但是，這些問題又不是完全與其他國家一樣。所以，歐美引進來的理論與方法會讓我們覺得似是而非，像有用又像無用，像妥貼又像不妥貼。這就有如外國製西裝的輸入國內，儘管外型沒什麼異樣，但是國人穿起來就是和體型不相襯，比例不對勁。所以，還是「中國化」一點的好。於是，就把它改了，改得更適合於中國人的體型。

我想許多人所以會有「需要中國化」的感覺，這跟整個社會的急速變遷與現代化歷程有相當密切的關係。我們不要把它看成只是我們中國人所獨有的想法，實際上很多國家都有這種情況。只不過有些國家發生得早，而我們覺得「需要中國化」的想法發生得較晚而已。

有人談到「中文化」的問題。基本上，「中文化」與「中國化」的性質是不一樣的，中文化的範圍較窄。譬如，我們若用英文來接受外國人的東西，常會感到很不方便；若用中文來接受外國人的東西，則接受起來容易，了解得也會深刻些，將來要運用時，也較能得心應手。所以，「中文化」的目的之一是强調利用中文來提高學習的效率。當然，它多少也帶有點民族主義的感情在內。「中國化」的重點則不在這裏，「中國化」未必就要「中文化」，這點可從研究裏看得出來。譬如，我們可以用非常「中國化」的方式作研究，而用英文寫出來送到外國去發表。反之，我們也可以用中文寫出非常洋化的內容來，在本國的期刊發表。基於這些差別，我們自不可把「中文化」與「中國化」混為一談。

在我個人的感覺中，過去談「中文化」的人較多，談「中國化」的人較少。「中國化」的問題是最近三、五年來才被重視的事。在這段時間中，我個人也做了些提倡的努力。最早，我强調「教學的中國化」，接著提倡「研究的中國化」。因為，我們研究的很多問題，都是外國人研究過的。例如，在心理學方面，外國人研究少年犯罪、考試焦慮及歸因歷程等問題，我們便也研究。而且，研究中所使用的理論與方法，也都是外國人的一套。所以會如此，主要是因爲我們的社會及行爲科學界的人才大都是在國外如美國、歐洲、日本（仍是受歐美影響）等國家接受訓練的；卽便是由國內訓練出來的人才，當初接受的教材內容，也大都是歐美的。所以說，我們在大學中不管學的是那一門社會及行爲科學，其實都全盤西化了，被西方「洗腦」了。因此，作研究的思考方式是西方的，所用的理論、方法及架構是西方的，所發表的研究也都是依照西方的格式。基於這些反省，再加上我們更發現到，國內作研究的人原本就少，如果用的又都是別人的方法與理論，往往會造成多你一個不算多，少你一個不算少的局面，以致中國學者對本行的學科不容易有什麼大的貢獻。如果我們想突破這種局面，就要想辦法利用中國自己的特色，發展出一套中國式的觀念、理論或方法。如此一來，中國人的研究成果就會跟西方人的不一樣了，才容易有獨特的貢獻。卽使量少，質卻可觀。這樣，中國的社會學家、心理學家等的研究成果，才易爲國際學術界所重視。

這些年來，我們一直在提倡社會科學與行爲科學研究的「中國化」。所以，去年年底，中央研究院民族學研究所曾主辦了一次「社會及行爲科學研究中國化」的研討會，會中邀請了在臺灣、香港及新加坡等地研究社會與行爲科學的中國學者，提出了二十幾篇論文，討論在每行的研究中怎麼做才能「中國化」，討論的內容和結論現正編輯成書。

至於談到「輔導、諮商及心理治療中國化」的問題，粗看起來，好像與「研究的中國化」這個問題的內容不太一樣，但基本邏輯則是相同的。今天，我所談的「中國化」，重點放在與輔導、諮商及心理治療工作有關的理論與方法如何「中國化」的問題。過去，亦曾有人零零星星談過有關這方面的感想或抱怨，但到目前爲止，還沒有任何一篇文章能有系統的來談談這個問題。不過，這實在是一個很嚴肅的問題，值得我們靜下心來想想，好好檢討一下。今晚，我就想作一種嘗試，一方面把我個人思考的結果呈現出來，另一方面也希望在我講完之後，各位能對我的思考提出一些批評。

從知識社會學到輔導社會學

心理學知識的社會文化基礎

或許有人會奇怪，怎麼談起社會學來了。不過，這就是與一般的談法不太一樣的地方。所謂「知識社會學」主要在研究：知識產生的過程中所利用的理論與方法是否受到社會文化因素的影響？如果是的話，又是受何種社會文化因素的影響？如何發生影響？在「知識社會學」中，我們主要談的還是「科學之社會學」，也就是要探討科學研究活動及其所產生之知識的社會文化因素或基礎。

一般說來，我們平常人總認爲科學就是客觀的，是放之天下而皆準的。其實，我們去看任何一門科學，包括物理學與化學，都是人「想」出來的。而人並非生活在眞空之中，他是他那個時代的社會文化的產物。許多物理學或化學裏的理論，多少都反映了當時社會的哲學思想或價值觀念。所以，不同國家的物理學家，在研究同一現象時，所建構出來的理論往往會不一樣，甚至連研究方法也不一樣。通常，每個提出理論的人，常常都有他自己獨特的對宇宙或物質的基本看法，而這種看法往往反映或代表他那個社會或文化中的基本觀念與意識型態。物理科學與生物科學是如此，社會科學與行爲科學更是如此。

對於任何一個社會問題、心理問題、經濟問題或政治問題，常常都可以提出許多不同的理論。從這些理論，我們甚至可以看出是那一個國家的人所提出來的。譬如，像皮亞傑（Piaget）的認知發展理論，在那同一年代，就不會產生在美國，而是產生在瑞士。也就是說，我們人類的知識，包括科學的知識，都會受到科學家所生活的那個國家的社會文化特徵的影響。我們心理學方面也是如此。

在心理學方面，柯恩（Cohen）於一九七三年提出要建立「心理學的心理學」（psychology of psychology）。實際上，這也就是「心理學的社會學」（sociology of psychology），目的是要研究在心理學知識產生的過程當中，所使用的理論與方法究竟受何種社會文化因素的影響。一九七五年，巴斯（Buss）亦不約而同地提出了「心理學知識的社會學」（sociology of psychological knowledge）的想法，同樣地談到有關這方面的看法。於是，很多心理學者開始感受到一種必要，認爲應該探討心理學研究活動及其知識的社會文化基礎，以及決定其理論與方法的社會文化因素。

根據前面所談到的看來，我們可以了解，心理學的研究並非在各個社會中都會發展出同樣的理論和方法。事實上，在不同的社會文化基礎之下，心理學家所提出來的理論會有所不同，所用的方法也不一樣。換句話說，心理學的知識也是有其社會文化基礎的，它不是孤立於社會文化之上或之外的。

輔導方法的理論基礎

輔導方法是以輔導理論爲基礎，輔導理論又是以人格理論爲基礎。

一個認眞的輔導或臨床心理學家，通常會先建立他的人格理論，這代表了他對人類行爲的基本看法。然後根據人格理論再導出輔導或治療的理論，進而再根據這些理論設計輔導或治療的方法。人格理論、輔導理論及輔導方法這三者是密切結合的。我們就以羅吉士（Rogers）爲例來說明。

羅吉士個案中心的非指導性的輔導、諮商及治療理論，是以其特殊的人格理論爲基礎（雖然他先提出方法，後說出理論）。基本上，他認爲人性是本善的(就像我國儒家的主流學說)。人從小長大，都有一種自我實現的傾向，以求成長，並發揮潛能，而使個體不斷進步。在個體與外界接觸的過程當中，個體可以得到許多經驗，形成一種自我概念。同時，人也有一種渴望得到別人稱讚、關懷或重視的需要（need for positive regard）。那麼，整個來講，個人希望得到別人對他正面的稱讚、關懷、尊敬的這種需求，有的時候可以得到滿足，有的時候會受到挫折。在這種滿足與挫折的過程中，就慢慢發展出一套自己對自己的看法（sense of self regard）。換句話說，一個人是否會覺得自己有價值，是否會覺得自己好，都是從別人那裏得來的。在這種過程中，一個人會發現，別人對他的觀念都是有條件的，必須個人的行爲能符合那些條件，才會被認爲有價值，所以就發現了「價值條件」（conditions of worth）的存在。

羅吉士假設：人天生就有一種能力，即有機體本身有判斷好壞的能力，它能選擇出對自己的發展最有利的情況。但在這種選擇的過程中，有機體卻又必須獲得別人對自己的稱讚與尊敬，於是就產生了矛盾——到底是該聽自己的？還是該遷就別人以求得自我的滿足？如果獲得自我滿足行爲與有機體所判斷選擇的一致時，這種狀態就是健康的。若是兩者不符合，而且差距過大，就是病態了。事實上，這兩者皆可意識得到，都產生在意識界裏。如果所意識到的自我滿足與有機體的判斷選擇產生矛盾與差距時，個人往往就會把其中一項排出意識界，於是就產生了扭曲或否定的現象。如果硬要讓兩者同時出現在意識界裏，則會產生焦慮或恐懼不安。如果有機體所作的基本判斷不斷地被排斥，雖然整個人的意識內涵是愈來愈符合社會的要求，但是自我實現的意識就會愈來愈少，甚至不再發生作用了。如此一來，雖然所作的許多事都能自我滿足，但是卻不能自我實現，這就造成了身心的不健康。爲了減低這些矛盾的現象，人就用防衞的方法來改變、扭曲、否定或拒絕眞象。以上所談的就是羅吉士的人格理論。

輔導理論應是從人格理論來的。羅吉士的人格理論談到基本矛盾現象如何產生，其輔導理論則是闡明如何消除這些矛盾，使兩者趨於一致。但是，要怎樣才能使二者變成一致呢？有機體的基本判斷是無法改變的，能改變的只有自我滿足的行爲，也就是要從別人對自己的看法上來改變。如果能有一套良好的人際關係，而在這種關係當中，不論一個人做得好或做得壞，都給予無條件的支持，那麼原先的衝突就可以除去了。但是，誰能扮演這個無條件支持的角色呢？當然就是輔導者。輔導者對於被輔導者一定要能無條件地支持與尊重，使他的所作、所爲及所想，皆能得到完全的認可，如此則他便會不再需要努力去符合一些以前的外在社會條件，漸漸就能朝向有機體的眞實判斷接近，進而便能尊重自己的感受，符合自己的需求，完成自我的實現。

輔導理論建立之後，究竟要採什麼方法來實行呢？簡單地說，就是要以什麼方式才可使輔導者與被輔導者間的關係，能像一種眞實的關係，就如與其父母、師長或朋友等的關係一樣。關鍵就是在技術上如何使受輔者感受到目前的關係與過去的經驗不同。讓他了解對方所給予的是一種無條件的積極支持與關懷。對此，羅吉士提出了三個方法：㈠設身處地的了解個案，亦即要了解個案的認知內涵，使個案不認爲這種輔導或治療關係只是專業者與求助者的關係，而是一種眞人對眞人的關係，使他能很眞實地透露他的主觀世界。㈡無條件地給予不含任何價值判斷的溫暖。不管個案有什麼怪行爲或怪想法，輔導者或治療者都不說好或壞，也不改變所給予的溫暖。㈢治療者本身不可裝模做樣或有所掩飾，應該以「眞人」出現，把自己的眞正感受表現出來。輔導者或治療者若掩飾自己的喜怒好惡，則個案往往可以馬上看出來，於是也開始玩各種花樣，以致彼此之間的眞正關係就無法建立了。若能做到以上各點，則受輔者就會勇於放棄或改變以前的經驗，使輔導或治療順利進行。

人格理論的社會文化基礎

人格理論是心理學者對人格或性格的整套看法，這種理論本身往往都有其社會文化背景。在此，我們擧些例子來說明一下。

先說佛洛依德（Freud）的人格理論。此一理論相當受當時社會文化背景的影響。例如，其理論很受自維多利亞時代以來維也納中產階層的社會與家庭特徵的影響。那種社會文化環境之下，道德觀念非常呆板，而且壓力很大，尤其是對於「性」的禁忌很強。所以，在那個年代，佛洛依德會去研究「歇斯底里症」（hysteria）的女人，因爲在那種社會環境中，最易導致「歇斯底里症」。於是，有關這種心理病態的成因的研究發現，自然形成了佛氏的人格理論的特色。另一個影響來源是佛氏的猶太背景。佛氏是一個猶太人，他的人格理論相當受到猶太文化的影響。曾經有一學者還特別著書探討佛氏理論的「猶太傳統」。

我們再以人本論的人格理論爲例來看。美國的人本論與美國近期的社會文化背景實有很深的關係。人本論的觀念原來是由歐洲的「現象學」與「存在主義」發展出來的，後來傳入美國，再經由阿爾波（Allport）、羅吉士（Rogers）、馬玆羅（Maslow）等人的融合，於是形成了心理學中的第三勢力（另外兩者是心理分析論與行爲論）。他們各由人本主義提出人格理論，在提出之初，並沒有得到什麼共鳴，直到六〇年代，美國科技的發展達到了巔峯，中產階級以上的人於是領悟到，科技的發達給人類帶來的有效而便利的工具，已成爲人們生活的主人了。科技的影響，不但已經由經濟層面侵入人際關係和家庭生活之中，甚至亦侵入文學與藝術的層面，改變了人類生活的價值觀念，使人類的生活好像一部大機器，大家不斷追求更多的享受與活動。人本身的價值感却愈來愈低，個人就像大機器中的一個小齒輪，只是隨機器在轉動，而沒有什麼價值。所以，當時的美國年輕人對這些現象覺得非常反感，甚至因而產生了「嬉皮運動」。在此新的社會文化運動下，大家似乎決心要重新找回人的價值與尊嚴，人本觀的人格理論也就開始流行起來了。

由以上兩個例子，我們可以知道心理學裏的人格理論，都有其特殊的社會文化背景，而由人格理論發展出來的輔導、諮商及治療理論與方法，也都有其獨特的社會文化背景。這也就是「輔導社會學」所要强調的：輔導的理論與方法都有其特殊的社會文化背景。

中國社會文化因素對輔導理論、方法及問題的影響

這一部份將分三個層次來探討。爲了說明方便起見，在每一層次中，將各舉三個例子來加以解說。

中國社會文化因素對輔導理論的影響

〔例一〕當年佛洛依德在發展他的人格理論時，相當强調父親、母親及子女的三角關係中的「戀母情結」（Oedipus complex）和「戀父情結」（Electra complex）。這種父子爭母親的感情或母女爭父親的感情的三角關係，在佛氏的人格理論中佔有重要的地位。他認爲，到了三歲至六歲左右的階段，男孩子會跟父親爭母親的關懷，女孩子會跟母親爭父親的關懷。以男孩子來說，他懾於父親身材的高大，怕父親會因爭奪母親而施加「報復」，把自己的「小雞雞」割掉，所以就產生了「閹割焦慮」（castration anxiety）。爲了避免這種「報復」的產生，只好防備性的認同於父親，結果遂使男孩逐漸變成「男人」，而像他的父親。經過以母親爲對象的類似歷程，女孩逐漸變成「女人」，像她的母親。這種男女性別角色與性格的分化，就成了佛氏人格理論的重要部份。佛氏而且認爲，很多人所以會發生心理疾病，跟「戀母情結」或「戀父情結」的

無法適當解決有關，可見這也與輔導理論有關。

在前面，我們曾談過佛洛依德的時代及其生活背景。但很多人在討論佛氏的理論時，都忘記了這些社會文化背景。十九世紀末葉佛氏所生活的維也納，是一種核心家庭(nuclear family)盛行的社會。在核心家庭中，只有父母和兒女密切的生活在一起，所以才會造成許多複雜的家庭人際情緒關係，構成了特殊的家庭病理因素。

反觀我們中國，一直都是以主幹家庭(stem family)爲主。在這種家庭之下，大都是祖父母、父母及兒女共同生活在一起。而且，中國人只要經濟狀況允許，通常是想建立大家庭的。居住在大家庭或主幹家庭中的成員爲數頗多，所以人際關係的種類很多，關係之間互相取代的可能性也較大。同時，家庭中的每一份子的價值觀念與生活規範，都以家庭與家人的維護爲主旨。所以，在中國的家庭中，不易造成如核心家庭一般的關係與困擾。

很顯然地，在家庭組織上，中國與佛洛依德時代的歐洲不一樣。中國社會中主要是主幹家庭與大家庭，有頗多不同年齡的男女生活在一起，親子關係易爲祖孫關係或叔(或嬸)姪關係所遞補或取代，所以並不一定具備發生戀母或戀父情結的條件，自然也不一定會產生戀母或戀父情結的情事。即使有，恐怕也不會强烈。由這些差別來看，中國輔導學者應該根據中國家庭的特點，直接建立合適的人格理論與輔導理論，而不可不加批評地接受佛氏的人格理論與輔導理論。亦即，中國學者該就自己獨特的社會文化背景，來建立自己的人格理論與輔導理論。

〔例二〕旅美人類學家許烺光曾經說到，中國人有一種「以情境爲中心」（situation centered）的傾向。我個人把中國人的這種傾向稱爲「社會取向」（social orientation）。也就是說，中國人是不注重個人的，而是强調跟別人的關係。每人必須確切體認自己在家庭與社會關係網絡中所佔的位置，而努力與別人維持良好的關係，而且要安份於網絡中的位置，不可突出。因此，中國人大部份的精力，都耗費在對外跟人相處之上。中國人寧願「見人說人話，見鬼說鬼話」，完全以社會情境爲主，必要時甚至說說謊話也可以，爲的是不要破壞了跟他人的社會關係。也就是說，爲了維持良好的社會關係，中國人寧可犧牲個人的特點與表現。

中國人著重人際關係，個人不但嵌在人際環境之中，而且嵌在自然環境之中。例如，中國人有「天人合一」的觀念，認爲人不可與天（自然）對立。這可由我們的國畫看出。在一張國畫中，我們要找出其中的人物是很困難的。因爲人總是跟山水融在一起，形成一個混然化合的系統。但西洋的畫就不同了，西洋畫的背景通常是模模糊糊的，而人物却很突出。由中西的繪畫比較起來，我們可以發現，中國人强調對外的和諧。在中國的社會中，一個人之是否成熟，不在於個人的特立獨行，也不在於個人是否能自我實現，更重要的是在於自己與外界環境的和諧程度；愈和諧表示個人愈成熟，而整個人格的發展也以此爲目標。西洋人强調的則是個人的表現與突出，事事以「我」爲中心；爲了維護「我」的主張，可以犧牲跟外界的關係，但不能爲了維持和諧而委屈自己，使自己吃虧。同時，西洋人是相當個人主義化的，强調自我實現，重視個人獨立。就以羅吉士來說，他就强調自我的成長與實現。他主張個人應聽從自己的「有機體的評價歷程」，而盲目的順從社會的要求往往就是個人適應問題的來源。一個人要解決自己的問題，必須要把握住自己的存在，相信自己的感受；個人要想自我成長與自我實現，便必須自己判斷，自己選擇，自己決定，然後對自己的行爲後果負責。

由這個例子我們可發現，西方人强調的是個人與個人成長，中國人强調的則是人際關係與人際關係成長。兩者的基本取向既不一樣，則中國人所發展出來的人格理論和輔導理論，自應跟西方者不同。

〔例三〕中國人講心理衞生時，對慾望採取負面的看法，認爲慾望是不好的，是會產生問題的。譬如儒家講「制慾」，佛道兩家講「滅慾」或「去慾」。西方人對慾望則持正面的看法，他們認爲慾望是正常的，是應該的，而有了慾望就要改變環境，想辦法來滿足自己的慾望。

佛洛依德認爲人的適應方式有二種，一種是改變自己以適應環境的「自變適應」(autoplastic adaptation)，一種是改變環境以滿足自己的「他變適應」(alloplastic adaptation)。中國人是强調前者，主張制慾或去慾，以便跟環境保持良好的關係，所以喜歡「清心寡慾」，也就是儒家的「淨」，道家的「虛」。中國人認爲，最好能減少七情六慾，減少行動與活動。另外，中國人對「快樂」的觀念或態度，也是走靜態的路線。我們北方人有一句話，說是「最好吃的是餃子，最舒服的是躺着」。所以，中國人度假總是喜歡懶散地躺着，或是在室內打打麻將，或是聊聊天，儘量把「動」的範圍減少（打麻將只動手，聊天只動口）。羅素到過中國以後，也頗感受到中國人的這點特質，因此他在「論快樂」（On Happiness）一文中，好像也提到中國人是以「不活動」（inactivity）爲快樂。西方人的度假就跟中國人不一樣，他們是以增加活動來當作「休閒」，例如長途開車到郊外搭帳棚露營與釣魚，或是從事其他動態的活動，直到累個半死再回家。

西方人的很多人格理論與輔導理論，都在强調或教人如何克服環境以滿足慾望。但中國人却不是這樣，即使輔導者教給他們這一套，他們也未必能心甘情願的運用。中國人若明目張膽的去改變環境，則可能會引起不舒服或焦慮的感覺，害怕會破壞了人際關係，導致新的問題。但若一味地壓抑慾望，似乎也不太人道。因此，在人格與輔導理論上，我們不一定要採取西方的一套，也不一定要完全採用中國的一套。比較好的辦法是顧及中國的「去慾」的觀念，能自然地把慾望消除，要做到既不擾亂環境，也不壓抑慾望。我個人的建議，是使當事人自己從認知上來改變看法，然後透過這種改變，使慾望自然消失（不是壓抑），而不再影響身心。例如，一位身心健康的男士，當他在街上看到一位漂亮的女士，可能會因而產生性的衝動或慾望。當此之時，他可以改用一種「X光眼」來看（想像也），所「看」到的可能就是一層皮包着一個骷髏，結果自然就索然寡味。性慾自然就會消失了，也就不需要壓抑了，於是就風平浪靜了。我並非主張有了慾望都要這樣做，如此人生就太沒意思了。我只是用這個例子來說明一項原則而已。在這項原則之下，壓抑不認爲是好辦法，但要滿足慾望又無能爲力，所以只有用這類辦法來解決問題。從認知的重組來消除慾望，一方面不必壓抑感情，另方面也可以恢復神智的清明。我這個看法是從佛學中衍發出來的。佛學在中國化以後變成了禪宗，禪宗把認知重組的作用發展到極致。這種看法上的改變無效則已，一有效則瞬時即可改變整個的內在身心狀態。例如，日本現在已有精神科的醫生，從禪宗的理論發展出一套「禪療」（Zen therapy）的理論。

以上我舉了三個例子，說明社會文化背景對人格理論與輔導理論所可能產生的影響，同時也具體說明了西方的人格與輔導理論有些地方並不適合於中國人。既然不適合，我們就該根據自己的社會文化背景，來發展我們獨特的人格與輔導理論。不過，我們也要考慮到社會變遷的因素。在現代化的過程中，我們的社會與文化正在朝着類似於西方現代工業社會的方向變遷，有些西方的人格與輔導理論目前雖不適合於中國人，將來等到社會文化變遷了以後，則可能比較適合中國人。這是可能的，但是我們不能坐而等待，在長久的過渡時期中，我們還是應該先做中國化的努力，以使目前及未來過渡時期中的輔導工作提高成效。

中國社會文化因素對輔導方法的影響

〔例一〕前面已經說過，中國人的特點之一是「社會取向」或「情境中心」。這種取向的人有很多特點。在此，我們只舉兩個特點來說。一種特點是這類人一直在搞人際關係，玩「社會遊戲」，從小到大都在忙着學習策略，應用策略，以應付種種的人際關係。這麼一來，每個人都在玩「社會遊戲」，都在把自己的眞實想法掩飾起來。另一種特點是中國人的社會取向是專注在與他人維持良好的關係上，而究其實，所維繫的不僅是個人與他人的關係，更重要的是個人與家庭中其他人的關係，也就是自己跟自己人的關係。中國人把自己人和他人分得很清楚，爲了維護跟自己人的關係，卽使自己吃虧、拚命、受苦，都沒有關係，但對陌生人却不一定客氣。中國小孩自幼就一直被敎以「陌生人可能是壞人，不要交談」。所以，一個陌生人跟一個中國小孩子搭訕，後者常會投以疑慮的眼光，不開口說話，而匆匆走開。

由前面兩種特點，我們馬上可以聯想到兩點。第一點就是把西方人的「團體輔導」用到中國人身上，其效果大有可疑。因爲，參加團體輔導的人，可能不知不覺在玩社會遊戲，閃避掩飾，自己眞正的看法與想法則不肯說出。這麼一來，不但不能解決自己的問題，反而會更加麻煩。當然，也並非說團體輔導絕對不能對中國人產生效果，只是花費的時間與力量必定更大。此外，中國人的守密習慣也不好，團體輔導時提醒大家不要出去談論別人所說的事情，但有人偏會說出去。西方人就不相同，他們個人主義的色彩濃厚，每個人對自己的言行負責，答應的事不隨便失信。所以，「團體輔導」在西方用得很有效果，在中國却可能有困難。因此，中國的輔導學者應該根據中國人的特點來修改或創新輔導的方法。

中國人是特別重視家庭的，家庭對中國人生活與行爲的決定力也特別大。因此，從事輔導工作時，應多多運用家庭輔導或治療，以便幫助個人調節家庭中的人際關係，其輔導效果應當較好。但是，另一方面，中國家庭內的人際關係常有高度的穩定性與僵固性，要想經由家庭輔導或治療而加以改變，是很不容易的。我談團體輔導與家庭輔導這兩個例子的目的，就是要說明：中國社會文化的很多特性使西方的某些輔導方法失效，但是這些特性却也可能使西方的某些方法特別有效。

〔例二〕從國內外的有關研究看來，中國人的權威性態度與性格很强，他們喜歡在强調上下關係的社會中運作，人與人相見先要費一段時間找出一個標準來分個高下，然後才能根據上下關係，大家各就各位的互相對待。若是在一個輔導或治療關係中，如羅吉士的「非指導性」輔導關係中，那眞是把中國人懸在半空中，感到很不舒服。由於中國人重視上下關係的權威性格，我們覺得對中國人可能是用「指導性」的輔導方法較好。果然，在鄭心雄教授所指導的、范治明所寫的碩士論文中，就比較了「指導性」與「非指導性」兩種輔導方法的相對效果，結果發現：在十個個案中，都是「指導性」輔導的效果較好。由這個例子我們可知，方法的效果常與個案性格（社會文化背景的一種）有關係，中國人既然具有强烈的權威性格，自然不宜貿然採用「非指導性」的方法，而應試行使用「指導性」的方法。當然，對於權威性格較弱的中國人（現代性較高者），也可採用「非指導性」的輔導方法。

此外，我們也應談到，根據過去的研究，受輔者和輔導者的輔導活動是一種團體動力性的關係，其中「非指導性」輔導相當於「民主式」的關係，「指導性」輔導相當於「獨裁式」的關係。過去，也有人研究中國人到底是在「民主式」關係中運作較好？還是在「獨裁式」關係中運作較好？結果發現：香港的中國人（未曾到過外國）在獨裁氣氛下工作效率較高，美國大陸的中國人（已在美國居住很久）在民主氣氛下工作效率較高，而夏威夷的中國人則介於兩者之間。

在現階段中，中國人的權威性格還是相當的高，一般情形下應是使用「指導性」的方式較好。但在將來，隨著快速的社會變遷，中國人的權威性格會逐漸減弱，則應是採取「非指導性」的方式較好。

〔例三〕有一位外國學者李玆（Litz），曾經研究過精神分裂症的兒童與父母間的關係，發現父母雙方有不對稱之支配性的家庭，其子女較易得精神分裂症。根據這個研究，當我們發現一個小孩有了精神分裂症，我們該對這個家庭從事治療或輔導，重新調整父母間的互動模式，讓兩邊的權力能趨於平衡，以重新適應新的生活方式。

但是，中國人的家庭跟西方人不一樣，那要怎麼辦呢？在中國人的家庭中，爸爸常是大權在握的家長，但大多數中國家庭中的兒童都能正常發展，而不致罹患精神分裂症。我們應該重新研究有精神分裂症的中國兒童之父母關係，然後據以設計適當的家庭治療的方向，以產生良好的效果。

從以上三個例子，我們可以進而從事一些綜合性的說明。大致而言，我們可以把許多的輔導方法分為三個向度來看：一為把輔導方法分為「支持性」與「非支持性」兩種。支持性者著重無條件的支持受輔者，以建立良好的人際關係，例如羅吉士的方法；非支持者則著重如何運用技術與方法以找出個案的病因，强調分析與挖掘，例如佛洛依德的方法。一為把輔導方法分為「指導性」與「非指導性」兩種，「指導性」者，如佛洛依德的方法，「非指導性」者如羅吉士的方法。另一為根據輔導方法所經由的主要手段，這可分為三類：一是强調經由認知的改變，如凱利（George Kelly）；一是强調經由情緒的改變，如艾里斯（Albert Ellis）；另一是强調行為的改變，如烏皮（J. Wolpe）。若根據這三個向度來分類，則那一類的輔導方法比較適合中國人呢？我認為，在第一向度中，「支持性」者可能較適合中國人，因為中國人從小就養成一套應付外界的觀念與看法，這些觀念與看法跟有機體自身的判斷在內涵上可能大有不同，並且一般人也沒有足够的反省能力，看不出外界社會環境中的荒謬或不對的地方。若是採用「支持性」的輔導方法，輔導者能充份或無條件的支持受輔者，則可使後者有餘力去分析、思考及判斷自己過去以外界為標準的看法，且可鬆弛他的防範心理，使欲獲知的問題慢慢出現。否則，若採「非支持性」的方法，極力分析或挖掘個案的許多內心想法，其抗拒力可能較大，焦慮也較高。所以，在「支持性」與「非支持性」兩者之間，應該强調前者。在第二個向度上，我認為「指導性」方法比較適合中國人。不過，在歷經變遷後的今日社會下，許多人的權威性已相當低，所以必要時也可使用「非指導性」的方法。但是，對大多數受輔者而言，帶有幾分的「指導性」是相當必要的。在第三個向度上，我覺得除非個案有不良的明顯習慣（此時應從行爲入手），否則對中國人而言，似宜多從認知與情緒著手。我雖然提出個別向度中比較適合中國人的方法，但若能配合出同時兼顧「支持性」、「指導性」、「改變認知」及「改變情緒」的輔導方法，當然是最好了。

中國社會文化環境所形成的特殊適應問題

〔例一〕前面說過，中國人是社會取向的，特別重視家庭關係的和諧，所以每個人從小就被訓練成强調自我抑制（suppression）與自我壓抑（repression）。抑制是不敢或不願講出來，把事情藏在心裏。壓抑則是將不愉快的經驗排出意識界，而予以選擇性的遺忘。不愉快的經驗所引起的不愉快情緒，主要是指焦慮感與罪惡感，爲了消除焦慮感與罪惡感，人們常會將有關的經驗或事情很快地遺忘掉，也就是把它們壓抑下去。

中國人因强調抑制和壓抑，所以就產生了很多特殊的適應問題，其中一種就是可能較易產生慢性的憂鬱。例如，在過去的中國家庭中，時常有人感到食欲不振、人生乏味、悲觀厭世等徵狀。另一種情形是把抑制或壓抑後的不良情緒投射到別人身上；例如，把抑制或壓抑下去的對父母的敵意，投射到別人身上去，反而覺得別人對自己有敵意，易於形成妄想或懷疑他人的傾向。面對中國的受輔者，輔導者要特別注意其投射性妄想的可能性。再者，中國人常以家庭或父母的意願爲依歸，個人意願常無法表達，因而造成許多個人適應的問題，例如父母過份干涉子女的交友、求職、選擇科系等，爲子女造成適應的困難。碰到這種特殊的適應問題，輔導者必須設想一些特殊的輔導方法來加以解決。

〔例二〕中國特殊的教育因素所產生的特殊適應問題。在此擬擧三個例子來說明。

升學主義：升學的壓力往往引起學生的情緒問題，「考試焦慮」就是一種。外國早就有人研究考試焦慮，但外國學生中的這個問題沒有我們這麼嚴重，性質也不太一樣。在國內，考試焦慮的現象很普遍。照理說，我們在這方面的輔導或治療應該有高度的發展，否則個人與社會都將蒙受很大的損害。此外，升學主義又造成青年「不了解自己」的普遍現象，乃有因不了解自己而產生的種種適應問題。

男女分校：這是我們比較特有的另一種教育現象，正當青春期男女需要學習互相了解時，我們的教育却把他們分開來。在幼稚園與國小階段，小孩子還對異性茫然無動於衷，我們是採合校與合班。但是到了中學，正是需要了解異性之時，我們却又把男女分開。由於男女分校或分班，青少年不易建立對異性的正常態度和觀念，所以對異性會產生奇怪的看法與想法，使得交友與擇偶困難重重，甚至婚姻適應不良。這多少都是因爲對異性缺乏了解或存有錯誤看法。

能力分班：能力分班是一種外來的教育措施，但與中國式的升學主義結合後，產生了很多特有的教育問題與適應問題。事實上，能力分班後，並非在改進「壞班」的教學，不少學校對「壞班」的學生多少採取放棄的態度。「壞班」的學生聚在一起，互相影響，便會形成一種「次級文化」。例如，我們常可見到，本來有一、二科較優的學生，被分到「壞班」以後，便全部科目都變差了。此外，在很多學校中，能力分班的目的，似乎只在集中精力經營「好班」，以提高升學率；對「好班」學生作嚴苛而過分的要求，結果受懲罰最多的是「好班」的好學生，而不是「壞班」的學生。結果，能力分班之下人人遭殃，好壞班的學生都倒楣，都產生了很多適應上的問題。我們的研究發現，「好班」的學生是各種心理與情緒的困擾較多，「壞班」的學生則是違規犯過的行爲較多。

〔例三〕我們現在的社會正在快速變遷之中，因此會產生許多觀念、性格或行爲上的矛盾，諸如權威態度與平權態度的矛盾，特殊主義與普通主義的矛盾，他人取向與自我取向的矛盾等。這些矛盾都會產生適應上的問題。從事輔導工作的人應該注意這些問題，深切體認在社會變遷中進行輔導工作的特殊困難，而能有所突破。尤其是對於知識程度較低或傳統性格較强的人，應該特別注意。他們面臨現代社會的新情境，常因無法有效適應而產生了退化性或逆轉性的反應，採取了傳統但却無效的適應方式，常見的就是各種迷信行爲，如求神問卜。很多人生了病，也不好好去看醫生，反去求助於乩童。

在輔導本例中所提到的各種問題時，應注意到中國社會變遷的性質與特徵，以採取特殊的方法來從事有效的輔導。

輔導理論與方法中國化的幾項原則

自覺、自信、自變

「輔導的中國化」是一種自發的反省，是一種意識上的覺醒，强調不可盲目接受西方的輔導理論與方法。以中國人爲對象從事輔導工作，應該先了解中國社會文化的特點，了解中國社會變遷和文化變遷的特點。身爲一個輔導員，應當增加本身的社會知識，了解中西文化的背景，然後才能選擇或創造適當的輔導理論和方法。這就是輔導人員的一種自覺。自信則是指不要老跟著人家走，而不敢走自己的路；要願意並敢於去改變與創新，只要能不斷的嘗試，即使未能立即成功，也沒有關係。而自變所强調的則是：西方的輔導理論與方法都一直在改變，新的也一直在產生；處在這種情況下，我們也該不斷更新與求變，但我們在輔導理論與方法上求新求變的方向，是使其更適合於中國人。總而言之，輔導的中國化所代表的是中國輔導工作者的一種自覺、自信及自變。

不是復古，也不是排外

輔導的中國化並不是要恢復到中國古代的那一套。現在已跟那個時代不同了，自然古時的輔導理論與方法現在已不能照樣採用了。我們現在講輔導的中國化，是要採用或創造符合現代中國社會文化，適合現代中國人情況的輔導理論與方法，所以不是復古。另一方面，輔導的中國化也不是排外。我的有些朋友就曾認爲提倡「中國化」可能會助長排外情緒，加强義和拳思想。其實，在中國化的過程中，我不僅不主張排外，還强調要認眞了解與學習外國人的理論與方法。因爲只有在徹底理解與把握了別人的理論與方法以後，才能超越它們。中國化是一種成熟的心態，既不怕面對別人的東西，吸收別人的東西，又敢於去修改它，甚至去捨棄它。

不是鄉土化，也不是本土化

輔導的中國化並不是說把中國的任何助人活動都稱作輔導，算命、問卜、看相、扶乩等民間信仰活動，怎麼也不能算是專業輔導。輔導本身應有個正當的專業地位，而此一地位係建立在兩個標準之上：(1)輔導的理論與方法是以人格理論爲基礎，而後者有其實徵科學的依據；(2)輔導的效果具有科學的可驗證性。算命、問卜、看相、扶乩等，則不符合這些標準。

配合社會變遷，因應個別差異

在社會變遷的過程中，一方面我們會保持中國人固有的一些特點，另方面現代化又在中國人身上形成很多新的特徵。所以，現在的中國人，每人都是一個新舊與中西的混合體。因此，在從事輔導工作時，應當揉合中國的特有方法和西方的有效方法，創出多種有用的概念、理論和方法。這麼一來，我們就有了嶄新的方法可以使用。同時，在社會變遷的過程中，中國人的個別差異很大，應因人而異，採取不同的新舊方法。（本文係請賴惠德君依據演講錄音整理而成，特此致謝）

（原載「張老師月刊」民國七十年八月，第八卷，第二期，二十至三十一頁）

工作動機與工作選擇

一、適當的抱負水準

有一次，一位大學教授向一位前來討論人生意義的學生，提出了這樣一個問題：「假想你年事已老，行將離開這個世界，當此之時，什麼會使你含笑而逝，死而無憾？」學生思索了一刻，便鄭重其事的答道：「成功的人生。」

是的，我們每人都希望有一個成功的人生，但什麼是「成功的人生」呢？成功是否就是做大官、發大財？成功是否就是做大事、出大名？我想這些都不一定算是成功，有了這些也不一定就算是成功的人生。人生是指一個人的總生活，其整個歷程是否成功，只能從當事人個人的觀點來看，而不必訴諸世俗的或他人的立場。也就是說，事情或人生之是否成功，只能依據當事人自己的看法，事情不拘大小，人生不管久暫，只要當事人覺得是愉快而有意義的，那就算是成功的了。

成功與否既然常是一件主觀的事，因此也往往是一件相對的事——相對於當事人個人所持標準的高低。我們在做任何一件事情以前，總是會先想到要把事情做好到什麼程度，這種事前個人抱負的高低，在心理學中稱作「抱負水準」。抱負水準是我們判斷成敗的依據。一個人做事做人的成果，若是達到或超過了自己的抱負水準，他便會有成功的經驗，否則便會有失敗的感覺。對同一類事情而言，不同的人會有不同的抱負水準，同一個人也會因爲時間的不同而有不同的抱負水準。在大多數情形下，成敗既視個人的抱負水準而定，而抱負水準又可任意改變，於是遇事審愼選擇適當的抱負水準，便成了一件十分重要的事。所謂適當的抱負水準，也就是最能配合個人能力的成就預期——雖要靠一些努力才能達成，但又確實在自己的能力範圍以內。要想如此，則不僅應當確切知曉有關的現實條件與客觀因素，而且也要充分了解個人自己的長處與短處，以知自己什麼事能做，什麼事不能做。

在選擇抱負水準時，不管當事人如何審愼，有時難免定得太高或太低。因此，選擇適當的抱負水準固然重要，事後發現所持抱負太高或太低，而能立卽加以適當的調整，則是同樣的重要。抱負太高而不及時調整，便會連遭失敗，使個人蒙受無謂的打擊；抱負太低而不及時調整，則會因爲事前太有把握，卽使事成也將缺乏成就感。

二、工作的重要動機

剛才，我們說到抱負水準的選擇問題。其實，成功的人生不只靠適當抱負水準的選擇，而且要靠其他各方面的適當選擇。現代社會是一種快速變遷的社會，同時也是一種日趨複雜的社會。生活在這樣一種快速變化的複雜環境中，在日常生活中的每一個環節上，都會同時面臨幾個有待選擇的可能路徑。每一次適當的選擇，都會使自己在心智上多成長一份，在人生上多成功一些。現代人的生活就是由一長串選擇所綴成，我們既不能逃避選擇，也不應逃避選擇；逃避或拒絕選擇，便等於是逃避或拒絕人生。

抉擇代表一種不確定的虛懸狀態，有時雖會引起些微的不快，但通常却也並不可怕，只要我們能牢牢記住：先充份了解與分析外在與個人的有關因素，然後愼作選擇；抉擇以後，如果發現錯誤或導致失敗，便要儘快重作審愼選擇。換一句話說，在大多數情形下，前一次選擇所造成的錯誤，常可經由再一次的抉擇而得以補救或修正。只要是不將錯就錯，不以不變應萬變，而能認眞採取「了解——分析——抉擇——錯誤（或失敗）——再了解——再分析——再抉擇」的策略，事情總是會有轉機的。

就締造成功的人生而言，需要作適當選擇的生活範圍雖然很廣，但最爲重要的却是有關職業或工作的選擇。這是因爲職業或工作是人生最主要的活動。人生與工作是分不開的。工作是一個人的社會自我的主要部分，甚至可以說是一個人的整個自我的主要部分。我們的工作幾乎就界定了我們是誰。當我們談到一個人的時候，總是會問道：「他是做什麼的？」而所得到的答案無非是：「他是一位中學老師」，「他在電子工廠做工」，「他在開計程車」或是「他在內政部當課長」。

工作對人生的重要性，在失業之時最易顯現。一個人長期失業以後，便會失去生活的目的與個人的尊嚴。他會覺得自己是一個不可救藥的失敗者，一個毫無價值的廢物。他會喪失生活的信心與奮鬪的意志，逐漸從社會關係中逃離，終至作自我的隱遁與放逐。

工作之所以重要，是因爲它能滿足個人的好幾種基本需要或動機，其中有些是經濟性的，有些是社會性的，有些則是自我性的。在這些工作動機中，最主要的有以下幾種：⑴經濟安全的動機：工作可以換取薪酬，維持基本的經濟生活；若是工作努力，還可能獲得獎金，遇到疾病、意外或退休，也會有相當的照顧。⑵人際親和的動機：經由工作的機會，可以與人接觸，廣結善緣，達到以和諧的人際關係來平衡自己情緒的目的。⑶轄制他人的動機：在工作團體中，各個階層皆有領導與受領導的關係，而居於領導位置的人，常可自管轄他人的關係中，滿足自己的權力慾望。⑷社會讚許的動機：在工作環境中，若能表現良好，並與同事融洽相處，便自然會受到接納，受到讚許，從而肯定或提高個人的價值感。⑸幫助他人的動機：在工作的過程中，可以幫助同事、上司、下屬、顧客及其他服務的對象，從而對整個社會有所貢獻。⑹自我表現的動機：個人可以在工作上寄托自己的興趣與理想，發揮自己的性向與專長，以使個人的潛能得以適當的實施。

三、有效的工作選擇

從理論上來說，工作可以同時滿足以上的各種需要。但是，由於各人的上述動機强弱不一，工作實際上所能滿足的需要自會因人而異。例如，有些人工作主要是爲了滿足經濟安全動機與人際親和動機，有些人工作主要是爲了滿足轄制他人動機與社會讚許動機，也有些人工作單純是爲了滿足自我表現的動機。不管是爲了那種動機，總要有滿足實際需要的功能，人工作起來才會有勁兒，否則工作便失了實質的意義。

對於成功的人生而言，工作既然如此重要，事前自應善做適當的選擇。對於青年人來說，職業或工作的選擇尤其重要。青少年人從很早就會對自己未來的職業或工作加以計劃與準備，有些人甚至從兒童時期就開始想像自己未來的職業活動，其中有的人立志長大後要當警察，有的人立志長大後要做飛行員，也有的人立志長大後要從軍報國。這些兒時的想像雖不成熟，也不穩定，但却是人生過程中學習職業意義、認同工作價值的開端。這些早期的嘗試對於日後的工作選擇是很有裨益的。到了青少年期，人們開始認眞追索自我的定義，試圖回答「我是誰」的問題。在這種努力的過程中，就業方向的認定具有決定性的影響。一個青少年人如果無法選定未來職業的大致範圍，便會經驗到整個的自我體認（self-identity）的危機。

對於青少年人而言，前程計劃是一件極其要緊的事，而通常所說的「前程計劃」，所涉及的主要便是職業或工作的選擇。在整個職業生活的適應中，青少年階段可以說是屬於「探索期」。在此時期中，青少年人要決定自己是繼續升學，還是改而就業；如是後者，則須決定將要從事那個行業的工作。在這一過程中，青少年如能順利完成職業或工作的選擇，對其一生的成敗都會產生重大的影響。

青少年人要想從事適當的職業或工作選擇，應該做到以下幾點：

㈠體認適當的職業或工作選擇的重要性，並樂於承擔選擇的責任與後果。

㈡具有相當的自我了解，在興趣、動機、能力及性格各方面，知道自己的長處與限制。為了增加這些方面的自我認識，必要時可以借助可靠的心理測驗，但心理測驗的實施與測驗結果的解釋，必須由訓練良好而且具有專業道德的心理學者擔任。

㈢了解職業世界的情形，探知就業市場的現況，實際存在的工作成千上萬，要想一一了解自非易事，但對主要類別的職業加以探討，却是十分必要的。大體而言，各種職業可以歸納成以下幾類：(1)服務性的職業（如輔導工作、諮詢工作、律師工作、社會福利工作），(2)銷售性的職業（如推銷員、拍賣員、代理商等所擔任的工作），(3)行政性的職業（如公私機構的辦公工作），

(4)研究性的職業（如物理科學、生物科學、社會科學及人文學科等方面的研究工作），(5)技術性的職業（如工程師、建築師、技術員及醫師等所擔任的工作），(6)戶外性的職業（如漁、農、礦、林等方面的工作），(7)文化性的職業（如新聞工作、宗教工作、教育工作），(8)表現性的職業（如文學、藝術、音樂、舞蹈、雕塑、戲劇、設計、體育等方面的工作）。選擇職業或工作以前，應先行蒐集有關資料，以對上述各類職業或工作獲得相當的了解。

(四)對於自己比較偏好的職業或工作，要盡力搜求詳確的資料，以從事深入的探討。對於此等職業或工作在教育、訓練、經濟、心理及體能上的要求，要有清楚的了解；對於有關的工作責任、工作環境及升遷機會，也要有確切的概念。

(五)儘量前往學校中與社會上的各類職業輔導機構，運用其中的職業輔導設備，請教其中的職業輔導人員。同時，也要多與自己的老師、父母及有關行業的人士，討論自己在職業或工作選擇方面的想法與計劃。

職業或工作選擇的主要原則，是所選職業或工作要與當事人個人的特徵相互配合。此處可以職業與動機的配合為例，來加以說明。從左表所載的內容可知，由於工作性質的差異，不同的職業所能滿足的個人需要或動機也不相同：(1)服務性的職業最能滿足人際親和、社會讚許及幫助他人三種動機，(2)銷售性的職業最能滿足經濟安全的動機，(3)行政性的職業最能滿足轄制他人與社會讚許兩種動機，(4)研究性的職業最能滿足自我表現的動機，(5)技術性的職業最能滿足經濟安全的動機，(6)戶外性的職業最能滿足經濟安全的動機，(7)文化性的職業最能滿足人際親和、社會讚許及幫助他人三種動機，(8)表現性的職業最能滿足社會讚許與自我表現兩種動機。

工作動機／滿足程度／職業類別	自我表現的動機	幫助他人的動機	社會讚許的動機	轄制他人的動機	人際親和的動機	經濟安全的動機
服務性的職業	＋	＋＋	＋＋		＋＋	＋
銷售性的職業						＋＋
行政性的職業	＋	＋	＋＋	＋＋	＋	＋
研究性的職業	＋＋		＋			＋
技術性的職業	＋	＋	＋			＋＋
戶外性的職業						＋＋
文化性的職業	＋	＋＋	＋＋	＋	＋＋	＋
表現性的職業	＋＋		＋＋			＋

兩個加號最强，一個加號次之，無有加號最弱。

從表中也可看出以下幾種職業在滿足需要或動機方面的類似性：(1)服務性、行政性及文化性三類職業互相類似，(2)銷售性、技術性及戶外性三類職業互相類似，(3)研究性與表現性兩類職業互相類似。

此處只是以動機為例，說明職業應如何加以配合。至於職業與其他個人特徵的相互配合，其基本原則大致相似。

四、結尾的幾句話

職業或工作選擇是一種極其複雜的歷程，同時涉及個人特性的因素與就業環境的因素。因此，在從事工作選擇的過程中，每一個人都應謹慎小心。適當的工作選擇可以增進將來在工作上的良好適應，進而可使整個的人生邁上成功之途。

但是，從實際的情形來看，工作的選擇又是一種「假設驗證」（hypothesis-testing）的歷程。任何一次的工作選擇，當事人都會假設（預期）將來工作的順利或成功，但事實是否如此，則有待未來工作上的驗證。如果將來當事人對自己所選的工作的確滿意，便證實原來的「假設」是對的，也就是當初所做的選擇是正確的。反之，如果將來當事人對自己所選的工作並不滿意，便證實原來的「假設」是錯的，也就是當初所做的選擇是不正確的。在後一情形下，如果條件許可，便應儘快接受錯誤，另做工作之「再選擇」的努力，最後終可獲得職業上的成功，而能在工作中使自己更成長，使自我更實現。

（原載「中國論壇」，民國六十九年，第十卷，第二期，三十三至三十七頁）

社會變遷與教師地位

教師在社會上所扮演的角色，隨著社會的變遷，也有了若干改變。大體上說，可分成幾方面加以討論：

第一，知識的公開使教師不再成爲唯一的知識保有者與傳播者，因而降低了教師的地位。在過去，教師是特別有學問的人，他們本人不但以其淵博的學識服務社會，受人尊敬，而且他們也是將知識傳播給他人的人，因此所扮演的角色，幾乎無可取代。可是時至現代，知識的公開與普遍，使社會上很多人都具備淵博的知識，也就是說，知識不再像過去一樣，爲教師的專利品。在另一方面，一般人獲得知識的途徑，比過去廣闊，普遍設立的圖書館，發達的傳播媒介，圖書的大量印行，都可以讓民衆獲得知識。教師不再是傳播知識的唯一途徑，當然就削弱了教師的地位。

第二，在社會現代化的過程中，人本主義的色彩越來越普遍。所謂人本主義，是强調個人的平等與價值。我國古代有所謂天地君親師，老師的地位是至高無上的。但是由於社會的現代化，這種由上到下的垂直關係逐漸減弱，而變成了水平的關係，老師不再像過去那樣高高在上，不容侵犯。這種價值觀念的改變，也影響到教師的地位。

第三，現在是一個斤斤計較的社會，一般人往往在付出去多少之後，要得到相同的報償，取與予要求比例對等。反應在師生關係上，很多學生，尤其是大學生，常有老師給我多少知識，我就相對給你多少尊敬的想法，這是一種相當普遍的現實心理。這種情況，過去簡直是難以想像的，學生應無條件的尊敬老師，而不管老師給了你多少。

由於價值觀念的改變，現在談師生關係，也就必須從另一些角度去討論。

去年，有關方面委託中國心理學會作了一次取樣達一萬多名大專學生的青年意向調查，範圍相當廣泛，其中也包括一部分足以顯示現代師生關係的問題。例如，有一個問題是：你認爲系（或科）裏的師生關係如何？答覆說「非常融洽，能打成一片」者，佔百分之十一；「像朋友一樣可以討論」者，佔百分之廿五；「僅限於課堂上的接觸」者，佔百分之五十六；「非常隔閡者」，佔百分之六。由此項統計可以看出，提出「僅限於課堂接觸」與「非常隔閡」兩種答案者，約佔調查人數的百分之六十二。此一資料，顯示現在大專學校中的師生關係，不如我們想像中的那樣密切。這是很值得我們重視的問題。

這種情形如何加以調適？從調適的觀點談如何建立現代化師生關係的問題，可以有以下幾個看法：

第一，要使師生關係由傳統的單向關係變成雙向關係。具體的說，也就是不但要强調「尊師」，也要强調「重生」，正如父慈子孝一樣。很多學校師生發生問題，與此一觀念大有關係，很多老師只以傳統的尊師觀念要求學生，却未想到如何去贏取學生的敬愛，因而發生了隔閡或對立。

第二，要尊師也要重道，兩者應並稱。現在一般學生對待老師，完全看他有多少「道」，如果一位老師既不是經師（學問淵博），又不是人師（足爲表率），就很難要求學生尊敬他。因此，在現代社會中，在順序上似應學生先重道然後尊師，如果作老師的人在道的方面太過欠缺，尊師也者，就會落空。

第三，師生關係不是僵固的，無法訂出客觀的標準。每位師生的性格不一，也就應該建立不同的師生關係。師生關係不是解數學題目，無法代公式。

第四，傳統的師生關係是垂直的上下關係，在現代社會中，如果還用這種傳統觀念來處理師生關係，很難收到如過去一樣的效果。因此，似應改爲雙向溝通，使垂直關係變成平面關係。過去的教學是老師講學生聽，老師是話匣子，學生是錄音機。不妨改變方式，也多讓學生講講。

良好的師生關係，既非單向的垂直關係，則傳統的權威思想必須消除，亦師亦友，學生有所得，老師也有所得。

教育是影響人的事業。在人的一生中，影響人最大的，大概有兩類人，一是父母，一是老師。老師是受過專業訓練來從事影響人的工作，因此他必須具有若干特徵，才能發揮最好的影響力。

老師應該具備那些良好的特徵？可以再拿前述的青年意向調查來作說明。

調查中有一個題目是：你最敬佩的教師類型是什麼？答稱「學識淵博」者佔百分之廿五；「態度和藹」者佔百分之廿六；「聲望卓著」者佔百分之一；「教學熱心」者佔百分之四十五。更進一步說，老師應具備的特徵如下：

第一，要有豐富的現代知識。如果死抱着幾十年前的老教材老講義上課，而無法補充新的教材，他本人又頭腦冬烘，不具備甚至排斥現代知識，就不是好老師。

第二，要有研究探討的精神。社會變遷太大，知識的淘汰率也因而速度加快。一般說來，現代知識的「半衰期」越來越短，因此，作老師的人，必須經常不斷的從探討研究中，來充實自己的知識。

第三，要具備良好的教學技巧。使學生能夠聽得懂，有興趣，有體認。

第四，要有良好的品德與行為。老師不是平常人，因為他負有影響人的責任，對於一般人的品格要求不能過苛，但是對於老師，則不能不要求得嚴格一些。因爲，如果老師的品格有明顯的瑕疵，一方面不容易使學生對他產生信賴感，另方面也容易產生不良的暗示作用。

第五，要對現代化社會有正確的觀念。以言教身教使學生能適應現代的社會，做一個有用的人。

第六，要有就事論事的理性態度。尤其與學生發生無法溝通的問題時，更要以此種態度作爲解決問題的原則，不能處處以權威的姿態，強迫學生就範。這種態度對於學生日後的人格養成很有影響，如果老師能以就事論事的理性態度排難解紛，就會使學生了解此種原則的重要性，對於民主法治社會的建立，將大有幫助。

第七，對學生要有興趣，要有愛心與耐心。教育事業是影響人的事業，如果對人沒有興趣，又如何去影響人呢？所以，要做一個好老師，必須對學生有興趣，愛心與耐心也同樣重要。

第八，要站在學生的立場看學生的問題。否則，了解錯誤就會產生錯誤的結論，不但未能解決問題，反而使問題更形惡化。因此，師生間的溝通，也是很重要的。

第九，要對人生與生活有整體的看法，而不是一位食古不化的教書匠。

第十，要有敬業樂羣的精神。此一行業物質的報酬相當少，但是責任却很重，如能以樂在其中的心情，不斤斤計較物質上的報酬，而放眼於長遠的人生目標，自然趣味盎然，自得其樂。

總之，以上所提到的十項教師的特徵，有的屬於經師的部分，有的屬於人師的部分。這些特徵自然不能要求作老師的全部做到，但是至少大家應該以此自勉，才能做一位受人尊敬的好老師，享受作育英才的樂趣。

最後，關於教學技巧及教材的問題，也很值得提出討論。要把書教好，必須注意教學的技巧與教材的選擇。雖然這是重要的問題，可惜很多老師未能注意。

前述青年意向調查中，有一些問題涉及教材教法的項目，可以作爲討論的參考。

此項調查中，有一個問題是關於大專學生上課的情況。答稱偶而溜課者，佔百分之四十三；絕少溜課者，佔百分之廿七；從不溜課者，佔百分之廿；經常溜課者，佔百分之十。這些統計數字顯示，溜課學生佔了百分之五十三。目前，各大專院校大半採取點名方式，仍有如此高的溜課率，可見問題的嚴重性。

另有一個相關問題是：你認爲大專學生溜課的主要原因是什麼？答稱「教材偏重理論，不合實際需要」者，佔百分之十六；「聯招不按學生興趣分發，聽課時毫無興趣」者，佔百分之九；「老師的教學方法與口才不好」者，佔百分之四十六；「考試容易通過，不需要堂堂聽講」者，佔百分之七；「不喜歡上課」者，佔百分之十七。這些統計結果顯示，教學技巧不好與教材不當，是造成學生溜課的主要因素。因此，學生溜課一大半原因該由老師負責。

從另一個調查項目的結果，可以了解那些因素最影響學生對課程的興趣。結果發現，認爲對日後就業沒有幫助者，佔百分之十六；認爲教材缺乏良好的組織者，佔百分之十九；認爲教學方法欠佳者，佔百分之四十二；認爲與生活經驗脫節者，佔百分之廿。由此可見，教學方法不好與教材欠佳，都是影響學生課業興趣的重要因素。

由以上幾個調查項目可以了解，今天大專院校的老師，連經師的條件都還欠缺，這實在是不容忽視的問題。

如何改進教材教法呢？有幾項方法可以考慮：

㈠對於教師的教學缺乏評鑑制度，而學生又少有公開批評教師教學好壞的習慣，使得若干教師不大注意研究與進修。一紙證書，終身有效，使得若干教師變得懶惰了。似應建立評鑑教師就業程度的制度，並督促教師研究進修。

㈡美國各大學中，往往開有「大專教學法」（College Teaching）的課程，使有志從事大學教學工作的研究生，得以了解教材教法。這是一種很有意義的安排。而我們這裏，除了師範大學、師範專科學校等培養中小學師資的學校開有教學方法的課程之外，一般大學都沒有類似的課程，因此使得大學的師資因爲缺乏有關教學方法的專業知識，而影響到教學的效果。這是很可惜的事，今後大學院校的研究所似可考慮開設「大專教學法」一類的課程，使未來的大專院校教師具備較多的教學技巧。（本文由本人口述，請聯合報記者摘記，特此致謝）

（原載「聯合報」，民國六十八年九月二十八日，第十四版）

提高大專院校的師資素質與學術水準

最近，教育部針對大專院校教師做了一項調查，獲得若干結論。其中有幾點在報上披露後，特別引人注意。

第一，大專院校教師的學術活動不够積極，有百分之五十七的教師從不參加任何學會，百分之九十一以上從來沒有參加過任何國際性的學術會議。

第二，大專院校教師的學歷水準不够，有待提高。調查顯示，擁有博士學位的大專教師，百分比很小（百分之十八），有碩士學位的稍多（百分之三十四），而大部份只是學士學位（百分之四十一）。有相當數量的教師，其學歷還在學士學位以下。

第三，大專院校教師沒有充份發揮研究的功能，其中竟有百分之六十二的人，從來沒有出版任何著作。至於發表過著作的，其著作是不是够學術水準，也是一個問題。

第四，部份教師聘任的職稱，與教育部審訂的資格，有相當大的差距；也就是說，大專教師裏面，有很多「黑牌」教授、副教授及講師，甚至還可能有名不副實的助教。

第五，私立大專院校的教師，大部份任課時數太多，有的還要擔任行政工作，負擔太重，影響教學與研究。

第六，私立大專院校的兼任教師比例太大，而專任教師只佔百分之四十七左右，對私立院校教學水準的提高，十分不利。

教育部這六點研究結論，可以說很忠實的反映了當前大專院校的師資問題。這些情況已存在多年，即使不經調查，我們也可以思過半矣！然而，教育部這次主動的來展開調查，發掘實情，這種精神令人讚佩，足見教育主管當局勇於面對問題，樂於解決問題。我們很期望教育部能針對問題癥結，迅速加以改善。

大體說來，私立學校的師資問題，比公立學校來得嚴重，專科學校則比大學嚴重。在專科學校這一部份，主要原因是過去幾年，專科教育膨脹太快，師資需求增加太多，而事實上國內並沒有儲備足够的教師人才，以致許多學校開辦之初，就吸收了許多學歷水準不够，甚至不知學術爲何物的教師。

另一方面，專科教育多半注重技能性的訓練，這些課目强調技術與實務的經驗。因此，若干術科很好而學歷不高的教師也受聘任教；從學術活動的標準來看，這些教師的研究能力，及參加學術性集會的情形，當然要差得多了。

綜合來說，上述六項調查結果中，第四、五、六項，涉及教師的資格審查、任課時數及兼課比例等問題，很明顯的是教育與學校行政上的缺失，解決之道也惟有從加强行政監督與管理着手。至於第一、二、三點結論，基本上顯示大專教師學術水準與研究意願的低落；這就不單是行政手段能解決得了的了。本文即擬針對這些教師水準與學術研究的問題，提出十點具體建議，以供有關人士參考：

第一，大專院校的教師陣容要維持一定的水準，在聘用新任教師時，即須把緊關口。過去各校聘任教師人選，由於聘任程序或做法上的偏差，所用非人，在所難免。

照道理講，學校要聘用教師，應該尊重相關科系的意見，不宜由校長或一、二領導人逕作決定。畢竟個人所見有限，强做主張的話，搞不好就成外行充內行了。所謂尊重相關科系的意見，並不是說要由科系主任個人私自決定，而應交由系裏的教師共同討論，以取得用人的公準。這樣去做，新任教師的聘用，才不致因一兩個人的好惡，或人情上的壓力而汰優擇劣。

有關擬聘教師人選的資料，不論是學歷經歷、教學經驗或研究成績，都應儘量搜集，讓全系教師在系務會議上來共同評鑑與決定。事先若能邀請擬聘人選到系先作學術演講，當更有助於了解其學術水準與研究能力。如果各校教師的甄選，都能像這樣以公開公正的程序，取決於衆議，學術背景欠佳之士，便無由倖進了。

簡而言之，只有使聘任程序民主化與制度化，才能選得較有學術水準的人才。

第二，教師升等也應該民主化與制度化。教師升等的本意，在鼓勵教師增進學術能力，藉以獎優懲劣，以使進退有序。然而，教師升等的權力，如果完全操於學校與科系主管之手，而不經由科系以內的民主方式，建立具有公信的升等程序與標準，則升等不僅不能發揮誘導學風的作用，還可能徒增人事上的紛擾，敗壞學術界的上進氣氛。

為了公正起見，教師升等可以用公式化的內容來做評鑑，合於升等年資的教師，應就平常在學術著作、教學表現、對系服務、對社會服務等項目上的表現，分別評定其成績，並儘量以分數代表之。評鑑的項目與所佔比重，可隨科系情況而調整，這種評鑑在精神上應維持必要的獨立性與保密性。至於參與評鑑的人，可由系內比升等者階級較高的所有教師來共同審核與評分；必要時，並應邀請校外有關學者評審，但應以與升等者的研究與趣相近者為限。如某講師擬升等，則由系內副教授及以上的教師來個別私下分項考察與評分，以鑑定其成績與水準，然後代入公式，並予以加權與平均。這種制度化的做法，取決於衆意，既不致授人以柄，無形中也可使升等教師平常卽知所遵循，努力上進。

還有，目前我們的教師等級太少了，從助教、講師、副教授到教授，只有四級，影響所及，一名教師在學術上往往沒有經過足够的歷練，卽可在相當短的時間內輕易當上教授，而使升等失去了鼓勵的作用。因此，大專教師的等級，應該設法酌予加多，以便能長期維持教師不斷提高學術能力與成就動機。

第三，教師聘升資格與著作審查的方式應該改進。目前，教師著作的審查有校內與教育部兩種，校內審查最怕的是人情困擾。不過，校內審查只是各校內部過濾教師升等人選的措施，對教師的正式資格沒有決定權，影響尙不大，最重要的是由教育部所主持的審查能不能令人信服。

例如，送請教育部審查的教師著作能否通過，跟送給誰審查關係很大，有的審查者特別好講話，容易過關，有的委員打的分數特別緊，容易讓人吃虧。教育部應設法印證審查者評分是否有過於偏頗的情形，一再評分過低或過高的審查者，不應請他繼續審查。

由誰來決定審查者的人選，也是左右審查水準的關鍵。目前，大專教師著作審查的工作，主要是由教育部的一個學術審議委員會推動，可是這個委員會所聘請的委員，多半是德高望重的老先生，大部份自己已經很久不做研究了，跟當前做研究工作的中堅份子脫節很遠，不易獲知行內各學者的研究造詣。可想而知，由這些委員先生來決定著作審查的人選，恐難掌握當前學術研究的現勢，可能將著作送給不適當的人審查。

因此，我建議教育部在學術委員會之下，每一學門成立一個顧問性質的小組，由當前各學門中眞正在做研究，了解本門學科的現勢，而研究成績卓著的人組成。當有本學門的教師申請審定著作時，就由這個小組先就著作之專題內容，提出審查者的人選，建議學術審議委員會參考採納。這樣則審查的結果比較符合學術的需要，教師著作審查的水準才會提高。

第四，對教師的待遇應發揮鼓勵學術研究的作用。目前，大專教師的薪資待遇，完全以年資爲累進的標準，跟做研究的成績毫無關係，對用功的老師反而形成一種無形的挫折。努力做研究的老師得不到實質的鼓勵，學術活動自然停滯不前。

從現實情況來說，我們如果要改良薪資辦法，讓薪資的累積同時用年資和研究成績來衡量，似乎一時不易做到。然而，各校本身不妨募集一筆基金，作爲研究獎金，定期發給研究成績較好的教師。這種做法，即使不計金額高低，其象徵意義對用功的教師也會產生不小的鼓勵。

又如，教育部每年都頒獎給「資深優良教師」。其中「優良」二個字事實上毫無意義；做老師的都知道，只要年資够了，到時候自然可領獎狀。像這種對研究與教學沒有積極鼓勵作用的褒獎，不妨撤除，改在各校設立學術獎金，而且提高金額，以直接刺激學術研究活動的進步。

總之，對大學教師的獎勵，應針對學術成績而發，而不以學術以外的因素（如年資）做獎勵的標準，才算發揮了獎勵學術的本意。

第五，對教師的教學工作應有定期的評鑑。一般人總認爲：對老師本身做評鑑，有失教師的尊嚴，而且違背尊師重道的原則。然而，依目前情況，大專教師只要沒有嚴重犯法事件，沒有政治上的原因，幾乎可以高枕無憂，有些教師就不免日久生懈了。

對於這個現象，我們可以用課堂評鑑的方式來加以補救。對教師本身也許不便評鑑，但對教師的教學活動則可評鑑。各校如果要求教師自行定期在課堂中分發評鑑表給同學，由學生就教材難易、教學方法、課程內容等方面表示意見，收集後供老師自己參考。這等於提供教師一個自我觀察與檢討的機會，可以刺激教師在教學上不斷進步。

這種做法，最重要的是對事不對人，受到評鑑的是教學上的問題，而不是教師的人身問題，不致影響教師的尊嚴。評鑑的項目如果加些變化，例如教師在教課內容中有沒有創見，則可以藉此從側面觀察教師的研究成績，進而刺激教師的研究動機。

第六，大專院校教師應舉辦在職訓練。有的教師在任教之初，由於沒有接受完整的學術訓練，或者任教以後，久未接觸本門學術的新知識，幾年後就落伍了。

對於這類教師，除了設法激勵他們做研究或涉獵新知識的動機外，學校方面還應該讓他們輪流接受在職訓練。原因是許多學校的教學環境與研究設備都不適合教師自修，教師的研究與教學能力不可能提高。在這種情況下，學校可以有幾種做法，一種是讓本校教師分批到設備較好的相關學科研究所去聽課，甚至修學位；如此一邊進修，一邊教課，研究與教學水準才會不斷提高。據我所知，國科會目前也有一筆經費，專供教師在國內或國外進修之用，也是這種用意。

再者，教育部可以利用寒暑假，設計一系列的分科學術研究講習會，以充實各類教師的基本研究能力，同時在會後追蹤輔導學員的研究工作，以逐漸提高他們自己做研究及接受新知識的意願與能力。

第七，學校內應培養重視學術研究的風氣。學校的領導人，包括校長、院長及科系主任等，一定要重視學術，校內的學術活動才會蓬勃發展。如果一校之長只注意蓋房子，或是爲了省錢而增加教師的教學時數，這種學校很容易就扼殺了教師的研究興趣。

又如甄選科系主任，應該從學術觀點去選人，選出來的人才會以系內的學術風氣爲重。科系主任如果自已不重研究，不做研究，或學術水準不够，而只是將主任當官來做，到處應酬巴結，便會將整個系風弄壞，使學術流爲次要。

總之，學校內的一切措施，都應以支援學術研究爲優先目標，行政上的考慮，現實政治的顧忌，都不可阻礙學術活動的發展。校長、院長、科系主任都是學術主管，應對校內、院內或系內同仁的學術工作時時關心，在研究工作上如有困難，應竭力幫助解決，給予必要的精神與實質支援。

第八，應健全學會的功能。在一個學術發達的社會裏，學會的角色甚爲重要。由於學會經常召集學術研討會，讓學者共聚一堂，互相發表論文與觀摩辯論，無形中促成了學術上的競爭與交流，對提高研究風氣十分有用。

然而，學會要發揮這種功能，必須先有健全的人事。學會的活動應以學術爲主，學會的主持人應有足够的學術成就與聲望。可是，坦白的說，我們的學會常常不是這麼回事。國內的學會大部份都像「打牙祭」的吃會，每年例行性的聚聚餐就算了事。學會的主持人也未必有很好的學術成就及學術熱情，倒不乏以政治色彩爲重的人。這樣的學會組織當然不能發生領導學術的作用。

第九，打破仕宦不分的觀念。政府常在學者中間找人，來擔任政府機構中的職務。這對增進政府效能大有助益，當然是一件很好的事。但是，這些進入宦途的學者，一方面忙於公務，脫離了學術研究，一方面還捨不得放棄學校裏的教學。他們身不由己，上課不是遲到早退，就是請假不到，一學期上不了幾次課，而且事前不能好好準備，講課常是東拉西扯，缺乏深度。

換句話說，仕優則宦雖是件好事情，可是學者做官還是離開教職比較好，以免延誤研究與教學工作。如果將來要重回教壇，則可暫時留職停薪，以避免仕宦干擾的不良現象。

從另一個角度來說，有些科系的主任爲了拉關係，或應付人情，找一些官員來教課，也同樣會嚴重影響研究與教學。而且，這還給其他教師和學生極壞的示範作用，以爲不必努力研究，只要做了官，便可左右逢源，無往不利，好像官做久了就有了學問，「教授」就可垂手而得。這些不好的影響，都是官學不分，涇渭不明所造成的，必須加以改善。

第十，提高大專教師的薪資待遇。國內大專教師的待遇，跟亞洲其他同樣進步的國家（如日本、韓國、香港、新加坡）相比，要少得多了。跟國內其他行業，尤其是工、商界比較，同樣要相形見拙。

一般人總以爲，做教師的應該清高，但清高並不等於清苦。何況，現在的社會價值觀念變了，即使是教師也有改善生活的需要與權利。

由於待遇不高，許多大專教師爲了貼補開支，只好到處兼課兼差，或者私下自己經營事業，最後被犧牲的仍是學術與學生。

待遇過少，在心理上還有另一層影響。每個人在心目中都有一座「天平」，希望自己在工作上的努力與因而所得的報酬能够平衡。報酬可以鼓勵工作動機的理由也就在此。如果大專教師覺得他的薪資待遇偏低，爲了使心中的「天平」平衡，便自然會減低努力的程度。這不知不覺會對教師們的教學情緒與研究動機產生不利的影響。反過來說，如果待遇能適度提高，則不僅對大專教師的現實生活有所補益，同時也會使他們有一種受到尊敬與重視的感覺。

以上十點，都是針對目前大專教師的實際問題，提出的具體建議。如果能朝着這些方向不斷努力，對於提高大專院校的師資素質與學術水準，一定有很大的幫助。（本文由本人口述，請記者魏誠先生整理，特此致謝）

（原載「聯合報」，民國七十年三月十四日，第二版）

人類需求與生活素質

一

在一個進步的國家中，經濟發展的早期，大都强調生活水準的提高，等到國民所得上升到相當程度後，就會轉而重視生活的品質。中華民國的臺灣，目前正是處在這樣一個從强調生活水準轉變到生活水準與生活品質並重的階段。

生活品質是一個相當複雜的概念，不僅包含了物質的、經濟的及社會的層面，而且也涉及到人權的、知識的及文化的層面。過去，社會科學家在量化生活品質時，大都偏重於前三個層面的指標，至於後三個層面的因素，則是到了最近才受到應有的注意。但不管這些指標如何完備，所代表的僅只是生活環境的品質，而非生活本身的品質。生活是指人在其物質的、經濟的、社會的、人權的、知識的及文化的環境中的活動歷程。在提高生活品質時，如果撇開人的因素不談，只是限於生活環境的考慮，便會導致事倍功半的偏失。

就生活品質的改善而言，在人的各項因素中，最重要的是人類的基本需求。生活可以視爲運用環境資源以滿足各種基本需求的活動歷程。在這種連綿不斷的歷程中，生活品質的高低端視能否適當滿足各類基本需求而定。

二

人類有那些基本的需求？對於這個問題，行爲科學家曾經提出很多理論，做過很多研究。就生活品質問題的討論而言，人本心理學家馬玆洛（Abraham Maslow）所建立的理論，似乎最有用處。根據他的理論，人類的基本需求約有七大類，即：①生理需求：要免於饑餓、口渴、缺氧、寒冷等；②安全需求：要免於危險，要感到安全；③歸屬需求：要接近他人，要屬於團體，要爲人接受，要愛與被愛；④尊嚴需求：要受人尊敬（名譽需要），要尊敬自己（自尊需要），要有成就感或成功感；⑤認知需求：要求知曉（求知需要），要求瞭解，要求探索；⑥審美需求：追求對稱，追求秩序，追求美感；⑦自我實現的需求：要實現自己的潛能，要發展自己的個性，要統合自己的性格，要表現自己的特點。

馬玆洛認爲以上七大類需求並非互不相干，而是形成一套自下而上的層次。自①至⑦，生理需求最爲基本，位在最下層；自我實現需求最爲複雜，位在最上層。自下而上，較低的需求獲得滿足（至少部份滿足）以後，較高層次的需求才會發生影響，成爲決定行爲的重要因素。例如，當食物與安全匱乏之時，生理需求與安全需求最爲强烈，歸屬與尊嚴兩類較高需求不易發生作用，當然更談不到認知、審美及自我實現等最高的需求了。

馬兹洛所說的七大需求及其層次關係，對生活品質的問題，具有重要的涵義。首先應該指出，知曉了人類的各種基本需求，對於生活環境品質的改進將大有裨益。我們可以分就物質的、經濟的、社會的、人權的、知識的及文化的各個層面，有系統的檢討已有環境資源是否能有效滿足人的各類基本需求；我們也可針對未得適當滿足的需求，來改進或製造特定的環境因素。例如，爲了要能滿足民衆在飲食方面的安全需求，應該加强食品衞生的檢驗；爲了更能滿足民衆的歸屬需求，應該鼓勵與保障自發性的正當社團的成立；爲了更能滿足民衆的尊嚴需求，應該改進家庭管敎、學校敎育及人事管理的素質，以使大家易於培養與維護自尊；爲了更能滿足民衆的認知需求，應該改善大衆傳播的內涵，並儘量破除不必要的禁忌（特別是政治禁忌）；爲了更能滿足民衆的審美需求，應該增加大家欣賞文學、藝術及音樂的機會。生活環境品質的改進，如能以人類基本需求的滿足爲依據，自然不會漫無頭緒，造成缺乏效果的情況。

其次應該指出，環境品質的好壞與需求滿足層次的高低是相對應的，生活品質的好壞與需求滿足層次的高低也是相對應的。在同一個社會中，人們得以滿足的最高需求雖不相同，但却大致具有集中於某一層次的傾向。例如，有些國家（如目前的高棉與非洲的一些國家），人民衣食不週，大多數人連最低層的生理需求都不得滿足；有些國家（如英國、瑞士、西德、美國、日本），生活環境較好，大多數人都可能滿足到認知與審美兩種需求。我們可以說，社會中大多數人所能滿足的需求層次愈高，其生活環境的品質便愈好。在運用環境資源以滿足需求的歷程中，大衆所滿足的需求層次愈高，這個社會的生活品質便愈好。

以這種對應性爲基礎，可以把環境品質與生活品質分爲數級。我們可以先將七類基本需求分爲四級。卽生理與安全兩種需求爲「低級需求」，歸屬與尊嚴兩種需求爲「中級需求」，認知與審美兩種需求爲「高級需求」，自我實現的需求爲「紹級需求」。與此對應，我們可將不能或僅能滿足低級需求者，稱爲「低級環境品質」與「低級生活品質」；僅能滿足中級需求者，稱爲「中級環境品質」與「中級生活品質」；其餘類推。如此這般，乃可將生活環境品質與生活品質，各分四級，卽低級、中級、高級及超級。

三

在生活品質的各個層面中，物質的與經濟的因素所滿足的主要是低級需求（生理與安全），社會的與人權的因素所滿足的主要是中級需求（歸屬與尊嚴），知識的與文化的因素所滿足的主要是高級需求（認知與審美），至於超級需求（自我實現）的滿足，則有賴於各類因素在品質上的更高超越與統合。

提高生活品質的要旨，是使原本只能滿足較低需求的因素，兼能滿足較高的需求。例如，飲食主要是滿足生理需求的，但如行之有方、有道、有格、有調，則可同時滿足更高的需求：與人共食，可因彼此相處而滿足歸屬需求；食時相談，可藉交換見聞而滿足認知需求；善選食具，可由增加情調而滿足審美需求。在擴大與提升需求滿足的層次時，最重要的原則是創造化、美感化、個性化及合理化。這些原則都可以用「精緻化」一詞加以涵蓋。不管是生活的那一方面，只要能做到這些原則，便是在使生活精緻化，也就是在創造一種精緻文化。從需求滿足的觀點來看，至少能夠滿足高級需求（認知與審美）的生活，才配稱作精緻生活，這樣的生活所形成的文化，才配稱作精緻文化。

改善生活品質的終極目標，是要創造一種精緻的生活與文化，以使社會上的大多數人都能獲得自我實現的機會。

（原載「聯合報」，民國六十九年八月十三日，第三版）

從紫微斗數說起

——算命的個人與社會心理意義

我所要談的問題，並不限於「紫微斗數」，而是泛論從個人的特徵來推測他的禍福或際遇。但是，我不想談算命可靠或不可靠的問題。

就研究社會心理學的立場，我對此一社會現象的本身很有興趣。因此，我的第一個問題是：為什麼現在會有這麼多人對算命有興趣？並不光是有興趣或好玩而已，他們的確是很認眞的。對於這個問題，又可分為兩方面來談。其一，這一類算命的事情能夠存在，甚至有很多人相信，究竟是什麼道理？其二，最近為什麼相信的人特別多起來？這是兩個相當複雜的問題。對於前一個問題，可以舉出好多原因。在此我可以談談五個理由：

第一個原因：人在很多情況下，常覺得個人能力有限，社會的、客觀的及物理的環境因素，再加上自己條件的限制，使很多人都被卡住了。人有時實在想不出辦法，或是用人類理智的判斷，沒辦法找出一條明智的出路，甚至也不能分析問題，以得到一個確定的答案（不一定是好的答案，壞的答案也沒有關係，只要是一個確定的答案就可以，那怕答案是明天就要死，自己也就認了）。就是虛懸不能解答的狀況最爲痛苦，而這一類情況，從古到今，很多人都會碰到，而往往要靠算命來得到一個答案，不管答案是好是壞。

第二個原因：過去心理學中的研究，發現了一種現象，稱爲「部分增强」作用。什麼叫做部分增强作用呢？譬如說，一個人做了一百次同樣的事情，雖不是每一次都得到預期的結果或獎勵，但只要有幾次如此，就會形成一個行爲習慣。有的人可能偶然做一件事而得到了預期的效果，再做可能就沒有了，但過一段時間去做，可能又碰到一次好的效果，慢慢地他做那個行爲的傾向就已經養成了。像算命這一類事，並不需要每一次都「有效」，算了十次命，只要有一兩次「有效」，就會加强了他算命的傾向，其它無效的九次、八次都不會去管它。部分有效就足以養成一個很强的習慣。

第三個原因：有些算命的人，所講的話也許是非常確定的。但是，一般的情形是算命者所講的很多話，都是曖昧含混或普遍有效的。例如：「你下個月將有不如意的事」，或「你下週會有意外發生」。算命者往往未將「不如意」與「意外」加以明確界定。意外包含的範圍很廣，酒精爆炸傷到了自己是意外，碰到石頭摔一交也是意外；人們在生活裏面可能碰到的意外太多了，由於界定得不明確，所用名詞涵蓋的範圍又相當廣，就有很多機會「證實」算命是對的，其實往往是當事人的「自由心證」。

過去，也有人做過這樣的研究，他先寫下了十幾條描述人的性格的語句，再拿給一班學生去用以評定自己，最後他問受測的學生這些描述性格的語句能不能代表他們的性格。奇怪的現象是，幾乎每個人都說很能描述自己的性格。同樣的幾個句子，爲什麼能適合於每一個人的性格呢？我們知道，人的性格都是不一樣的，爲什麼大部分學生都覺得這些語句符合自己？這個例子很可以給我們一些啓示，那就是：人對語言文字的解釋，是非常有變換性的；人是活的，你告訴他一個詞語，他可以作各種解釋。當事人對算命者所說的話的解釋也是如此。算命者所說的話多是所謂「普遍有效的」（universally valid），因此很難加以否定。

第四個原因：有一種不對稱性理由化的現象；意思是說，一旦某一實際情形不符合算命者預測的結果，便認爲那是例外，而符合的就視爲證實。而且當事人對符合與不符合的情況的强調態度也不對稱，因爲他有了一種預期，所以便特別重視符合的情況，另一方面對不符合情況的重要性則貶得很低。人們往往都有一種選擇性遺忘的本事，那些不符合的事情很快地就遺忘了，只記得幾個符合預測的情況，而且記得特別清楚，並反覆地强調它們的重要性。這種强調符合事例與遺忘不符合事例的不對稱性，是人類心理的一般現象，正如同我們對愉快的往事記得久，對不愉快的往事忘得快一樣，也是不對稱的。

第五個原因：是一種自行成眞的預言（self-fulfilling prophecy）。你現在預測我將來會怎麼樣，就會使我朝着那個方向去行爲，然後就自然證實了你所作的預測。你做老師的說我是一個壞學生，我就覺得反正自己是個壞學生，也就不再用功唸書，一切就不向好的方向努力，最後自然眞的變成了一個壞學生，終於證實了你的預測。有關自行成眞的預言的現象，國外的學者已經做過很多研究，發現它是一種非常有力的心理現象。用算命的方法給人做了一個預言，他若是信了，則越信就證實得越快。因爲信了之後，意識上就會不知不覺受了它的影響，朝着那個方向去想去做，最後剛好就符合了預言。如果不去算這個命，便不一定會向着那個方向發展。

分析了以上五個使人算命的原因，我們可以進一步談談另一個問題：爲什麼現在這個階段算命的人越來越多。理由也很多，我只想擧兩點現象來說明：

第一，目前的社會，在政治與經濟發展的過程中，有了大幅度的進步。整個現代化所引發的社會變遷，使人的生活環境改變了，生活上碰到種種新的問題。人與人之間的關係，做事所需要的方法，愈來愈强調個人的能力與表現。一方面所遭遇的情況都是很陌生的，甚至父母老師也沒有敎過如何去應付；另方面這種種情況是旣很複雜，壓力又大，必須馬上做反應，而失敗的機會則很多。由於這種社會變遷的新情況所造成的社會生活的特徵，遂使當前社會裏很多能力不够的人發生種種問題。能力高强的人，自己還可以應付，無需去求助於算命。而敎育程度低的人，腦筋較差，技能學得也少，種種條件與能力的限制，使他們對多變的情況無法應付，往往會進入一個陷阱而出不來。不管這個陷阱是婚姻的問題，是感情的問題，是家庭的問題，還是事業的問題，陷進去之後，因為自己能力不够，便不得不求助於算命了。其實不光是算命，像最近有許多迷信的宗教信仰，廟宇的「生意」的興隆，甚至乩童活動的盛行，都可能是由類似的因素所造成。總之，在社會急劇變遷的過程中，必然有相當比例的人會遭遇難以解脫的困境，只靠自己的能力無法解決，就得靠算命與迷信這些傳統方法了。

第二，可能與我們當前的處境有關係。從大的方面來看，整個國家是在一種虛懸的情況中，在臺灣海峽兩邊對峙的局面下，不管我們怎麼進步，在未完成復國統一之前，都會覺得壓力很大。再加上正式外交關係的減少，即使不是一個知識分子，不是政府的公務員，由於大衆傳播的發達，也很容易覺察到未來大的前途不清楚。而且，你會覺得在今日的社會裏，個人的未來往往脫離不了整個社會未來的影響。你做生意，受到國際因素的影響，有的時候莫名其妙的就倒了；石油一漲價，每一個人的生活都要直接受到壓力，你逃避也無法逃避。說起來，有太多因素不是個人能力所能控制的，甚至不是那一個國家所能控制的。在這樣的巨大壓力之下，人們不免會對未來打了一個大問號。整體的與個人的未來打了問號，焦慮與不安便跟着來了，這時就特別需要別人告訴你將來成敗與禍福的答案。那怕算命算出來的結果是壞的，心中也會安定下來，不必再去瞎猜了。

由於以上兩個因素的影響，近年來很多人都要跑到廟裏去拜拜，抽籤卜卦，而算命的活動也就越來越多了。

算命也好，相面也好，對不對，可信不可信，可靠不可靠，且都不去管它。剛剛慧心齋主講過：「信則靈」。由這個標準來看，假如這些人相信你算的結果，也很認眞的接受你算的結果，那麼我們就要檢討一下，這會對當事人發生些甚麼影響。

第一，先談事前的影響。譬如說，現在有一個人請你給他算命，結果可能是好的，也可能是壞的。就以你剛才所說：「你這個月有桃花運」，這該是好的結果吧！那麼，算得好事究竟有些什麼影響？這也得分好壞兩方面來談。

好的方面，是使他充滿了信心，不去莽動，不去做些無謂的行為，可以加强他往那個方向奮鬪的動機。算命給他的暗示也許是說：「你可以多注意女孩子啦！」由於他眞的多去留意所接觸到的女孩子，他的「桃花運」果然就來了。但是，其中也有一個缺點，卽使你預測的是一個好的結果，但他却不努力去做，反正是命已算好了的，不必去强求也會來的。因此，便將他自己努力的因素忽略掉了。本來照自然的情況努力去做，說不定也可以達到同樣的目的。但由於一再等待，而虛度了歲月，最後却毫無結果。這便是一種不好的影響。

如果你給他算的結果是不好的，則又有什麼影響？我想壞的影響會多些，因為這往往使他發慌，縱然命運如此，心理也會很不自在，時時放在心中，覺得問題嚴重。本來他可能是沒有什麼問題的，就因為你給他算出了個不好的預測，他因此覺得這裏也不自在，那裏也不對勁，就會使他生活得很緊張，很不愉快。其次，他會想法子去破解，卽使你告訴他這是沒有辦法可以改變的，他也不會死心，他也許會找別人幫忙破解，或者自己假想一些破解的方法去胡試，本來應該沒有事的，反而弄出亂子來了。

第二，談談事後的影響。當事人已發生了不好的情況而後去算命，算出來的結果若是符合實情，也許有些好處。例如，一個女人在家裏與丈夫搞不好，算命結果也是這樣說，那她就會覺得「命」中如此，便會接受這個命運，說不定使她在心理上或生活上感覺好一點，而不會去做一些無謂的行爲。事後算命可以使自己的不幸遭遇合理化，旣不必責人，也不必責己，只要歸諸命運就好了。換句話說，可能使人減輕很多痛苦，接受已經不好的現狀，而覺得好過些。但是，却也會使人不再努力去改善情況，而安於不良的現狀。

總而言之，事前或事後算命的影響，我們不能否認有它好的一面，也不能否認有它不好的一面。基本上說，在事後算命有一種自我保護的作用，可使人將不好的遭遇或處境歸於命運，而不會去責備自己或抱怨別人，以致弄壞了社會關係。人們有一種叫做自衞性或保護性的歸因活動，把這種原因歸之於運氣，歸之於命運，或是歸之於外在環境中不可控制的因素。這樣自己也不必負責了，別人也不必負責了。於是，壞的人際關係卽使是人爲造成，也可以不歸之於人事，大家因而能相安無事。在壞的效果方面，則是這樣拖下去，當事人會不求改善。上面這種將成敗歸因於外在因素的傾向，就是心理學中所謂的「外控的態度」，覺得自己的命運，自己的禍福，好像自己都沒有能力控制，而由外在的命運、鬼神或環境所操縱。對生活在現代社會中的人而言，具有這種外控的態度是不利的。現代人所需要的是「操之在我」的人生態度，亦卽是說自己的禍福或前途，主要是看自己努力了多少，看自己的能力有多高。有了這種「內控的態度」，就會不斷作自我改進的努力，多去追求知識，多去學習技能，促使自己的工作能力增加。

剛才慧心齋主講到，一個人的命運並不是一輩子都是壞的，也不是一輩子都是好的，事實上都是有好有壞，摻雜起來的，從這一個觀點出發，在紫微斗數的專欄裏，可以寫些鼓勵的話。這一點我當然很同意。可是，這種鼓勵畢竟是有限的。妳把這種鼓勵稱爲一種「間接的輔導」，但我想如果能夠給他們一種更直接的「輔導」，針對他們的問題，了解他們環境的限制，本人條件的限制，而不光是靠他們的生辰八字，豈不更好？當然，從事眞正的輔導工作，是要先受專業訓練的。

社會上有太多的人，已達到嚴重迷信的程度。我們常常看到有一種人，他們不管遇到什麼事情，都要先去算一下命，抽個籤什麼的，看看要怎麼辦，而他自己則絲毫不肯動腦筋。這種依賴占卜的作風，假使眞能徹底解決他的問題還好，但事實上則會衍生出更多的問題。面對今日社會如此複雜的情況，怎麼可以只靠算命抽籤，馬上就做了決定呢？不去重視對情況的了解，不根據常識與知識，也不經過理性的分析判斷，怎能找出一個適當的辦法呢？譬如你有了一個女朋友，去算了一下，說是八字不合，應該「絕交」，於是你就跟她斷絕了來往，但她很可能是你最好的對象，卻就這樣糊糊塗塗的拆散了。

有些人太不樂意動腦筋，特別是面臨不明確而曖昧的情況，或是遇到難以解決的問題。他們爲了逃避這些情況，生活中每一個步驟都希望假借外在的「力量」來幫他們做決定。這樣的人一旦很多，這個社會怎麼能夠有理性呢？怎麼能有創造力呢？同時，這樣的社會也不易接受創造性的東西，民族的文化也會低落下來。

甚至，連中國知識分子都脫不掉這樣的習氣，有的時候家裏有了什麼事情，或者朋友遭遇什麼災難，分析到最後，沒有辦法想了，就說：「唉，命中如此」。大家習以爲常，腦子裏都有這種宿命觀念，因爲我們都是受過中國文化的薰陶。

尤有甚者，現在有些教育程度很高，地位也很高的人，算命算得格外厲害。這是什麼道理呢？眞象當然不太清楚，但在此可作幾點猜測：

(1)一個人教育程度與官位高，並不見得是一個能夠站在自已脚跟上分析問題的人，有的人可能有一種相當僵固的個性，甚至不喜歡做獨立的思考與判斷，宿命的觀念却相當的强。

(2)教育程度或地位越高的人，他所遭遇的問題可能也越大，得失之間差別很大。從這個官升到那個官相差很大，從做官到丟官相差更大，因此難免患得患失。又像做大生意的人，一項決定就涉及千萬，其複雜性與嚴重性超過了他自已的分析能力。因此，他會格外想請人或請神指示一下。

但很多新型的去算命的人，不是完全依賴算的結果，他自已也做些分析，有時且會同時找幾個人來算，如果有兩個算得一致，那便很好；如果不一致，他會另外再去考慮。（本文係本人在「中國論壇」舉辦之「從紫微斗數說起」座談會部分發言記錄）

（原載「中國論壇」，民國六十九年，第九卷，第十期，四十一至五十七頁）

人倫之基—夫婦關係

在人類的各種團體中，家庭是最重要、最基本的。家庭成員之間的關係，是人際關係中最重要的一環，別的關係——如朋友、鄰居、同事和隸屬關係，都沒有家庭關係來得重要。家庭關係中，又以夫婦關係爲最基本、最重要，其次是親子關係，再其次是夫婦的雙親，如婆媳、岳婿等。每種關係都有它的特點和重要性。

夫婦關係協調，夫婦生活就愉快平順。夫妻對婚姻的本質，有合乎實際的正確看法，婚姻生活才能美滿。婚姻的本質，可分六點來說：

一、夫妻二人均應了解：婚姻是由完全不同的兩個「個人」組成的，夫妻彼此都會在對方身上發現很多缺點和優點。大致說來，所謂「優點」，就是對方的想法、做法和我的一樣，爲我所喜的；所謂「缺點」，就是對方的想法、做法和我的不一樣，爲我所惡的。夫妻之間的優點和缺點非常主觀，完全以個人的好惡爲出發點，明白了這一點，就更容易接受對方。配偶既然是另一個人，就無法和你完全相同，必然有你喜歡之處，也一定少不了你不喜歡之處。事實上，你所看到的對方的缺點，未必就是眞缺點；你所看到的對方的優點，也未必就是眞優點。一個已婚的人，應該了解的是：你的配偶是一個有缺點的人；不管他有多少優點，他必然少不了缺點。

很多人犯了一項錯誤：希望改正對方的缺點。這種一廂情願的想法，是不切實際的。存有這種幻想的，以女方居多，她們誤以爲愛情的力量可以克服一切，改變一切。固然，在愛的影響下，有些人可以暫時改變一下他的習慣，但不久就會故態復萌。例如，有些男士在女友要求下戒了煙，在婚後多半會恢復癮君子之樂。在婚姻裏，最好的態度是：因爲愛對方的優點，而接受對方的缺點，也就是接受對方是一個有缺點的人。這是比較實際和成熟的看法。

二、不要要求十全十美的婚姻。少男少女對婚姻充滿幻想，可能是中了純情派小說的毒。這些作者的婚姻往往不美滿，便幻想出一種只有在夢境中才存在的美滿婚姻關係。涉世未深的年輕人，誤以爲婚姻眞是那麼純淨，那麼不食人間煙火。懷着這種謬誤觀念的男女一旦結合，註定會對自己的婚姻失望，因爲夫妻間的生活是平凡的日常生活，脫不開柴米油鹽等瑣事。夫妻間難免有意見相左、爭持不下的時候，這種情形多半發生在婚姻的早期。婚後第一年是個大關鍵，夫妻間是否能適應，一年左右應該可以看得出來；當然也有人在結婚之初，壓抑自己去遷就對方，後來又忍無可忍地爆發出來。

準備結婚的男女，一定要除去對婚姻的幻想，先做好心理準備，才能滿足於實實在在而脫不了柴米油鹽的婚姻生活。夫妻雙方爲了維繫和配偶之間的關係，必須犧牲許多別的關係和活動，以便有更多的時間與配偶相守。此外，要明白人的感情千變萬化，夫妻二人並不是時時相愛，也有氣對方、不高興對方的時候，只要這種厭惡是臨時性的，不久就會消失，而二人間感情的基調不變，主要的關係良好，是不必在意這種臨時性突發的感覺。有一點是夫妻雙方要謹記於心的：所謂神仙眷屬世上不是沒有，只是我們這些凡夫俗子很難達到那種境界。

三、良好的婚姻關係不是只有一種一成不變的模式。通俗小說和螢光幕，喜歡過份渲染一種特定的婚姻模式—男的負責而正派，女的柔情而溫順，時時準備爲丈夫做無條件的犧牲等等。這種模式只是許許多多良好婚姻關係中的一種，但一般人在耳濡目染之下，有意無意把自己的婚姻和標準模式相比，如果不合這種模式，就以爲自己的婚姻出了問題。其實，各對夫婦彼此都有不同之處，每對夫婦的個性和環境也各有特點，夫妻二人只要找出一種適合二人的習慣，而又能使二人同感愉快的婚姻生活方式就成了，人豈能放棄自己的個性，一直模仿所謂「標準型太太」或「標準型丈夫」，來討好自己的配偶？何況勉強學做別人，很難學得像樣，即使學得像，也做不久，而違背自己的個性，一味委曲自己，反而會使自己先對婚姻萌生不滿之意。每對夫婦只要自己尋找出一種協調相處的辦法就行了，不必去理會別人的婚姻模式。

四、在婚姻關係中，夫婦雙方均應保持自我。這一點，做丈夫的比較容易做到，丈夫對家庭投注較少，他還可以藉工作和社交來保持自我；太太常對家庭有較多的（甚至百分之百的）投入，所以要求的回報也多，抱怨也多。如今，社會上還是存留着鼓勵女子在婚後單方扮演賢妻良母的角色，這對很多受過現代教育的女子來說是不够的，讓她完全沒入家庭，她會有失去自我的痛苦，這些本來可和男人爭一日長短的女人，被迫做一個男人的附屬品，怪不得她們會有被犧牲的感覺，常常產生焦慮沮喪，深感人生乏味。

很可悲的是，這種女人正因爲失去自我，她也就沒有力量去追求自我發展，如培養個人與趣，學習新的技能，建立社會關係。這種情形，在經濟狀況好的中年婦女中尤其顯著，他們在丈夫忙於工作，孩子長大離家後，不免會感到身心不適，因爲她們依賴婚姻生活太久，像鳥被關在籠中太久一樣，喪失了人飛翔的能力。

良好的婚姻關係不容許其中一個成長發展，而另一個萎縮退步。女性的角色，也不應限定只扮演母親和妻子，她也可以扮演別的角色。事實證明，扮演別的角色，反而會使一個已婚女子更成功地扮演母親或妻子的角色，就如同男人除了擔任丈夫和父親的角色外，也可扮演其他的角色一樣。有新觀念的丈夫，應該鼓勵太太肯定自我，在家庭之外，就性之所近，應該有所投注，如做一名職業婦女，學一種新的技能，參加社會服務工作，做個業餘畫家或作家等等。

有些婦女能心甘情願將自己百分之百地投注於家庭，這也是她自我表達的一種方式，因爲她的自我在家庭中得到完全的肯定；至於那些不能從家庭得到完全滿足的婦女，則應交自己的朋友，參加社會或宗教團體，掌握自己的獨特性，不要在婚姻中將自我喪失殆盡。

五、不必高估性的重要性：近年來，由於小說、雜誌及電影過份渲染性的重要，使得人們高估了性問題在婚姻中的重要性，許多夫婦以性的協調與否來判斷婚姻是否美滿。「性」被過份强調以後，使很多夫妻太專注於性技巧和性活動，這就强烈地提供了一項錯誤的暗示：性生活不够好，婚姻就失敗了。但據國外的許多調查，都顯示了性對婚姻幸福與否並沒有決定性的影響力，性行爲也沒有一定的模式可循，婚姻快樂與否，還是基於二人的感情，有美好性關係的夫婦不一定婚姻就美滿；感情好但性生活平淡的夫妻，也大有人在。

六、愼防溝通停止。夫妻間的溝通常會不知不覺地中止了，例如彼此不說話、不討論、不交換問題。除了語言溝通，所謂身體語言（body language）也是一種溝通，這包括表情、動作、眼神、默契等無聲的言語，有時這種無聲的言語所表達的愛意、關切、拒絕、冷漠，比言語給人的感受更强烈。

夫妻間的談話如果只限於家庭中的瑣事，像「小寶今天打碎了一個碗」或「張先生叫你回個電話」等是不够的，必須能打開心扉，向對方傾心吐意。在交談時，雙方心理上應毫無掩飾，能就各種事務如時事、社會新聞或個人計畫，廣泛交換意見，如此可以促進彼此了解。夫婦間了解越多，婚姻就越好；反之，了解少，婚姻就走下坡路。現在的「婚姻諮商」，也常是先叫二人學習溝通，促進雙方的了解，進而改善婚姻關係。但溝通也有危險性，往往會引起吵架；在溝通時若能謹記「七不」的原則，就能得其利，而避其害：

一、不要在生氣的時候說話，等氣消的時候再說話。

二、不要用命令語氣說話。人處久了，很容易習慣性地用命令語句，如丈夫要出門，太太正忙於處理家務，她很可能會隨口對丈夫說：「喂！下午早點回來！」這時言者無心、聽者有意，丈夫心懷耿耿地去上班，這種不快會漸漸形成積怨。所以像「把茶杯拿來」、「去看看後門鎖了沒有」之類的命令語氣，要儘量避免。

三、不要用封閉式的問句討論問題。所謂封閉式的問句，就是只能讓被問者用「是或不是」、「甲或乙」來回答，而無法進一步申述意見。比如說你問丈夫：「你要吃黃瓜還是白菜？」這時他只能答黃瓜或白菜，這就是封閉式的問句和回答。如果改成這樣問：「你喜歡吃什麼菜呀？」這時他要想一想，才能回答，話匣子也就打開了，或許可以轉到：菜場現在什麼菜最多？某一種菜怎樣做才好吃？有那幾種做法？某種菜的營養成份如何？以前他的母親如何烹調某種菜？等等。又如夫婦共同看完了一場電影，散場後丈夫如問太太：「你喜歡不喜歡這個電影？」這是封閉式的問句，因爲太太只能回答「喜歡」或「不喜歡」；開放式的問句應當是「你對這個電影有什麼感想？」這時，太太才有機會把她的許多想法與看法透過電影表達出來，丈夫也可以提出他的看法和意見。這種談話才可以促進彼此間的了解。

四、講話要簡單扼要，不要嘮叨，不要重覆。要注意別人的反應，當別人有不耐煩的表示時，自己就該閉口，因爲這時說話已不能達到溝通的效果。

五、當別人批評自己的時候，不要過份自我防衛，或作過份情緒反應，以掩飾自己的短處。

六、在溝通時，不要因對方攻擊，就立刻還擊。如夫婦二人相約在外見面，太太遲到半小時，丈夫如果說：「我等你這麼久，你太晚了。」太太假使立刻反擊：「你以前有一次也是這樣。」二人豈不是要爭吵了嗎？不要在對方稍有攻擊時就立刻反擊，許多婦女特別喜歡翻舊賬來攻擊丈夫，是要不得的。

七、在溝通嚴重的事情時，不要有第三者在場。

在具體的夫妻角色行爲方面，我們曾對一百四十對包括各種教育程度的夫妻，做了一項有關夫妻相處的實際研究。從所得的結果看來，丈夫最期望妻子表現的角色行爲依次是：

(1)安頓一個溫暖的家
(2)注意子女的教育問題
(3)孝順公婆
(4)對教養孩子有一套合理的原則
(5)溫柔體貼

丈夫最不希望妻子表現的角色行爲依次是：

(1)喜歡打牌

(2)囉囉唆唆
(3)為了一些小事就和先生爭吵
(4)對先生說話像下命令

妻子最期望丈夫表現的角色行為依次是：
(1)行為舉止能夠給孩子做個好榜樣
(2)關心孩子的功課
(3)給太太安全感
(4)分擔教養子女的責任
(5)孝順岳父母
(6)對教養孩子有一套合理的原則
(7)跟太太的家人與親戚處得融洽
(8)在管教子女方面和太太意見一致
(9)在別人面前給太太留面子
(10)體貼太太

妻子最不希望丈夫表現的角色行為依次是：
(1)到不正當的社交場所應酬

(2)對太太說話像下命令

(3)只顧自己娛樂，把太太丟在家裏

(4)喜歡打牌

丈夫對妻子的期望和實際情形的差異（凡是負號則表示做得不够，負號後的阿拉伯數字是用來表示不够的程度；凡是正號則表示做得太多，正號後的阿拉伯數字表示過多的程度）：

(1)性生活中能偶爾採取主動（−1.08）

(2)囉囉嗦嗦（1.00）

(3)爲了一點小事就和先生爭吵（0.99）

(4)有追求新知識的熱誠（−0.80）

(5)溫柔體貼（−0.75）

(6)安頓一個溫暖的家（−0.73）

(7)會製造生活的樂趣（−0.70）

(8)瞭解先生（−0.69）

太太對丈夫的期望和實際情形的差異：

(1)脾氣好（−1.02）

(2)跟太太意見不合時，能找出合理的解決辦法（−0.84）

(3)行爲舉止能給孩子做個好榜樣（−0.82）

(4)改掉太太不喜歡的生活習慣（−0.79）

(5)和太太的興趣一樣（−0.79）

(6)經常向太太表示愛意（−0.75）

(7)應酬多（−0.72）

(8)瞭解太太（−0.70）

（本文由本人口述，請陳琪小姐記錄整理，特此致謝）

（原載「婦女雜誌」，民國六十八年，十一月號，七十三至七十五頁）

剪不斷·兒得轉的親子關係

今天我們所談的親子關係，不是着眼於很小的孩子與父母之間的關係，而是比較偏重至少過了兒童年齡階段的子女，當然其中有些原則對很小的孩子也是適用的。

親子關係就是父母與子女互相對待的態度與行爲。過去曾經有人做過這方面的調查研究，得到一些結果，特在此加以說明。此外，在現代的社會中，子女應當如何對待父母？父母又應當如何對待子女？也是我今天想談的項目。

兩代有隔閡却能融洽

「中國心理學會」前年曾經對一萬五千名大專學生，做過一項「大專青年生活態度」的調查。這項調查的範圍很廣，其中有些與兩代關係有關，這些問題與調查結果是：

●過去曾經有人討論到兩代隔閡的問題，我覺得在我們的社會中青年人與上一代之間的隔閡與歧見是：

答案	百分比
根本沒有隔閡與歧見	6%
有，但不嚴重	71%
有點嚴重	17%
相當嚴重	6%
非常嚴重	0%

認爲有隔閡與歧見的人佔百分之九十四。認爲隔閡與歧見嚴重的佔百分之廿三，也就是將近四分之一的人覺得兩代之間的隔閡與歧見嚴重。

●我覺得我和父母之間在思想觀念上的差距是：

答案	百分比
毫無差距	7%

稍有差距	73%
相當有差距	17%
非常有差距	2%

有百分之九十二的人認爲與父母在思想觀念上有差距。有百分之十九的人認爲相當或非常有差距，也就是將近五分之一的人與父母在思想觀念上的差距很大。

●我認爲最容易與父母意見不一致的問題是關於：

答案	百分比
對當前世局與國是的看法	10%
自己畢業後職業的問題	13%
結交同性朋友的問題	1%
結交異性朋友的問題	16%
選擇未來配偶的問題	6%
日常衣食起居的問題	11%
娛樂與嗜好的問題	21%

宗教信仰的問題	4%
經濟與金錢的問題	9%
其他	9%

這一題的答案，使我們進一步知道了青年人與父母間意見不一致的問題是那些，這些問題依照填答人數多寡的順序，依次是娛樂與嗜好的問題、結交異性朋友的問題、自己畢業後職業的問題、日常衣食起居的問題、對當前世局與國是的看法、經濟與金錢的問題、其他、選擇未來配偶的問題、宗教信仰的問題及結交同性朋友的問題。其中以「娛樂與嗜好的問題」、「結交異性朋友的問題」和「自己畢業後職業的問題」三項，青年人與父母意見不一致的情形最爲嚴重。

●我認爲我父親對我的態度是：

答案	百分比
感情融洽，無話不談	18%
尊重子女，任我發展	67%
不聞不問，自行其是	6%
濫用權威，自以爲是	4%
其他	6%

認爲父親對子女「感情融洽，無話不談」、「尊重子女，任我發展」的人佔百分之八十五，認爲父親對他「不聞不問，各行其是」、「濫用權威，自以爲是」的只佔百分之十。由此看來，一般學生都認爲父親對他們不錯。

●我認爲我母親對我的態度是：

答　案	百分比
感情融洽，無話不談	45%
尊重子女，任我發展	47%
不聞不問，各行其是	2%
濫用權威，自以爲是	2%
其他	4%

這一題顯示的結果比父子關係的結果更好。母親對子女「感情融洽，無話不談」、「尊重子女，任我發展」的有百分之九十二；「不聞不問，各行其是」、「濫用權威，自以爲是」的只有百分之四。

這五題的調查結果顯示，大專學生中有相當大比例的人，覺得與父母有某種程度的隔閡或歧見，這些隔閡歧見與那些事物有關，也有具體的答案；然而，這些青年人又說與父母感情融洽、無所不談，父母也能尊重子女、任由發展，這個結果看來好像有點矛盾。如果這眞是矛盾的話，那就只能有一種解釋：當問他與父母有無隔閡歧見時，他說有，而且這個說法可靠性很大；而當問到他父母的態度時，除了幾個極端的例子，對父母的情緒反應太强烈，才會說父母「不聞不問」或「濫用權威」，一般人卽使感到父母確有這種態度，也覺得終究是自己的父母，不願意選擇後兩項。由此可見，當子女面臨直接批評父母本人時，可能表現得很猶豫，傾向於採取社會所讚許的態度，不願過份批評父母，因爲那樣做會使他的內心不愉快，覺得自己不孝。

我們往深一層看這個問題，發覺「歧見」與融洽或尊重並不矛盾，一個人覺得與父母感情融洽，是感情的層面；而意見是認知的層面，父子感情融洽，照樣可以意見不一致。同時，父母卽使與子女有歧見，最後還是能尊重子女，任隨他們發展；例如，父母與子女對他們畢業後的職業問題有歧見，父母雖然不同意子女的意見，最後還是不加干預，由他們自己做主。

至於「隔閡」就不一樣了，隔閡與融洽或尊重確實是矛盾的，這種矛盾也可用剛才提到的「考慮社會讚許」的態度來解釋。

這一番分析給我們的總印象是，從子女的觀點看，可以把親子關係中的意見和感情層面分開，也就是兩人的意見可以不一致，但不影響彼此的感情。靑年人敢於承認與父母之間有隔閡或歧見，又能滿意父母的態度，我看是相當好的現象。當然我是就這個調查資料推論出這種現象。根據這次調查的結果，可證實現在親子關係的問題並不像我們想像的那麼嚴重。最不好的情況是，在社會變遷中，青年人的觀念新，與父母發生歧見，由於意見不一致，而影響了雙方的感情。調查結果也顯示了父母的進步，能容忍子女有不同的意見，又能有尊重子女的良好態度，這是值得注意的好現象。

子女如何對待父母

親子關係也像夫妻關係一樣。由於當事人的年齡、性格及背景不同，沒有一種是標準的夫妻關係模式，不同的人需要不同的夫妻關係才感幸福。適合別人的模式若勉強採用會帶來痛苦，每一對夫妻應該找尋適合本身的關係方式。

同樣的，世界上也沒有標準的親子關係，或標準的親子模式。每一對父母子女都有不同的性格特徵，適合這對父母子女的關係，不一定適合那對。父母子女應該根據自己的性格特徵，追尋或創造適合自己特徵的親子關係。

「子女應如何對待父母？」沒有一個是標準模式，不同的子女對不同的父母，應該慢慢找出特定的方式。不過，雖然沒有標準模式，有些原則若能做到，是比較好的。

一、孝順父母。子女對父母應該孝，而孝是一種子女善待父母的行爲。不一定只有中國人才有孝行，外國人也有，只是外國人對孝的行爲表現與我們不一樣罷了。

孝也沒有一定的模式，中國古代的二十四孝的孝行，有的無法做到，也不應該做，做了反而陷父母於不義；有些即使能做，也不一定是父母喜歡的；另外，說不定子女還能做得更多。任何東西一旦武斷化、模式化以後，就會對有些人適合、對有些人不適合，不適合的人勉强去做，會產生痛苦。

孝是子女善待父母的行爲。行孝的方法是要子女與他的父母共同嘗試、發現、調整出來的，而非一味模仿別人。對於特定的子女與父母，孝要個別化，不但一家一家不一樣，甚至同一家中，老大、老二的孝的方法也可以不一樣。每個人要選擇自己孝順父母的方法，例如觀察父母對自己的期望是什麼，父母對每個子女的期望是不同的，子女應在能做到的範圍之內，完成父母對自己的期望。

孝的方式不能固定，但有幾個方向可循：

①順。此處說的順，不同於古代「父要子死，子不敢不死」那種意義的順，當父親要你去死或去犯法時，當然不可以順。我們說的順是儘量順，尤其是在小事情上應儘量順；在重大事情上，能順就順，如果因爲順會發生重大損害，對父子一方或雙方都不好時，就不一定要順。雖然如此，也不應該與父母鬧得不愉快或絕裂，在某些重大事情上，若無法順從父母，必須照自己的意思去做時，應該把爲什麼這樣做的道理儘量說明白，一次說不通，說兩次、三次；這樣說不通，換個方式說；自己說不通，托別人來說，最後實在沒辦法，也只好不照父母的意思去做。現代仍

然可以講求順，不過方式不一樣了。

②使父母免於恐懼憂慮。子女應設法使父母不爲生活或後事擔心，把可能引起這種疑慮的因素克服或消除。有時恐懼憂慮是想像出來的，而非事實的存在，子女等於要爲父母做心理治療，必要時可以求助於專家的幫助。

③使父母免於因自己而受羞辱。這一點卽使在現代也應做到，不要因爲子女的行爲表現，使父母臉上無光，無法做人。這一點的積極意義是人應該敦品勵行，使父母因你的表現感到光榮。這並不是說人要犧牲自己，完成父母的期望，而是在相當重視個人發展、自我價值、自我實現的前提之下，儘量在行爲上、生活中，做個正正當當的人，不讓父母受屈辱，或有此顧慮。如此，並不妨碍個人成爲獨立自主的個體。

二、尊敬父母。與孝有密切關係的就是敬，要讓父母感到他們在你的心目中有重要的地位，特別是年紀較大的父母，對這一點特別敏感，生怕子女瞧不起他們。父母對子女敬他們的需求可能比對奉養、孝順他的需求還要强。

做子女的在生活細節上應該隨時注意表現對父母的尊敬：

①若是與父母同住，出門或回家時應該跟父母說一聲，就是所謂的「出辭入告」。平時多與父母談談話，說說外面的事情讓他們知道。

②只要不屬於工作上的機密，都可以儘量跟父母說，或徵求他們的意見，例如工作或人際關

係上的問題，都可以說給他們聽，並問問他們的意見。

③依照父母的專長、能力及狀況，請他們幫忙，使他們覺得受子女重視。老年人最怕自己無用，請他們幫幫忙，可以使他們覺得自己是有用的人。例如，子女可以表示喜歡吃母親做的菜，請母親幫忙做家事，或管管小孩；有的老先生寫得一手好字，做子女的可以請他們爲公司寫寫告示牌；有的老先生社會關係好，人情練達，子女可以請他幫忙接洽一下事情，或做做不一定眞那麼重要的事，讓他有表現的機會。許多子女或媳婿爲了表示對長輩孝順，不讓他們勞動，其實恰恰相反，父母寧願做一點事情，比閒着好。

三、讓父母有獨立感，不覺完全依賴子女。很多老年的父母覺得自己靠子女而活，過的是依親的生活，自己沒有獨立性。小孩依賴大人不覺得難過，而大人再依賴子女感受就不同了，很不是味道。做子女的應讓父母覺得他們的獨立被尊重，個人有私密權。這其中最主要的是讓父母在經濟上有獨立的感覺，除了有足够生活所需的金錢之外，還要有他自己可以支配的費用。子女給父母金錢各家的辦法不一，依各人家庭情況、經濟能力而定，如果經濟能力强，可以一次給父母一大筆錢，由他自己去運用生財，或投資或儲蓄，這樣就不必老是伸手、張口向子女要錢。子女切忌像給小孩零花錢一樣，每個月或每個星期給父母多少錢，使他們有寄人籬下的感覺。經濟獨立是一個人各方面獨立的重要基礎，經濟不能獨立，其他方面也不易獨立。

如果父母親有能力、有體力，可以做點副業或小生意，不要勸阻他們，這樣他們才會覺得自己是獨立地自食其力，不是依靠子女而活。

四、務必把親子之間的情緒與意見分開。根據上面的調查資料，雖然大部份的青年人都能把情緒和意見分開，但總有某一個比例的人，因爲父母與他有歧見，就在情緒上對父母的感情變質，產生誤解或懷恨，這是十分不理性的。父母與子女可能在某些事情上觀點不一樣，但絕不能動搖兩人是親與子，這種親子的關係和感情是應極力保護的，父子雙方不論有多大的歧見，都應該把這種關係孤立出來，使它不受歧見的影響。

一種很容易使子女動氣的原因，是覺得父母對自己不公平，這種情況不是絕對沒有，但是一般父母對待子女總是有原則的，父母對每個子女的態度或行爲可能有所不同，不能把它解釋爲感情有差異，尤其不能解釋爲感情的有或無。

五、子女應努力與父母溝通。現在大家都非常重視溝通，也確實有此必要。人與人的了解，靠大家把自己的意見告訴別人，讓別人了解自己；同時讓別人有機會表達意見，互相了解之後，再做判斷。

我們中國人今天尤其要强調子女去與父母溝通，因爲我們以前是權威式的家庭氣氛，晚輩在長輩面前沒有說話的餘地，子女在父母面前也不敢暢所欲言。前面提到的調查顯示，雖然有百分之八十以上的人與父母無話不談，但相信也有程度的不同，況且可能有人是因爲不願批評父母，才選此正面的答案。從許多個案看來，今天還是有很多子女在父母面前講不出話來，或因爲緊張而沒有講話技巧，或沒有足够的勇氣，一被父母打斷，就不再講了。做子女的要慢慢訓練自己突破過去的習慣，有事與父母溝通時，先想清楚要說的話，預習幾遍再說。若是仍有溝通的困難，可以：

①透過第三者。例如，跟父親說不通某一件事，可以透過母親去說；與母親說不通的事，可以透過父親去說。人總是只要自己不牽涉在內就會比較冷靜，母親不贊成的事，父親不一定反對，他就會願意冷靜聽你說出你的道理，再轉達給母親，對你與母親的溝通有很大的幫助。

②用寫信的方式。此舉要非常謹愼，不要在你十分氣憤時，寫下一大篇氣話。利用書信不是要表達你的不良情緒，而是要設法把自己眞正的意思描述出來，讓父母知道。寫信的好處在可以冷靜地考慮措辭，並一再修改，直到令人滿意，再送給父母看。必要時還可以先給兄弟或好友看看，檢查一下有沒有不明白的地方，或詞句是否恰當。寫完不要馬上寄出，放一兩天，再看看，把情緒性的字眼去掉。這樣才是眞誠而積極的溝通。

③不論那種溝通方式，開始時要讓父母覺得你是尊敬、重視而且愛他們的，能感受到這幾點，他們才能心平氣和，才能站在你的立場考慮問題。如果一上來就吵鬧，情緒激動，在氣頭上多講話，絕對不好，這時不如不講，你若生氣用別的方式消氣，等情緒平靜時，再去溝通。

父母對待子女也沒有一定的模式，各人應根據自己的特點與性格，針對子女的特徵與性格，調節或發現出適當的方式。每一家父母對待子女的表現都不同，甚至父母對待不同子女的行爲也可以不相同，但是千萬不要使子女覺得不公平。

父母對子女的態度行爲所造成的影響，比子女對父母的態度行爲所造成的影響更大。子女未來的性格，有相當大的份量是掌握在父母的手中，而一個人的性格又會決定他的事業與生活是否成功而順利。

傳統上，父母都要求子女孝順，却不大講求父母如何善待子女。過去雖然是孝慈並稱，還是講孝比講慈多。在古書中，提到孝的次數遠比慈爲多；講孝所花的篇幅和細密的程度也比講慈大得多。我們講孝很有系統，精緻而深刻；講慈就只有幾句話，大而化之。

過去的親子關係中孝遠重於慈，現在不一樣了，應是孝慈並重，說得現實一點，就是父母如果希望子女孝，就要先對子女慈。子女對父母感情的有無與深淺，全看你如何對待他，不再能父母對子女不注意、不照顧、不愛護，却大談孝道，認爲孝是人的「天性」。我們應該把孝慈看成是相對的，互相增强的。父母慈，子女感覺到，就會孝；子女孝，父母就更慈，形成良性循環，像車的兩個輪子，一個轉得快，就可以帶動另一個也快，車才走得快，如果一個輪子出了問題，車就行不得了。如果父母不能體認這個原則，只以父母之尊，坐享其成，等子女來孝，就行不通了。

父母對待子女也有一些原則可循。

一、慈。慈是父母善待子女之道，現代的慈包含幾個重要的成份：

①接受子女。不論子女多醜、多笨、多傻，不論在別人看來有多差，都要接受他，他的優點和無法改變的缺點都要全部接受。

②給子女溫暖，對子女沒有不合理的態度行爲。父母要和靄可親，這並不是說要每天擺出一張笑臉，有些父母很少笑，但子女認爲他們很慈祥。不論講話或行事，不要疾言厲色，要讓子女覺得父母雖不是每天笑，却是愛他的、喜歡他的。給子女安全感，保護他，爲他考慮到一切，讓子女覺得你關心他的事，樂意花時間在他身上，對他現在與未來的禍福重視。進一步做到與子女有密切的接觸，對較小的孩子經常抱他、親他、撫摸他；對較大的孩子，以你的態度給他溫暖，倒不一定要有密切的身體接觸，有時子女覺得父母很理性，就會感到溫暖。不論子女做了什麼，都要加以理解和諒解。

③有開明的態度。不要有太多無謂的限制，有的父母有許多禁忌，這個不能吃，那個不能講，這個不能動，那裏不能去等等，使子女動輒得咎。子女會覺得父母給他們留下的活動與選擇的範圍太窄，也感到父母的態度太不開朗，對父母說什麼都說不通，都不能接受。

二、讓孩子儘早獨立。孩子在小的時候很可愛，隨父母擺佈，有些父母把子女當做伴侶、玩偶或開心解悶的對象，不知不覺或多或少地希望子女不要長大，永遠依賴自己。這是不健康的態度，應該設法控制這種靠子女依賴自己才能滿足的情緒，或用別的事物來滿足。讓孩子儘早獨立，不要老是做一些行爲讓子女依賴自己（實際上是自己依賴子女）。一旦養成他們依賴的性格，將來就無法獨立，若是你死了，他就只得再找一個人依賴，很可能是他的太太，將會造成許多痛苦。

三、父母對子女的態度行爲及教養方式應因人而異。現代心理學的研究發現，受了體質的影響，新生下來的小孩氣質差別很大，大致可以分爲兩類，一類是衝動型的小孩，一類是內省型的小孩。衝動型的小孩對同樣的刺激，反應又快又多，一旦反應就不易停止；內省型的小孩對刺激的反應又慢又小，很快就沒有了。這兩類小孩長大後繼續保持差異，衝動型的孩子動作多，坐不住，注意力不集中，是老師最頭痛的人物；內省型的孩子安靜，三思而後行，反應的準確度大，適合升學主義社會的要求。你可能生了兩個小孩，一個是衝動型，一個是內省型。這時你就不能用同一種態度或方法去對待兩人，必須用不同的對待態度和方法才會有效。

談到這裏，有一個問題是過去大家所忽略的，就是父母對待子女的態度與子女本身的行爲有關。乖小孩父母會喜歡；父母喜歡，小孩就愈乖。也就是說，小孩的類型影響父母的態度，父母的態度又影響小孩的行爲表現，產生了互動的關係。過去，如果父母對有些小孩好，對有些小孩不好，大家都責怪父母；現在的研究却認爲，不能全怪父母。有時父母對某些小孩花了好幾倍的心思，却看不到效果，心裏當然不痛快，表現出的態度就不一樣了。

由於小孩不一樣，父母的反應就會不一樣。我們雖然體認到這一點，但要特別呼籲做父母的，不能因此就有理由對孩子不好。對內省型的孩子我們可以不必花太多力氣；對衝動型的孩子，要了解他的體質與遺傳特殊，要更加好幾倍的努力、愛心及耐心來教育他，等他到某一年齡後，自然會有較好的表現。我們的世界需要各式各樣的人，我們不僅需要安靜的人，也需要實行家、行動家，不能在家庭生活和學校教育中，把這種人糟蹋掉了。父母若是不知如何對待衝動型的小孩，可以求助於專家。

四、雖然對不同類型的小孩，態度應儘量配合他們的特性，不一定對每個人花同樣的心血，但基本上不能讓小孩覺得你偏心。話雖如此，小孩是一定會覺得父母偏心的。根據我的經驗，如果分糖給兩個兄弟，一人一顆，他們總會覺得對方的一顆糖比自己的大；父母對一個小孩多講一句話，多看一眼，另一個就會抱怨你偏心。這是正常的現象，父母不要因此而過於緊張或自責，但也要注意孩子的表現，設法消除他的這種想法。

父母與子女相處，平常大家在一起時，務必儘量平等，不論分配食物禮物，甚至坐計程車時坐在司機旁邊的次數，都要公平。對孩子們覺得不公平的補救之道，是與他們發展出一種單獨的關係，在與每個孩子單獨相處時，對他表現特別喜愛與親近，若每個小孩都覺得父母對自己最好，那麼對於表面上稍微的不公平就能忍受。父母如果不重視子女的這種感覺，讓子女强烈地感到不公平，對他們人格的發展就有很大的影響。

五、正像子女對父母一樣，應把感情與意見分開。這一點父母要特別注意，因爲最不能把感情和意見分開的不是子女，而是父母。碰到子女與父母在選擇就讀科系、交異性朋友、選擇職業、政治觀點上意見不一致時，往往父母會先緊張，以爲子女的言行是對自己感情疏遠的證據和指標，一這樣想就會更緊張，愈發要求子女順從以證明子女對自己的愛。如此一來，子女的反感會加深，認爲父母不可理喻，反而堅持己見，雙方的意見也就更不一致，關係更加緊張，最後終於因意見不合而破壞了感情。也許當初子女與你意見不一致只是認知層面的問題，實際上他還是尊重敬愛父母，而是你自己先開始了這種惡性的循環，以致傷了感情。

做父母的人要隨時提醒自己，子女是獨立的個體，有他自己的生活要過，不可能完全與你一樣，他的意見與你不同，並非表示他不愛你。能這樣想才能冷靜，才能就事論事，不會把問題扯遠。

六、要尊重與重視子女。在現在的時代裡，每個人都在設法肯定自己的價值，往往十幾歲的孩子就希望父母把他當做一個獨立的個體來尊重，他如果感受到這種重視，自然會尊重父母，也會尊重自己，而能在行爲上有所不爲。人的行爲表現受到自己對自己的看法的影響，也就是行爲認同於自我概念。人有自尊，看得起自己，才不會去做壞事。而個人的自我概念是從別人如何看自己而形成的，別人尊重我，我就看重自己。

父母尊重子女，不但能滿足子女希望受尊重的要求，也使子女從小養成良好的自我影象，這能保護他不做壞事，因爲做壞事就不符合他的自我影象了。特別是對年紀大的子女，父母更應尊重他們。有的子女已經結婚生子，父母對待他們的態度還像小孩一樣，甚至當着他們子女的面打罵或罰跪，這都是不當的做法。他們已長大，也有子女，有自己的尊嚴，父母應該尊重他們，給他們留餘地。

七、與子女溝通。子女要跟父母溝通，同樣父母也要跟子女溝通，一方面了解他們，也告訴他們自己的想法。親子溝通當中，父母扮演的角色應該多一點，因爲自古以來都是年輕的一輩受的壓力較大，要他們主動與父母溝通比較困難，所需的勇氣也大，由父母來開始推動容易得多。父母應從小培養孩子在你面前敢講話。與父母談話的習慣，小時不培養，長大以後再鼓勵，效果不大，往往到二、三十歲還是不敢講。現代家庭中，父母應從小培養子女大大方方、正正當當、活活潑潑的氣質。

父母與子女溝通時，不要當着別人的面談及子女不希望別人知道的事，父母子女單獨而不拘形式地交談，才能深入而自然。溝通時有時牽涉到性別，子女對有些事願意跟父親談，有些事願意跟母親談；通常女孩子願意跟母親談，男孩子願意跟父親談，當然也有男孩子願意跟母親談，女孩子願意跟父親談的情形，若發現子女不願意跟自己談，不要勉强，可借助於間接溝通。總之，溝通愈多，從事判斷或採取行爲時，才能更切合實際。

以上我只是就親子關係談些相當原則性的內容，不能定出種種細節。每個人應該創造並享受

自己獨特的親子關係，才能使生活充實、心智成長，進而擁有和諧的人生。（本文由本人口述，請陳曉君小姐筆記，特此致謝）

（原載「婦女雜誌」，民國六十九年，三月號，一一二至一一七頁）

附錄：本書作者的其他著作

（至民國七十一年一月）

專　書

1. 心理學。（與張春興合著）臺北：三民書局，民國58年。
2. 人格心理學。見"雲五社會科學大辭典"第9册：心理學。（陳雪屏主編）臺北：商務印書館，民國59年。
3. 中國人的性格。（與李亦園主編）臺北，南港：中央研究院民族學研究所，民國61年。
4. 中國兒童行爲的發展。（與張春興主編）臺北：環宇出版社，民國63年。
5. 心理與教育。臺北：晨鐘出版社，民國63年。
6. 青年與人生遠景。（主編）臺北：牧童出版社，民國65年。
7. 中國人的現代化。高雄：衆成出版社，民國65年。
8. 社會及行爲科學研究法。（與文崇一、吳聰賢、李亦園主編）臺北：東華書局，民國67年。
9. 現代社會的心理適應。臺北：巨流出版社，民國67年。
10. 實用心理學。（主編）臺北：黎明文化事業出版公司，民國67年。
11. 當前臺灣社會問題。（與葉啓政主編）臺北：巨流出版社，民國67年。
12. 現代化與民族主義。（與金神保主編）臺北：中國論壇社，民國69年。
13. 大學生的心態與行爲。（主編）臺北：黎明文化事業公司，民71年。

論　文

1. A study of habit regression in the albino rat. *Acta Psy-*

chologica Taiwanca, 1960, 2, 79–89.

2. A preliminary study on the manipulation motive of young children. (With Siao-sung Chang) *Acta Psychologica Taiwanca*, 1960, *2*, 33–42.
3. 「捉對比較法」中各對刺激之適當出現次序。中國測驗年刊，民國49年，第8輯，59–63。
4. The manipulative motive of young children. (With Siao-sung Chang) *Acta Psychologica Taiwanica*, 1961, *3*, 1–17.
5. The exploratory drive of the rat. (With Siao-sung Chang) *Acta Psychologica Taiwanica*, 1961, *3*, 44–46.
6. The functional relationship between the pleasantness value and character number of the Chinese classical poem. *Acta Psychologica Taiwanica*, 1961, *3*, 125–131.
7. Manipulation and learning in monkeys. (With Siao-sung Chang) *Acta Psychologica Taiwanica*, 1962, *4*, 11–20.
8. 十張羅夏墨跡圖片之好惡序第及其性別差異。（與李本華合著）中國測驗年刊，民國51年，第9輯，92–96。
9. 我國正常成人在羅夏測驗上的反應：㈠墨跡區位之劃分。（與蘇娟、許懷惠、黃千惠合著）臺大心理學系研究報告，民國51年，第4期，70–103。
10. Rorschach responses of normal Chinese adults:11. The popular responses. (With Huan-Yuan Tzuo and Ching-yi Wu) *Journal of Social Psychology*, 1963, *60*, 175–186.
11. 我國正常成人在羅夏測驗上的反應：㈢反應數量與回絕數量。（與蔡式桂、黃梅莉合著）中國測驗年刊，民國52年，第10輯，127–136。
12. The social distance attitudes of Chinese students towards

twenty-five national and ethnic groups. (With Pen-hua Lee and Ching-fang Yu) *Acta Psychologica Taiwanica*, 1963, *5*, 37–51.

13. 中文筆跡與人格：一項探索性的研究。（與林碧峰合著）臺大心理學系研究報告，民國53年，第6期，39–62。

14. Self-concept congruence in relation to juvenile delinguency. (With Hsiang-yu Su)*Acta Psychologica Taiwanica*, 1964, *6*, 1–9.

15. 現代心理學中有關中國國民性的研究。思與言，民國54年，第2卷，第3期，3–19。

16. Rorschach responses of normal Chinese adults: IV. The speed of production. (With Wen-yen Chen and Ching-yuang Hsu) *Acta Psychologica Taiwanica*, 1965, *7*, 34–51.

17. A preliminary study on the relationship of effort to postasymptotic performance decreasing. *Acta Psychologica Taiwanica*, 1966, *8*, 38–44.

18. A comparative study on motivational and temperamental characteristics of Malaya and Singapore overseas Chinese students in Taiwan. *Bulletin of the Institute of Ethnology, Academia Sinica*, 1966, *22*, 139–168.

19. Need patterns of overseas Chinese students in Taiwan from different southeast Asian countries. *Acta Psychologica Taiwanica*, 1967, *9*, 1–23.

20. 臺大學生對他族或他國人民的刻板印象。（與李本華合著）臺大心理學系研究報告，民國59年，第12期，7–23。

21. *Personality and evaluation of appropriateness of role behavior.*

Master's thesis, University of Illinois, Urbana, 1968.

22. *Cognitive dissonance and recall of interrupted and completed tasks*. Ph. D. dissertation, University of Illinois, Urbana, Illinois, 1969.

23. 五百五十七個中文人格特質形容詞之好惡度、意義度及熟悉度。臺大心理學系研究報告，民國60年，第13期，36–57。

24. Authoritarianism and evaluation of appropriateness of role behavior. *Journal of Social Psychology*, 1970, *80*, 171–181.

25. Suppressor variables revisited. *Acta Psychologica Taiwanica*, 1970, 12, 68–69.

26. Cognitive dissonance and the recall of completed and interrupted tasks. *Psychological Reports*, 1971, *29*, 63–75.

27. 臺大學生對他族或他國人民之刻板印象的變遷。（與李本華合著）臺大心理學系研究報告，民國61年，第14期，137–158。

28. 認知失調、壓抑程度及中斷性作業之記憶。國家科學委員會年報，民國61年，第 5 期，15–22。

29. 中國大學生的價值觀。（與李美枝合著）見李亦園、楊國樞主編：「中國人的性格」。臺北：中央研究院民族學研究所，民國61年。

30. 中國大學生的人生觀。見李亦園、楊國樞主編：「中國人的性格」。臺北：中央研究民族學研究所，民國61年。

31. 中國大學生現代化程度與心理需要的關係。（與瞿海源合著）見李亦園、楊國樞主編：「中國人的性格」。臺北：中央研究院民族學研究所，民國61年。

32. 個人現代化程度與社會取向强弱。（與黃光國合著）中央研究院民族學研究所集刊，民國61年，第31期，245–278。

33. Immediate recall of consistent and inconsistent self-related

material. *Acta Psychologica Taiwanica*, 1972, *14*, 92–99.

34. A cross-cultural study of role perceptions. (With H. C. Triandis, H. McGuire, T. G. Saral, W. Loh, and V. Vassiliou) In H. G. Triandis et al. (eds.), *The analysis of subjective culture*. New York: Wiley-Interscience, 1972.

35. 國小與國中學童焦慮量表之修訂。(與林碧峯、楊有維、繆瑜合著)見楊國樞、張春興主編：「中國兒童行爲的發展」。臺北：環宇出版社，民國61年。

36. 學前與學齡兒童的語言發展。(與楊有維合著)見楊國樞、張春興主編：「中國兒童行爲的發展」。臺北：環宇出版社，民國61年。

37. 國小與國中學生自我概念的發展。見楊國樞、張春興主編：「中國兒童行爲的發展」。臺北：環宇出版社，民國61年。

38. 臺大學生在做些什麼？思與言，民國62年，第10卷，第5期，6–29；第6期，1–19。

39. 失敗與疼痛條件下焦慮與作業的關係。(與黃光國、侯琦合著)國家科學委員會年報，民國62年，第15期，262–269。

40. Effects of anxiety and threat on the learning of balanced and unbalanced social structures. *Journal of Personality and Social Psychology*, 1973, *26*, 201–207.

41. 國中學生的心理特質與學業成就。(與柯永河、李本華合著)中央研究院民族學研究所集刊，民國63年，第35期，41–86。

42. 中國「人」的現代化——有關個人現代性的研究。(與瞿海源合著)中央研究院民族學研究所集刊，民國63年，第37期，1–38。

43. Some correlates of achievement motivation among Chinese high-school boys. (With Wang-huei Liang) *Acta Psychologica Taiwanica*, 1974, 15, 59–67.

44. Social-psychological research on fertility in Taiwan, Republic of China. *Proceedings of the Technical Seminar on Social and Psychological Aspects of Fertility*. Washington, D. C. : Transnational Family Research Institute, 1974.

45. 注音鍵盤的初步定位。（與鄭昭明合著）中華心理學刊，民國63年，第16期，87–94。

46. 漢字排列方式與選字效率的關係。（與鄭昭明合著）中華心理學刊，民國63年，第16期，73–86。

47. Relationship of repression-sensitization to self-evaluation, neuroticism, and extraversion among Chinese senior high-school boys. (With Pen-hua L. Yang) *Acta Psychologica Taiwanica*, 1974, *16*, 111–118.

48. 人口的心理學研究。見國立臺灣大學人口研究中心主編：「人口問題與研究」。臺北：國立臺灣大學人口研究中心，民國64年。

49. 學校環境與大專學生的心理健康。（與柯永河、鄭心雄、李本華合著）中央研究院民族學研究所集刊，民國64年，第39期，125–149。

50. An analysis of direct questioning and pictorial thematic interviewing as two methods of measuring ideal family size and son preference. *Acta Psychologica Taiwanica*, 1975, *17*, 85–104.

51. 能力分班對學業成績與心理健康的影響。科學發展月刊，民國65年，第4卷，第1期，1–27。

52. Psychological correlates of family size, son preference, and birth control in Taiwan. *Acta Psychologica Taiwanica*, 1976, 18, 67–94.

53. 個人現代性與相對作業量對報酬分配行爲的影響。（與朱眞茹合著）

中央研究院民族學研究所集刊，民國65年，第41期，79–95。

54. Handedness in a Chinese population: Biological, social, and pathological factors. (With E. L. Teng, P. H. Lee, and P. C. Chang) *Science*, 1976, 193, 1148–1150.

55. 兒童內外控信念的先決及後果變項。（與楊瑞珠合著）中華心理學刊，民國65年，第18期，105–120。

56. 四種生育意向理論模式的驗證。（與劉君業合著）中華心理學刊，民國65年，第18期，149–168。

57. A cross-cultural study of internal-external control among Chinese and American students. (With Rosina C. Lao and C. J. Chuang) *Journal of Cross-cultural Psychology*, 1977, 8, 299–313.

58. Better value orientations for youth. *Proceedings of the First Asian-Pacific Regional Seminar on Youth Development*. Seoul, Korea: Cultural and Social Center, Asian and Paciflic Region, 1977.

59. Lateral preferences for hand, foot, and eye and their independence from scholastic achievement. (With Evelyn Lee Teng, Pen-hua Lee, and Potter C. Chang) *Neuropsychologia*, 1979, 17, 41–48.

60. 歸因歷程、成就動機及學業成就。（與鄭慧玲合著）中央研究院民族學研究所集刊，民國66年，第43期，85–127。

61. 違犯行爲的自我判斷與他人判斷的差異。（與余德慧合著）中華心理學刊，民國66年，第19期，111–124。

62. 領導方式、情境因素及人格特質對工人工作滿足感的影響。（與鄭伯壎合著）中央研究院民族學研究所集刊，民國67年，第44期，13–45。

63. 影響國中學生問題行爲的學校因素。見文崇一、李亦園、楊國樞主編：「社會變遷中的青少年問題」。臺北：中央研究院民族學研究所，民國67年。

64. 家庭與社區環境對國中學生問題行爲的影響。（與朱瑞玲合著）見文崇一、李亦園、楊國樞主編：「社會變遷中的青少年問題」。臺北：中央研究院民族學研究所，民國67年。

65. 國中學生的心理需求與問題行爲的關係。（與黃國彥、鄭慧玲合著）見文崇一、李亦園、楊國樞主編：「社會變遷中的青少年問題」。臺北：中央研究院民族學研究所，民國 67 年。

66. 工業化過程中國人在性格與行爲上的矛盾現象。見楊國樞、葉啓政主編：「當前臺灣社會問題」。臺北：巨流出版社，民國67年。

67. 升學主義下的教育問題。見楊國樞、葉啓政主編：「當前臺灣社會問題」。臺北：巨流出版社，民國67年。

68. 問題行爲少年對成功與失敗的心理反應。（與歐眞妮合著）。中華心理學刊，民國69年，第21卷，第 1 期，49–59。

69. 問題行爲少年在壓力情境下的鏡描作業。中華心理學刊，民國69年，第21卷，第 2 期，91–98。

70. Ethnic affirmation by Chinese bilinguals. (With M. H. Bond) *Journal of Cross-cultural Psychology*, 1980, 11, 411–425.

71. Social orientation and individual modernity among Chinese students in Taiwan. *Journal of Social Psychology*, 1981, 113, 159–170.

72. Problem behavior in Chinese adolescents in Taiwan: A classificatory-factorial study. *Journal of Cross-cultural Psychology*, 1981, 12, 179–193.

73. 歸因特質的測量與研究。（與洪光遠合著）中央研究院民族學研究所集刊，民國69年，第48期，89–154。

74. 夫妻角色行爲與婚姻滿足程度。（與陳嘉鳳合著）中山文化學術基金會集刊，民國69年，第25集，1–121。

75. 生活素質的心理學觀。中華心理學刊，民國70年，第22卷，第2期，11–24。

76. 中國人性格與行爲的形成及蛻變。見朱岑樓主編：「我國社會的變遷與發展」。臺北：三民書局，民國70年。

77. 從心理學看民族主義。見臺灣大學心理學研究所主編：「三民主義的心理學基礎」。臺北：國立編譯館，民國70年。

78. Ethnic affirmation vs. cross-cultural accommodation: The variable impact of questionnaire language. (With M. H. Bond) *Journal of Cross-cultural Psychology*, 1981, in press.

79. 心理學研究的中國化：層次與方向。見楊國樞、文崇一主編：「社會及行爲科學研究的中國化」。臺北：中央研究院民族學研究所，民國71年。

80. 當前大學生的價值觀念與思想行爲。見楊國樞主編：「大學生的心態與行爲」。臺北：黎明文化事業公司，民國71年。

滄海叢刊已刊行書目(七)

書名	作者	類別
色彩基礎	何耀宗	美術
水彩技巧與創作	劉其偉	美術
繪畫隨筆	陳景容	美術
素描的技法	陳景容	美術
人體工學與安全	劉其偉	美術
立體造形基本設計	張長傑	美術
工藝材料	李鈞棫	美術
石膏工藝	李鈞棫	美術
裝飾工藝	張長傑	美術
都市計劃概論	王紀鯤	建築
建築設計方法	陳政雄	建築
建築基本畫	陳榮美 楊麗黛	建築
中國的建築藝術	張紹載	建築
室內環境設計	李琬琬	建築
現代工藝概論	張長傑	雕刻
藤竹工	張長傑	雕刻
戲劇藝術之發展及其原理	趙如琳	戲劇
戲劇編寫法	方寸	戲劇

滄海叢刊已刊行書目(六)

書名	作者	類別
記號詩學	古添洪	比較文學
中美文學因緣	鄭樹森編	比較文學
韓非子析論	謝雲飛	中國文學
陶淵明評論	李辰冬	中國文學
中國文學論叢	錢穆	中國文學
文學新論	李辰冬	中國文學
分析文學	陳啓佑	中國文學
離騷九歌九章淺釋	繆天華	中國文學
苕華詞與人間詞話述評	王宗樂	中國文學
杜甫作品繫年	李辰冬	中國文學
元曲六大家	應裕康 王忠林	中國文學
詩經研讀指導	裴普賢	中國文學
迦陵談詩二集	葉嘉瑩	中國文學
莊子及其文學	黃錦鋐	中國文學
歐陽修詩本義研究	裴普賢	中國文學
清真詞研究	王支洪	中國文學
宋儒風範	董金裕	中國文學
紅樓夢的文學價值	羅盤	中國文學
中國文學鑑賞舉隅	黃慶萱 許家鸞	中國文學
牛李黨爭與唐代文學	傅錫壬	中國文學
浮士德研究	李辰冬譯	西洋文學
蘇忍尼辛選集	劉安雲譯	西洋文學
文學欣賞的靈魂	劉述先	西洋文學
西洋兒童文學史	葉詠琍	西洋文學
現代藝術哲學	孫旗譯	藝術
音樂人生	黃友棣	音樂
音樂與我	趙琴	音樂
音樂伴我遊	趙琴	音樂
爐邊閒話	李抱忱	音樂
琴臺碎語	黃友棣	音樂
音樂隨筆	趙琴	音樂
樂林蓽露	黃友棣	音樂
樂谷鳴泉	黃友棣	音樂
樂韻飄香	黃友棣	音樂

滄海叢刊已刊行書目(五)

書名	作者	類別
青囊夜燈	許振江	文學
我永遠年輕	唐文標	文學
思想起	陌上塵	文學
心酸記	李喬	文學
離訣	林蒼鬱	文學
孤獨園	林蒼鬱	文學
托塔少年	林文欽編	文學
北美情逅	卜貴美	文學
女兵自傳	謝冰瑩	文學
抗戰日記	謝冰瑩	文學
我在日本	謝冰瑩	文學
給青年朋友的信(上)(下)	謝冰瑩	文學
孤寂中的廻響	洛夫	文學
火天使	趙衛民	文學
無塵的鏡子	張默	文學
大漢心聲	張起鈞	文學
囘首叫雲飛起	羊令野	文學
康莊有待	向陽	文學
情愛與文學	周伯乃	文學
文學邊緣	周玉山	文學
大陸文藝新探	周玉山	文學
累盧聲氣集	姜超嶽	文學
實用文纂	姜超嶽	文學
林下生涯	姜超嶽	文學
材與不材之間	王邦雄	文學
人生小語	何秀煌	文學
印度文學歷代名著選(上)(下)	糜文開	文學
寒山子研究	陳慧劍	文學
孟學的現代意義	王支洪	文學
比較詩學	葉維廉	比較文學
結構主義與中國文學	周英雄	比較文學
主題學研究論文集	陳鵬翔主編	比較文學
中國小說比較研究	侯健	比較文學
現象學與文學批評	鄭樹森編	比較文學

滄海叢刊已刊行書目 (四)

書名	作者	類別
還鄉夢的幻滅	賴景瑚	文學
葫蘆・再見	鄭明娳	文學
大地之歌	大地詩社	文學
青春	葉蟬貞	文學
比較文學的墾拓在臺灣	古添洪 陳慧樺	文學
從比較神話到文學	古添洪 陳慧樺	文學
牧場的情思	張媛媛	文學
萍踪憶語	賴景瑚	文學
讀書與生活	琦君	文學
中西文學關係研究	王潤華	文學
文開隨筆	糜文開	文學
知識之劍	陳鼎環	文學
野草詞	韋瀚章	文學
現代散文欣賞	鄭明娳	文學
現代文學評論	亞菁	文學
當代台灣作家論	何欣	文學
藍天白雲集	梁容若	文學
思齊集	鄭彥棻	文學
寫作是藝術	張秀亞	文學
孟武自選文集	薩孟武	文學
小說創作論	羅盤	文學
往日旋律	幼柏	文學
現實的探索	陳銘磻編	文學
金排附	鍾延豪	文學
放鷹	吳錦發	文學
黃巢殺人八百萬	宋澤萊	文學
燈下燈	蕭蕭	文學
陽關千唱	陳煌	文學
種籽	向陽	文學
泥土的香味	彭瑞金	文學
無緣廟	陳艷秋	文學
鄉事	林清玄	文學
余忠雄的春天	鍾鐵民	文學
卡薩爾斯之琴	葉石濤	文學

滄海叢刊已刊行書目(三)

書名	作者	類別
財經時論	楊道淮	經濟
中國歷代政治得失	錢穆	政治
周禮的政治思想	周世輔 周文湘	政治
儒家政論衍義	薩孟武	政治
先秦政治思想史	梁啓超原著 賈馥茗標點	政治
憲法論集	林紀東	法律
憲法論叢	鄭彥棻	法律
師友風義	鄭彥棻	歷史
黃帝	錢穆	歷史
歷史與人物	吳相湘	歷史
歷史與文化論叢	錢穆	歷史
歷史圈外	朱桂	歷史
中國人的故事	夏雨人	歷史
老台灣	陳冠學	歷史
古史地理論叢	錢穆	歷史
秦漢史	錢穆	歷史
我這半生	毛振翔	歷史
弘一大師傳	陳慧劍	傳記
蘇曼殊大師新傳	劉心皇	傳記
當代佛門人物	陳慧劍	傳記
孤兒心影錄	張國柱	傳記
精忠岳飛傳	李安	傳記
師友雜憶 八十憶雙親 合刊	錢穆	傳記
困勉強狷八十年	陶百川	傳記
中國歷史精神	錢穆	史學
國史新論	錢穆	史學
與西方史家論中國史學	杜維運	史學
清代史學與史家	杜維運	史學
中國文字學	潘重規	語言
中國聲韻學	潘重規 陳紹棠	語言
文學與音律	謝雲飛	語言

滄海叢刊已刊行書目㈡

書名	作者	類別
韓非子的哲學	王邦雄	中國哲學
墨家哲學	蔡仁厚	中國哲學
知識、理性與生命	孫寶琛	中國哲學
逍遙的莊子	吳怡	中國哲學
中國哲學的生命和方法	吳怡	中國哲學
儒家與現代中國	韋政通	中國哲學
希臘哲學趣談	鄔昆如	西洋哲學
中世哲學趣談	鄔昆如	西洋哲學
近代哲學趣談	鄔昆如	西洋哲學
現代哲學趣談	鄔昆如	西洋哲學
佛學研究	周中一	佛學
佛學論著	周中一	佛學
禪話	周中一	佛學
天人之際	李杏邨	佛學
公案禪語	吳怡	佛學
佛教思想新論	楊惠南	佛學
禪學講話	芝峯法師	佛學
圓滿生命的實現（布施波羅蜜）	陳柏達	佛學
不疑不懼	王洪鈞	教育
文化與教育	錢穆	教育
教育叢談	上官業佑	教育
印度文化十八篇	糜文開	社會
中華文化十二講	錢穆	社會
清代科舉	劉兆璸	社會
世界局勢與中國文化	錢穆	社會
國家論	薩孟武譯	社會
紅樓夢與中國舊家庭	薩孟武	社會
社會學與中國研究	蔡文輝	社會
我國社會的變遷與發展	朱岑樓主編	社會
開放的多元社會	楊國樞	社會
社會、文化和知識份子	葉啓政	社會
臺灣與美國社會問題	蔡文輝 蕭新煌 主編	社會
日本社會的結構	福武直 著 王世雄 譯	社會
財經文存	王作榮	經濟

滄海叢刊已刊行書目(一)

書名	作者	類別
國父道德言論類輯	陳立夫	國父遺教
中國學術思想史論叢(一)(二)(三)(四)(五)(六)(七)(八)	錢穆	國學
現代中國學術論衡	錢穆	國學
兩漢經學今古文平議	錢穆	國學
先秦諸子論叢	唐端正	國學
先秦諸子論叢(續篇)	唐端正	國學
儒學傳統與文化創新	黃俊傑	國學
宋代理學三書隨劄	錢穆	國學
湖上閒思錄	錢穆	哲學
人生十論	錢穆	哲學
中國百位哲學家	黎建球	哲學
西洋百位哲學家	鄔昆如	哲學
比較哲學與文化(一)(二)	吳森	哲學
文化哲學講錄(一)(二)(三)	鄔昆如	哲學
哲學淺論	張康	哲學
哲學十大問題	鄔昆如	哲學
哲學智慧的尋求	何秀煌	哲學
哲學的智慧與歷史的聰明	何秀煌	哲學
內心悅樂之源泉	吳經熊	哲學
愛的哲學	蘇昌美	哲學
是與非	張身華譯	哲學
語言哲學	劉福增	哲學
邏輯與設基法	劉福增	哲學
知識・邏輯・科學哲學	林正弘	哲學
中國管理哲學	曾仕强	哲學
老子的哲學	王邦雄	中國哲學
孔學漫談	余家菊	中國哲學
中庸誠的哲學	吳怡	中國哲學
哲學演講錄	吳怡	中國哲學
墨家的哲學方法	鐘友聯	中國哲學